Elävä usko

Hengen miekka -kirjasarja:

1 *Toimiva rukous*
2 *Hengen tunteminen*
3 *Jumalan hallintavalta*
4 *Elävä usko*
5 *Jumalan kirkkaus seurakunnassa*
6 *Palveleminen Hengessä*
7 *Isän tunteminen*
8 *Kadotettujen tavoittaminen*
9 *Jumalan tunteminen*
10 *Pojan tunteminen*
11 *Pelastus armosta*
12 *Palvonta Hengessä ja totuudessa*

www.swordofthespirit.co.uk

Copyright © 2016 Colin Dye
ISBN: 978-1-898444-55-8

Ensimmäinen painos
Kensington Temple
KT Summit House
100 Hanger Lane
London, W5 1EZ

Kaikki oikeudet pidätetään. Tämän julkaisun tai sen osan jäljentäminen tai tallentaminen ilman tekijän kirjallista lupaa painamalla, monistamalla, äänittämällä, sähköisesti tai muulla tavoin on tekijänoikeuslain mukaisesti kielletty.

Raamatun lainaukset ovat vuoden 1992 käännöksestä, ellei toisin mainittu.

Suomennos: Christina Kotisaari
Taitto: Marko Joensuu
Kansi: Yewhung Chin

Hengen miekka

Elävä usko

Colin Dye

Sisällysluettelo

Johdanto	7
Mitä on usko?	11
Raamatullinen usko	29
Uskon toimiminen	43
Uskon perustus	59
Kuunteleva usko	75
Uskon siemen	87
Tunnustava usko	103
Tekevä usko	113
Uskon vahvistus	123
Elävän uskon kasvattaminen	135

Johdanto

Tämä kirja kertoo "elävästä" uskosta ja pyrkii siten tuomaan esiin kaksi olennaista totuutta siitä, minkälaista usko on ja kuinka uskossa voidaan vaeltaa. Ensiksikin elävä usko on *aitoa* uskoa. Se on todellista, ei keksittyä uskoa tai "uskottelemista". Toiseksi se on *käytännöllistä* uskoa, eli se saa asioita aikaan ja kantaa hedelmää: se johtaa tekoihin. Meidät on pelastettu uskosta. Pelastus tulee vain uskomalla Jeesukseen ja turvautumalla yksin häneen. Jumala ei kuitenkaan koskaan tarkoittanut, että uskomme Kristukseen olisi passiivista. Hänen tahtonsa meitä kohtaan on, että laittaisimme uskomme käytäntöön ja saavuttaisimme elävän uskon kautta elämässämme ihmeellisiä asioita hänelle. Hän on jättänyt uskon sankareiden luetteloon tilaa meidänkin nimiämme varten – siihen luetteloon, joka sisältää Heprealaiskirjeen luvussa 11 esiteltyjen sankareiden kaltaisia ihmisiä, jotka tekivät suuria urotöitä uskon kautta.

Kaikki tietävät, että kristinuskoa kutsutaan yleisesti "kristilliseksi uskoksi", mutta useimmat ihmiset ajattelevat sen viittaavan tiettyihin kristillisiin uskomuksiin. Sen tähden he kuvittelevat, että juuri nämä tietyt uskomukset tekevät omistautuneista kristityistä "uskovia".

Tämä yleinen käsitys "uskosta" on johtanut siihen, että monet ihmiset mieltävät kristinuskon joksikin pohjimmiltaan älylliseksi. Tällöin ajatukset nousevat kaikkea muuta tärkeämmäksi, ja ihmiset alkavat tentata toisiltaan, mihin nämä uskovat. Näiden mielipiteiden annetaan usein myös vaikuttaa siihen, kenen kanssa ystävystytään tai koetaan yhteyttä.

Elävä usko

Mutta esitelläänkö usko Raamatussa tosiaan pelkkänä älyllisenä toimintana? Entä kiitelläänkö Heprealaiskirjeen luvussa 11 Vanhan testamentin uskon sankareita heidän ajatuksistaan vai heidän teoistaan vaiko kenties molemmista? Tässä kirjassa selvitetään vastaukset näihin kysymyksiin sekä tutkitaan, mitä vaikutuksia näillä asioilla on henkilökohtaiseen sekä yhteisölliseen kristilliseen elämäämme.

Seurakunnissa on menneisyydessä ollut erimielisyyksiä "uskon" ja "tekojen" suhteellisesta tärkeydestä. Jotkut raamatunopettajat ovat puolustaneet uskoa ja vähätelleet tekoja, kun taas toiset ovat pitäneet tiukasti kiinni siitä, että "usko ilman tekoja on kuollut". Meidän täytyy selvittää, onko raamatullinen ajatus uskosta sittenkin suurempi kuin kumpikaan näistä ihmisryhmistä ymmärsi.

Viime aikoina joissakin seurakunnissa on lisäksi alettu painottaa "uskoa" uudenlaisella tavalla. Niissä on alettu korostaa uskon tarkoittavan sitä, että joka ikinen raamatullinen lupaus voidaan omistaa lähes saman tien. Sen seurauksena on alettu opettaa useita eri tekniikoita, joiden avulla kaikki asiat kyetään saamaan uskon kautta ilman minkäänlaisia viivästyksiä.

Kaikkihan me tiedämme, että meillä tulisi olla uskoa, mutta useimmat meistä ovat myös vilpittömästi kyseenalaistaneet asioita ja kamppailleet epäilysten kanssa. Monet uskovat haluaisivat omistaa "enemmän uskoa" tai "parempaa uskoa", mutta ovat epävarmoja siitä, millä tavalla se olisi mahdollista. Useat ihmiset myös ihmettelevät, mitä "elävä usko" todellisuudessa edes on.

Tämä kirja on opetusmateriaali uskoville, jotka ovat valmiit laittamaan syrjään omat ajatuksensa uskosta ja opiskelemaan Jumalan Sanaa löytääkseen Jumalan ilmoituksen. Tässä kirjassa tutkitaan, mitä Jumala tarkoittaa uskolla ja uskomisella, mihin meidän tulisi uskoa ja – kaikkein tärkeimpänä, kuinka uskontäyteinen elämä voidaan saada.

Oppimisen tueksi on myös olemassa oheismateriaalia, jonka löydät vastaavasta *Sword of the Spirit Student's Handbook*

Johdanto

-käsikirjasta sekä nettisivulta *www.swordofthespirit. co.uk* (englanninkielisenä, suom. huom.). Käsikirjassa on täydentävää opetusta tämän kirjan jokaisesta luvusta sekä keskustelunaiheita ja tietovisoja. Kun rekisteröidyt nettisivulle, saat käyttöösi lisää tietovisoja ja kokeita. Nettisivulta löydät myös tämän kirjan tekstin, jossa on linkit kaikkiin tekstissä esiintyviin Raamatun jakeisiin sekä ääni- ja videotiedostoja. Nämä lisämateriaalit auttavat sinua kertaamaan, painamaan mieleesi ja soveltamaan tässä kirjassa oppimiasi asioita.

Voit myös käyttää *Student's Handbook* -käsikirjaa pienryhmissä. Valitse rukoillen ne osiot, joiden uskot parhaiten soveltuvan omalle ryhmällesi. Joissakin tapaamisissa voitte siis käyttää kaikkea käsikirjan materiaalia ja toisissa vain osia siitä. Käytäthän maalaisjärkeäsi ja hengellistä näkökykyäsi. Voit myös vapaasti kopioida sen sivuja ja jakaa niitä johtamillesi ryhmille.

Rukoukseni on, että kun pääset tämän kirjan loppuun, tietäisit, mitä olet jo saanut – olisit selvillä jo saamastasi vahvistuksesta – ja tietäisit myös, kuinka voit kasvattaa elävää uskoasi pikkuruisesta siemenestä vahvan ja erittäin hedelmällisen kasvin kaltaiseksi lopputulokseksi.

Colin Dye

Osa 1

Mitä on usko?

Lukiessamme Uutta testamenttia emme voi olla huomaamatta, kuinka ehdottoman keskeinen asia "usko" tai "uskominen" on. Se on itse asiassa niin olennainen asia, että kristinusko on tullut tunnetuksi "kristillisenä uskona" ja Kristuksen seuraajia kutsutaan yleensä "uskovaisiksi".

Tämä ensivaikutelma vahvistuu, kun Uutta testamenttia aletaan tutkia tarkemmin. Esimerkiksi kreikan substantiivi *pistis*, "usko", ja kreikan verbi *pisteuo*, "uskoa", molemmat esiintyvät Uudessa testamentissa yli 240 kertaa ja kreikan adjektiivi *pistos*, "uskollinen" tai "uskontäyteinen", melkein 70 kertaa. Tämä Uuden testamentin perussana toimii itsestään selvänä lähtökohtana, kun alamme tutkia elävää uskoa.

Pistis

Pistis, "usko", tarkoittaa "vankkaa taivuttelua". Sillä viitataan vakaumukseen, joka saadaan kuulemisen perusteella, ja se on läheistä sukua sanalle *peitho*, joka tarkoittaa "taivutella". Sanatarkasti käytettynä *pistis* tarkoittaa, että voimme sanoa omistavamme "uskoa" vasta sitten, kun jokin kuulemamme on saanut meidät täysin vakuuttuneiksi kyseisestä asiasta.

Uudessa testamentissa sanaa *pistis* käytetään aina:
1. Jumalasta ja Kristuksen omasta uskosta
2. meidän uskostamme Jumalaan tai Kristukseen
3. hengellisistä asioista.

Sanalla *pistis* viitataan näihin yllä oleviin kohtiin useilla eri tavoilla. Se kuvaa esimerkiksi:
- *Uskollisuutta* – Room. 3:25; 1. Kor. 2:5, 15:14,17; 2. Kor. 1:24; Gal. 3:23; Fil. 1:25, 2:17; 1. Tess. 3:2 ja 2. Tess. 1:3, 3:2.

Elävä usko

- *Luotettavuutta* – Matt. 23:23; Room. 3:3; Gal. 5:22; Tiit. 2:10
- *Sitä mitä uskotaan, uskon sisältöä* – Ap. t. 6:7, 14:22; Gal. 1:23; Fil. 1:27; 1. Tess. 3:10; Juud. 1:3,20
- *Uskon perustusta, varmuutta* – Ap. t. 17:31
- *Uskollisuudenlupausta* – 1. Tim. 5:12.

Pisteuo

Kreikan verbi *pisteuo* on yleensä käännetty sanalla "uskoa". Sanatarkasti *pisteuo* tarkoittaa "olla vakuuttunut jostain" tai "luottaa johonkin". On hyvin tärkeää ymmärtää, että sanalla *pisteuo* tarkoitetaan *sekä* kuvitteellista luottamusta *että* varmaa luottamusta; se on sekä turvautumista että varmaa uskoa. Yksinkertaisesti sanottuna *pisteuo* on jotain "mitä teemme" sekä jotain "mitä ajattelemme".

Tämä tulee erityisen selväksi Johanneksen evankeliumissa, jossa painotetaan "uskomista" jonain sellaisena, mitä tehdään. Siinä ei käytetä sanaa *pistis* kertaakaan mutta sanaa *pisteuo* lähes sata kertaa. Jeesus käyttää sanaa *pisteuo* ensimmäisen kerran Johanneksen evankeliumissa jakeessa 1:50, kun hän kuvaa Natanaelin "uskomista". Se on klassinen esimerkki siitä, mitä elävä usko käytännössä on.

Havaitsemme, että Natanael:

- kuuli, mitä Filippus sanoi Jeesuksesta – 1:45
- tuli Jeesuksen luo – 1:46-47
- kuuli, mitä Jeesus sanoi – 1:47-48
- tunnusti Jeesuksen kuninkuuden ja hallintavallan – 1:49
- lähti seuraamaan Jeesusta hänen opetuslapsenaan – 21:2.

Mitä on usko?

Pistos

Kun sanaa *pistos* käytetään aktiivissa, se tarkoittaa "uskovainen" tai "luottavainen" – Ap. t. 16:1; Gal. 3:9 ja 2. Kor. 6:15. Passiivissa se tarkoittaa "luotettava" tai "uskollinen" – 1. Tess. 5:24 ja 2. Tess. 3:3.

Pistos on käännetty sanalla "uskova" tai "uskovainen" kohdissa 2. Kor. 6:15 sekä 1. Tim. 4:12 ja 5:16. (Englanninkielisessä käännöksessä lisäksi kohdassa 1. Piet. 1:21, suom. huom.) Tämä muistuttaa meitä siitä, että "uskominen" tekemisenä on olennainen kristittyjä määrittelevä piirre. Joko olemme "uskollisia" "uskovaisia" uskovia tai emme ole mitään.

Pelastava usko

Uuden testamentin keskeisin sanoma on, että Jumala lähetti Poikansa maailman Pelastajaksi ja että Jeesus lunasti meidät kuolemalla vapaaehtoisen uhrikuoleman Golgatan ristillä.

Usko on asenne, jossa hylkäämme kaikki omat yrityksemme saavuttaa pelastus ja alamme turvata ja luottaa täysin Kristukseen pelastuksen saamiseksi. Apostolien tekojen kohdassa 16:30-31 kerrotaan, kuinka vanginvartija kysyy: "Mitä minun on tehtävä, että pelastuisin?" Paavalin vastaus on yksinkertainen: "Usko Herraan Jeesukseen, niin pelastut."

Tämä sama totuus toistuu myös Johanneksen evankeliumin jakeessa 3:16: vain uskomalla pelastumme. Sen vuoksi se on niin keskeistä kristinuskossa.

Usko ja tosiasiat

Verbiä *pisteuo* seuraa yleensä sana "että", mikä osoittaa, että uskossa on kyse tosiasioista. Tämä on tärkeää, kuten Johanneksen evankeliumin jae 8:24 ilmaisee, mutta Jaakobin kirjeen jae 2:19 antaa ymmärtää, että usko on muutakin kuin vain älyllistä hyväksyntää.

Kohdassa Matt. 21:32 viitataan siihen, että uskoon liittyy älyllisiä uskomuksia. Siinä Jeesus muistuttaa juutalaisia siitä, etteivät he uskoneet, mitä Johannes sanoi. Sama havaitaan

Elävä usko

kohdissa Joh. 8:45-46 ja Joh. 5:24. Joissain käännöksissä on tulkittu, että Joh. 5:24 tarkoittaisi "uskoo häneen, joka on minut lähettänyt", mutta sen pitäisi olla "uskoo häntä, joka on minut lähettänyt". Jos todella uskomme Jumalaa, varmasti myös toimimme uskomme mukaan. Mutta uskoon sisältyy aina molemmat puolet: uskomme Jumalaa (uskomme, mitä hän sanoo) ja uskomme Jumalaan itseensä. Kuten myöhemmin huomataan, Jumalan Sanaan uskominen on itse asiassa sama asia kuin Jeesukseen uskominen.

Usko ja tekeminen

Uudessa testamentissa verbiä *pisteuo* seuraa yleensä sana *eis*. Tämä yhdistelmä tarkoittaa sanatarkasti "uskoa ja ottaa vastaan" tai "uskoa ja sitoutua", ja sillä kuvataan uskomista, joka siirtää meidät itsestämme Kristukseen. Tämä on yksi syy siihen, miksi uskovien usein sanotaan olevan "Kristuksessa".

Sillä ei tarkoiteta ainoastaan älyllistä uskoa, vaan myös elävää uskoa, jossa lakkaamatta takerrumme kiinni Jeesukseen kaikella olemuksellamme ja voimallamme. Johanneksen evankeliumin jae 15:4 osoittaa, että kun uskomme tällä tavalla, pysymme Kristuksessa ja hän pysyy meissä. Usko ei ole ainoastaan sitä, että hyväksymme tietyt tosiasiat totuutena – vaikka se onkin myös sitä – vaan usko on myös sitä, että antaudumme Jeesukselle.

Tämän kirjan osassa 5 opitaan, että monet raamatunjakeet, jotka suomenkielisessä Raamatussa viittaavat meidän uskoomme Jumalaan tai Jeesukseen, viittaavatkin itse asiassa Jumalan uskoon tai Jeesuksen uskoon. Kuudessakymmenessä jakeessa substantiivia pistis seuraa rakenne, joka käännetään luontevasti sanoilla "jonkun usko". Kaikissa 44:ssä ihmisen uskoa kuvaavassa kohdassa se onkin tulkittu juuri näin. On monia hyviä syitä sille, miksi on todennäköisempää, että nuo toisetkin kohdat viittaavat "Jeesuksen uskoon" ennemmin kuin meidän "uskoomme Jeesukseen". Yleissääntönä voidaankin sanoa, että kun Raamatussa lukee "uskominen Jeesukseen",

Mitä on usko?

meidän tulisi tulkita sen tarkoittavan "antautuminen Jeesukselle" tai "sitoutuminen Jeesukseen", ja kun siinä lukee "usko Jeesukseen", tulkinnan tulisi olla "Jeesuksen usko".

Usko ja perustus
Verbiä *pisteuo* seuraa joskus sana *epi*, "päällä", mikä osoittaa, että uskolla on vahva pohja. Tämä havaitaan kohdassa Ap. t. 9:42, jossa monet "uskoivat Herraan" sen jälkeen, kun Tabita oli herätetty kuolleista. Joppen asukkaat olivat nähneet, mihin Jeesus pystyy, ja he laittoivat uskonsa "häneen" ("hänen päälleen" tai "hänen varaansa", suom. huom.). Sama ajatus on esillä myös jakeessa Room. 4:24.

Yhteenveto
Kolmen edellisen kohdan yhteenvetona voidaan sanoa, että:

◆ "usko että" -ilmaisulla tarkoitetaan luottamista *totuuteen* – tosiasioihin tai oletuksiin perustuvaa uskoa

◆ "usko johonkin" -ilmaisulla tarkoitetaan luottamista *henkilöön* – henkilökohtaista tai suhteeseen perustuvaa uskoa

◆ "usko johonkin, jonkun päällä, jonkun varaan" -ilmaisulla tarkoitetaan luottamista *perustukseen* – vankkaa tai perustavanlaatuista uskoa.

Ehdoton usko
Sanaa *pisteuo* käytetään Uudessa testamentissa usein ehdottomalla tavalla. Esimerkiksi jakeesta Joh. 4:41 voidaan huomata, että monet samarialaiset uskoivat Jeesuksen sanan tähden. Johannes ei kuitenkaan vaivaudu kertomaan meille, mitä he uskoivat. Meidän täytyy olettaa, että se oli hänen mielestään itsestään selvää.

Usko on niin keskeistä ja olennaista kristinuskossa, että Uudessa testamentissa viitataan jatkuvasti uskomiseen ilman tarkkaa määritelmää siitä, mihin oikeastaan uskotaan, sekä uskoviin ilman tarkkaa selvennystä siitä, mihin he

Elävä usko

uskovat. Meillä nykyajan ihmisillä olisi paljon opittavaa tästä yksinkertaisesta lähestymistavasta.

Elävä usko

Yleiskatsaus siihen, kuinka Uudessa testamentissa käytetään sanoja *pistis* ja *pisteuo*, paljastaa meille, että Uudessa testamentissa on pääosin neljä eri tapaa kuvata inhimillistä uskoa tai uskomista:

1. vahva vakaumus, joka perustuu kuulemiseen
2. Jumalan ilmoituksen tai totuuden täydellinen tunnustaminen
3. henkilökohtainen antautuminen Kristukselle
4. tuon antautumisen aikaansaama teko.

Nämä eri puolet tulevat esiin kohdissa Joh. 1:12; 2. Kor. 5:7 ja 2. Tess. 2:11-12, ja niitä käsitellään tarkemmin myöhemmissä luvuissa. Opimme, että nämä uskon eri puolet ovat inhimillisiä tekoja, mutta että ne ovat myös seurausta Pyhän Hengen syvällisestä työstä sydämissämme.

Yleiskatsaus uskoon

Koska usko on niin keskeistä "meidän uskollemme", monet kristityt ottavat paineita siitä, että heidän pitäisi luoda uskoa. He kuulevat saarnaajien (aivan oikeutetusti) kehottavan ihmisiä uskomaan, mutta ajattelevat, että heidän täytyisi, aina enenevissä määrin, tuottaa tuota uskoa itse.

Mutta usko ei ole inhimillisen – mielensisäisen, tunnepohjaisen tai fyysisen – yrityksen tai tekemisen tulosta, vaan uskon lähtökohta on aina Jumalassa. Todellinen usko ei ole sitä, että uskomme mitä haluamme, niin kuin haluamme ja silloin kun haluamme, sillä todellinen usko on aina Jumalan Sanan määrittelemää ja rajaamaa. Emme voi vain vapaasti keksiä uskomme sisältöä – uskossa on kyse Jumalan unelmien unelmoimisesta ja Jumalan näkyjen näkemisestä.

Mitä on usko?

Uskolla on lähde
Uudessa testamentissa ilmaistaan, että usko on kolmella tapaa jumalallista alkuperää:

1. Jeesus on uskon perustaja
Heprealaiskirjeen jakeessa 12:2 sanotaan, että Jeesus on uskon "perustaja ja täydelliseksi tekijä". Kreikankielisessä tekstissä sanotaan "uskon", ei "uskomme", joten meidän-muoto tulisi jättää pois. Kreikan sana *archegos* on käännetty sanoilla "perustaja", "alkaja" (sekä englanninkielisissä käännöksissä lisäksi sanoilla "prinssi" ja "kapteeni", suom. huom.), ja sillä viitataan henkilöön, joka ottaa komennon missä tahansa asiassa tai joka tarjoaa ensimmäisen tilaisuuden jollekin. Uskon *archegoksena* Jeesus ottaa komennon uskoon liittyvissä asioissa. Kaikki usko katsoo häneen ja hänen uskoonsa, ja kaikki usko saa innoituksensa ja voimansa hänen uskostaan.

Kreikan sana *teleiotes* on käännetty sanoilla "täydelliseksi tekijä" ja "täyttäjä", ja se tarkoittaa henkilöä, joka saattaa jonkin asian täysin loppuun. Uskon *teleioteksena* Jeesus on täydellinen uskon esimerkki, joka on tehnyt uskon täydellisen valmiiksi omassa persoonassaan.

Me emme siis usko mihinkään tyhjään, vaan uskomme uskon johtajan jalanjälkiin. Katsomme Jeesukseen ja hänen uskoonsa – pidämme niitä sekä ulkoisena mallina että sisäisenä voimana – ja uskomme hänen esimerkkinsä mukaan siihen uskon täyteyteen, jonka hän on saavuttanut. Tämä auttaa meitä ymmärtämään, että "usko" ja "seuraaminen" ovat todellisuudessa eri tapoja ilmaista täysin sama asia.

2. Usko on Jumalan armoon perustuva lahja
Useimmat uskovat tietävät, että armo ja usko ovat molemmat välttämättömiä pelastuksen kannalta. Monille on opetettu, että Jumalan vastuulla on osoittaa armoa ja meidän vastuullamme on uskoa. Tämä on totta, mutta meidän täytyy myös ymmärtää, että uskomme on pelastuksen tavoin armoon perustuva lahja.

Elävä usko

Efesolaiskirjeen jakeet 2:8-9 osoittavat, että usko, jonka kautta voimme saada Jumalan armoon perustuvan pelastuksen lahjan, "ei ole lähtöisin meistä", "se on Jumalan lahja". Sama ajatus siitä, että "uskon taustalla on armo", voidaan nähdä kohdissa Room. 4:16 ja Fil. 1:29.

Tämä on uusi ajatus joillekin uskoville, sillä useimmille on opetettu, että heidän täytyy harjoittaa inhimillistä uskoa voidakseen kokea jumalallista armoa. Me kuitenkin tiedämme, että pelastus on täysin Jumalan työtä emmekä voi millään teollamme pelastaa itseämme tai myötävaikuttaa millään pienimmälläkään tavalla pelastukseemme.

Sen vuoksi meidän tulee olettaa, että usko on Jumalan armoon perustuva lahja, eikä meidän pitäisi yllättyä siitä, että se sellaisena myös Raamatussa esitetään. Jos usko olisi jotain sellaista, mitä voimme tuottaa ja lisätä pelastusprosessiimme, ei pelastus olisi täysin Jumalan työtä. Mutta jos harjoittamamme usko on itsessään Jumalan lahja, silloin pelastus todellakin on täysin ja ainoastaan Jumalan työtä.

3. Usko on Pyhän Hengen työtä

Tämä *Hengen miekka* -kirjasarja on Raamatun opetusta, joka painottaa sekä Sanaa että Henkeä. Sen jokaisessa osassa kiinnitetään huomiota siihen, kuinka Jumala kutsuu meitä turvautumaan sekä Sanaansa että Henkeensä. Jotkut kristilliset traditiot luottavat pääosin Sanaan, toiset taas suosivat Henkeä, mutta Jumala kutsuu meitä aina olemaan terveellä tavalla riippuvaisia molemmista, sillä todellisuudessa näitä kahta ei voi erottaa toisistaan.

Joissakin tutkimissamme aiheissa kuten *Hengen miekka* -kirjasarjan osassa P*alveleminen Hengess*ä on helppo keskittyä liiaksi Henkeen ja laiminlyödä Sanaa, joten siinä tutkitaan erityisen tarkkaan "palvelemiseen" liittyviä raamatullisia periaatteita ja siihen liittyvää raamatullista arvovaltaa.

Toisissa aiheissa taas, kuten tässä *Elävä usko* -osassa, on helppo syventyä niin tiukasti raamatulliseen oppiin, että sivuutamme Hengen – vaikka juuri Henki toimi Sanan

Mitä on usko?

innoittajana ja on se, joka yhä nykyäänkin tekee sen eläväksi!

Heti tämän opetuskokonaisuuden alusta lähtien meidän on tärkeää ymmärtää, mikä osuus Hengellä on uskoon liittyvissä asioissa. Toisen Korinttolaiskirjeen jakeessa 4:13 sanotaankin itse asiassa, että Pyhä Henki on "uskon Henki". (Joissakin käännöksissä esitetään, että kohdassa 2. Kor. 4:13 viitattaisiin inhimilliseen uskon asenteeseen, "uskon henkeen", mutta Paavali käyttää usein termiä "sama Henki" ja tarkoittaa sillä aina Pyhää Henkeä.)

Lainaamalla Psalmia 116:10 tämä Korinttolaiskirjeen kohta korostaa Sanan ja Hengen välistä yhteyttä. Siinä myös painotetaan uskon Hengen aikaansaamaa "uskomista", joka johtaa "puhumiseen", mikä taas on yhdenmukaista laajemman Hengen toimintaan liittyvän raamatullisen opetuksen kanssa.

Aina kun Pyhä Henki tulee yllemme, hän saa meidät puhumaan profeetallisesti – ja profeetallinen puheemme on aina yhdenmukaista kirjoitusten periaatteiden, siis Sanan kanssa. Tämä periaate, että "uskon Hengeltä" saamamme usko saa meidät puhumaan, on vain yksi monista esimerkeistä, jotka liittyvät samaan ikuiseen, profeetalliseen Hengen periaatteeseen.

Kohdassa 1. Kor. 12:9 kerrotaan, että "sama Henki" antaa meille uskon ilmoituksena itsestään. Tämä korostaa sitä, minkä olemme jo havainneet; Jumalalta saamamme usko on merkki hänen uskostaan – sitä kutsutaan vaihdellen Jumalan uskoksi, Jeesuksen uskoksi tai Hengen uskoksi, kuten tässä raamatunkohdassa.

Kohta 1. Kor. 12:3 asettaa uskon lahjan kontekstiin, jossa käsitellään puhumista Hengen vaikutuksesta. Tämän tulisi auttaa meitä ymmärtämään se keskeinen ajatus, että todellinen, elävä, Jumalalta saatu usko täytyy puhua julki tai tunnustaa.

Elävä usko

Meidän vastuullamme on uskoa
Sen lisäksi että Raamatussa kerrotaan uskon alkuperän kolmesta jumalallisesta puolesta, siellä myös jatkuvasti korostetaan, että ihmisten vastuulla on uskoa. Tämä havaitaan kohdissa Hepr. 3:12,19 ja 11:6.

Vastuullamme on uskon todeksi eläminen ja uskon teot, ei uskon luominen. Meidät on kutsuttu aktiivisesti uskomaan, tunnustamaan ja elämään Jumalalta saamaamme uskoa todeksi. Meitä ei vaadita etsimään inhimillistä tahdonvoimaa tai herättämään uskoa tyhjästä.

Tässä kirjassa palataan toistuvasti Heprealaiskirjeen lukuun 11, joka käsittelee juuri uskoa. Mutta vaikka Heprealaiskirjeen jae 11:6 paljastaa, ettemme voi miellyttää Jumalaa ilman elävää uskoa, se ei opeta mitään siitä, mistä usko oikeastaan kumpuaa.

Heprealaiskirjeen jae 3:12 osoittaa, että epäusko, uskon puute, on luopumista "elävästä Jumalasta". Tällä nimellä ei vain kuvata, millainen Jumala on, vaan "elävä Jumala" on yksi tärkeimmistä Jumalan nimistä Vanhassa testamentissa, ja sitä käytetään tarkoin määritetyllä ja rajatulla tavalla. Jumalaa kutsutaan "eläväksi Jumalaksi" pääosin sellaisissa yhteyksissä, joissa tapahtui ihmeitä ja joissa Jumala puhui ja toimi. Tästä havaitaan esimerkkejä kohdissa 5. Moos. 5:26; 1. Sam. 17:26,36; 2. Kun. 19:4,16; Jes. 37:17; Jer. 10:10, 23:36 ja Dan. 6:20,26.

Aina kun Jumalaa kutsutaan "eläväksi Jumalaksi" – ja sitä ei tapahdu kovin usein – se on suora viittaus Jumalaan, joka puhuu kasvotusten Mooseksen kanssa, joka surmaa Goljatin, joka voittaa Assyrian kuninkaan, joka sulkee leijonien kidat ja joka puhuu profeetoille. Tämän vuoksi sanavalinta, jota Pietari käyttää Jeesuksesta Matteuksen evankeliumin jakeessa 16:16, on niin merkittävä.

Tämä tarkoittaa sitä, että jos epäusko kerran on luopumista elävästä Jumalasta, uskon täytyy tarkoittaa tarrautumista kiinni elävään Jumalaan – tuohon Jumalaan, joka puhuu, toimii ja vapauttaa ratkaisevalla tavalla.

Mitä on usko?

Elämänkutsumuksemme ei ole saavuttaa jonkinlaista ihmeellistä inhimillisen uskon tasoa vaan yksinkertaisesti tarrautua kiinni elävään Jumalaan. Ja pysymällä kiinni hänessä me saamme hänen armoon perustuvaa uskon lahjaansa – hänen itsevarmuuttaan, joka vakuuttaa, että hän kykenee voittamaan Goljatin, sulkemaan leijonan kidan sekä puhumaan arvovallalla ja voimalla ihmisille ja kansakunnille. Meidätkin on siten kutsuttu tunnustamaan tai puhumaan tuota uskoa ja toimimaan tuon uskon mukaan.

Tämän kirjan nimi on "Elävä usko", jotta se olisi meille jatkuvana muistutuksena siitä, että se usko, josta Raamattu puhuu ja johon se rohkaisee, ei ole inhimillistä uskoa vaan inhimillistä toimintaa. Se on elävän Jumalan aktiivisen itsevarmuuden todeksi elämistä – elävää uskomista.

Uskolla on kohde
Kun jotkut ihmiset puhuvat uskosta, he tuntuvat tarkoittavan "uskoa uskoon". Vaikuttaa siltä kuin he sanoisivat, ettei ole väliä, mihin uskomme, kunhan vain uskomme. He antavat ymmärtää, että usko muuttaa asioita, että usko saa aikaan ihmeitä ja että usko toimii. Mutta usko ei, kuten ei rukouskaan, muuta mitään. Elävä Jumala on se, joka todellisuudessa tekee asioita. Hän oli se, joka voitti Goljatin – ei Daavidin usko; ja hän oli se, joka sulki leijonien kidat – ei Danielin usko.

Voidaan sanoa, että usko on ikään kuin auton kytkin, jonka tehtävä on saada moottori käyntiin. Ilman kytkintä voimakas auto saattaa kyllä pitää kovaa ääntä, mutta se ei koskaan pysty liikkumaan. Ilman moottoria sitä vastoin jopa kaikkein paras ja uusin kytkin on täysin hyödytön. Usko lukitsee meidät kiinni elävään Jumalaan kytkimen tavoin, ja silloin Jumalan sanat ja voima pääsevät toimimaan.

Tämän vuoksi Jeesus sanoi sen, mikä voidaan lukea kohdassa Matt. 17:20. Kytkimen koolla ei ole väliä vaan moottorin koolla ja kunnolla. Jos kerran Jumala on elävä Jumala, on valtava loukkaus häntä kohtaan kuvitella, että meillä täytyisi olla valtava määrä uskoa.

Elävä usko

Usko ojentautuu aina itseään pidemmälle ja tarraa kiinni Jumalan käteen: se turvautuu häneen ja hänen varaansa – kuten havaitaan kohdissa Mark. 11:22 ja Joh. 14:1.

Uskolla on sisältöä

Kristillinen usko ei ole sitä, että meillä on tavoite tai päämäärä, jota kohti kuljemme määrätietoisesti. Raamatullinen usko on sitä, että uskomme jonkin tietyn asian, jonka olemme kuulleet Jumalalta, ja sitten tunnustamme sen ja toimimme sen mukaan.

Edellä todettiin, että sanan *pistis* ydinmerkitys on olla vakuuttunut jostain, mikä on kuultu – ja kohdassa Room. 10:17 kuvataan, mitä se käytännössä tarkoittaa. Se osoittaa, että Jumalan kuunteleminen on uskon ytimessä; se itse asiassa sitoo alleen kaikki kristillisen elämän puolet.

Jos emme kuule Jumalaa ja uskomme ei liity sanoihin, jotka olemme kuulleet ja koetelleet, meillä ei todellisuudessa ole raamatullista, elävää uskoa. Tätä kristillisen elämän osa-aluetta tutkitaan tarkemmin *Hengen miekka* -kirjasarjan osassa Jumalan tunteminen. Se tarkoittaa, että on erittäin röyhkeää uskoa jotain ja toimia tuon uskon mukaan, jos Jumala ei ole puhunut; ja että on yhtä lailla tottelematonta olla uskomatta ja toimimatta, jos Jumala on puhunut.

Monet hengelliset johtajat yhdistävät aivan oikeutetusti uskon ja Jumalan raamatulliset lupaukset, joita käsitellään myöhemmin tässä kirjassa. On kuitenkin tärkeää huomata, että Jumalan Sana on uskomme "sisältö", ei uskomme "kohde". Aivan kuten uskomme ei tulisi kohdistua uskoon, sen ei myöskään tulisi kohdistua Jumalan *lupauksiin*. Roomalaiskirjeen 4:20-21 ja Psalmin 106:12 kaltaiset kohdat kehottavat meitä uskomaan Jumalan lupauksiin, mutta uskomme niihin ainoastaan siksi, koska *hän* on puhunut ne. Uskomme Jumalaan, olemme sitoutuneita häneen, ja uskomme on hänen varassaan – uskomme hänen sanansa ja lupauksensa, tunnustamme ne ja toimimme niiden mukaan, koska ne ovat hänen sanojaan.

Uskomme on hänessä ja se kehittyy, kun pysymme kiinni

Mitä on usko?

hänessä, mutta uskomme sisältö on se, mitä olemme kuulleet hänen sanoneen meille jumalallisen ilmoituksen kautta. Se on Hengen työtä, sillä Hengen kautta Isä puhuu meille ja opettaa meitä.

Usko on tekoja

Edellä on havaittu, ettei usko ole passiivisuutta tai toimettomuutta, ja tähän avainperiaatteeseen palataan läpi tämän kirjan. Roomalaiskirjeen jakeet 10:9-10 osoittavat, että elävään uskoon liittyy aina Jumalan Sanan tunnustaminen, ääneen puhuminen. Jaakobin kirjeen jakeet 2:14-26 taas muistuttavat meitä siitä, että uskoon liittyy aina jokin teko tai toiminta, joka perustuu Jumalalta saadulle Sanalle.

Jotkut hengelliset johtajat ovat menneinä vuosina pyrkineet väittämään, että "usko" ja "teot" ovat ristiriidassa keskenään, mutta tämä johtui siitä, että he olivat ymmärtäneet väärin, mitä raamatullinen usko on. Elävä usko, raamatullinen uskominen, sisältää "kuulemisen", "Sanan vastaanottamisen", "tunnustamisen" ja "tekemisen". Minkään näistä uskon puolista ei voida ajatella olevan uskon täyteys itsessään. Ne kaikki ovat yhtä lailla välttämättömiä aidon uskon puolia.

Uskossa on kyse siitä, mitä ei voida nähdä

Heprealaiskirjeen jakeessa 11:1 määritellään, että usko on "sen todellisuutta, mitä toivotaan, sen näkemistä, mitä ei nähdä". Tästä opimme, että uskossa on kyse sellaisista elämämme asioista, jotka eivät vielä ole tapahtuneet tai joita emme vielä ole kokeneet. Tästä puhuvat myös kohdat Room. 8:18-25 sekä 2. Kor. 4:18 ja 5:17.

Usko täyttää tarkoituksensa sillä hetkellä, kun vihdoin saamme nähdä jonkun sellaisen asian käyvän toteen, johon olemme uskoneet, jota olemme tunnustaneet ja jonka pohjalta olemme toimineet. Silloin emme enää tarvitse uskoa. Mutta ennen sitä voimme uskon kautta nähdä totuuksia ja omaksua todellisuuksia jo kauan ennen niiden omistamista tai todeksi elämistä.

Elävä usko

Läpi koko Heprealaiskirjeen luvun 11 voidaan lukea ihmisistä, jotka elivät ja kuolivat uskossa. He olivat uskoneet, tunnustaneet ja toimineet Jumalalta kuulemiensa sanojen pohjalta, mutta eivät saaneet nähdä lupausten toteutumista oman elämänsä aikana. Ensimmäisen Pietarin kirjeen jakeet 1:8-9 nostavat esiin, että sama pätee pitkälti meidänkin kohdallamme tällä uskon tärkeimmällä osa-alueella.

Usko tunnistaa hengellisiä totuuksia
Heprealaiskirjeen jakeessa 11:1 käytetty kreikan sana "todellisuudelle" on *hupostasis*, ja sitä käytetään myös Heprealaiskirjeen jakeessa 1:3, jossa sanotaan, että Jeesus on Jumalan olemuksen (ts. todellisuuden) kuva. *Hupostasis* tarkoittaa jonkin todellista luonnetta, ei siis sen ulkoista ilmenemismuotoa. Jakeessa 1:3 sillä viitataan Jumalan jumalalliseen olemukseen, joka on ja ilmenee Jeesuksessa, ja jakeessa 11:1 se paljastaa, että usko käsittelee näkymättömiä todellisuuksia.

Usko katsoo asioiden ulkoista ilmenemismuotoa pidemmälle ja syvemmälle ja tarrautuu kiinni Jumalan totuuteen koskien tiettyä tilannetta. Ulkoiset ilmenemismuodot saattavat sisältää pinnallisia tosiseikkoja, mutta Jumalan todellinen totuus menee niitä syvemmälle – ja juuri uskon avulla kykenemme tarttumaan kiinni tuohon todellisuuteen pinnallisista tosiseikoista huolimatta. Yksi todellisuus, ydintotuus, on esimerkiksi se, että Jumala on rakkaus ja että paholainen on voitettu, vaikka tosiasiassa usein vaikuttaakin siltä, että asia olisi toisin. Usko – pysyminen kiinni elävässä Jumalassa – auttaa meitä näkemään aidon todellisuuden ja jatkamaan uskomista, tunnustamista ja toimimista tämän totuuden mukaan silloinkin, kun se näyttää olevan ristiriidassa tosiasioiden kanssa.

Jumala tietää saattavansa loppuun kaiken lupaamansa, ja hän näkee jo, mitä hän on luvannut. Pysymällä kiinni hänessä ja ottamalla vastaan hänen armoon perustuvan uskon lahjansa saamme olla osallisia hänen varmuudestaan ja näystään.

Mitä on usko?

Uskon kautta jaamme hänen varmuutensa siitä, että lupaus toteutuu, ja saamme hänen näkökykynsä, jotta tunnistamme lupauksen todellisuuden, ydinolemuksen.

Uudessa testamentissa sana *hupostasis* on usein käännetty sanalla "luottamus" – esimerkiksi kohdissa 2. Kor. 9:4, 11:17 ja Hepr. 3:14 (v. 1938 käännös). *Hupostasis* juontuu sanoista *hupo*, "alla" ja *stasis*, "(pysyvä) asema". Tämä tarkoittaa, että sen lisäksi että *hupostasis* tarkoittaa jonkin "alla" olevaa todellisuutta, ydinolemusta, joka antaa sille vankan perustuksen, se tarkoittaa myös senlaatuista luottamusta, jonka avulla kykenemme "seisomaan minkä tahansa alla"; "kestämään" tai "suoriutumaan" mistä tahansa.

Elävä usko sisältää nämä molemmat hupostasiksen puolet – sen avulla kykenemme näkemään sen todellisuuden, mitä on luvattu, ja lisäksi se antaa meille luottamusta vastaanottaa tuo todellisuus jo ennen kuin olemme saaneet kokea sen. Ajatus siitä, että usko on sitä, että sekä näemme että otamme luottavaisesti vastaan nykyisen todellisuuden, joka toteutuu näkyvällä tavalla vasta tulevaisuudessa, on esillä esimerkiksi kohdissa Mark. 11:24; Luuk. 13:12-13; 1. Piet. 1:7-8 ja 1. Joh. 3:2. Tähän aiheeseen palataan tämän kirjan osassa 10, jossa myös pureudutaan lisää sanaan *hupostasis*.

Usko tekee näkymättömistä todellisuuksista täysin tosia
Uskon kautta ne asiat, jotka olemme kuulleet Jumalan lupaavan ja joita odotamme, tunnustamme ja joiden pohjalta toimimme, muuttuvat eläväksi todellisuudeksi. Heprealaiskirjeen kohta 4:1-3 osoittaa, että Kristuksen jälkeen me, jotka uskomme, todella "astumme sisään" Jumalan lupauksiin.

Jälleen meidän täytyy kuitenkin ymmärtää, ettei meidän uskomme saa lupauksia toteutumaan, vaan Jumala on se, joka pitää lupauksensa. Sen sijaan uskon kautta – joka toimii kuin kytkin suhteessa moottoriin – saamme elää lupaukset todeksi ja astua sisään niiden täyttymiseen. Uskon kautta – pysymällä kiinni Jumalassa, sitoutumalla häneen ja antautumalla hänen varaansa – olemme juuri oikealla paikalla, jotta kykenemme

Elävä usko

kokemaan luvatun todellisuuden juuri sillä hetkellä, kun Jumala täyttää lupauksensa.

Usko on varmuutta

Heprealaiskirjeen jakeessa 11:1 todetaan, että usko on sen näkemistä, mitä ei nähdä (engl. "todiste siitä, mitä ei nähdä" suom. huom.). Siinä on käytetty kreikan sanaa *elegchos*, joka on kohdassa 2. Tim. 3:16 käännetty sanalla "nuhde" (tai engl. myös "varmuus"). *Elegchos* on lainopillinen termi, ja sitä käytettiin kuvaamaan henkilöä, joka oli syytettynä oikeudessa ja "todettu" syylliseksi "todistusaineiston" pohjalta.

Sanan *elegchos* käyttö tässä yhteydessä osoittaa, että usko antaa meille "täyden varmuuden", tekee meidät "täysin vakuuttuneiksi" jostain asiasta. Usko perustuu vankkaan todistusaineistoon, ja se antaa ehdottoman varmuuden – täyden luottamuksen. Tämä on vain hieman eri tapa ilmaista ajatus, että usko on "kuulemiseen perustuva täydellinen vakaumus". Tätä uskon puolta käsitellään syvällisemmin myöhemmin, mutta – tässä yhteydessä – voimme havaita sen kohdissa Room. 4:16-21; 2. Tim. 1:12 ja Hepr. 10:22-23.

Heprealaiskirjeen jakeessa 11:1 mainittu "sen" (ts. "*ne* asiat, joita ei nähdä") ei tarkoita mitään epämääräisiä ja salaperäisiä asioita. Alkuperäinen kreikan sana on *pragma* – josta myös nykyisin käytössä oleva "pragmaattinen" juontaa juurensa – ja se viittaa erittäin käytännöllisiin asioihin. Sekin oli tavallinen lainopillinen termi Uuden testamentin aikaan, ja sitä käytettiin tietyn oikeusjutun nimeämiseen – kuten nykyään käytämme sanontaa "tapaus Virtanen vs. Korhonen".

Kaikki tämä osoittaa, että uskossa on kyse tiettyjen, määrättyjen asioiden täydellistä varmuudesta. Usko ei ole tarkoituksetonta tai jotain ympäripyöreää. Uskossa on aina kyse tietyistä, todellisista asioista, jotka on yhtä tarkoin määritelty kuin mikä tahansa oikeudellinen toimi. Uskossa on kyse niistä nimenomaisista "asioista", jotka Jumala on puhunut. Siinä on kyse niistä määrätyistä todellisuuksia, jotka hän on paljastanut meille meidän kuunnellessamme, niistä paikkansapitävistä

Mitä on usko?

totuuksista, jotka hän on täyttänyt. Tiedämme niiden olevan totta, sillä hän on ne luvannut – Jumala tekee aina sen, mitä hän sanoo, ja kertoo aina sen, mitä hän tekee.

Todellinen, raamatullinen usko ei siis ole uskonnollista toiveajattelua tai kritiikittömän naiivin ajattelun tuotosta. Nykyään ihmiset kallistuvat vähättelemään kaikkea, mitä ei voida näyttää toteen järjellisesti tai todistaa empiirisesti – ja se tarkoittaa sitä, että usko on automaattisesti jotain, mitä vieroksutaan. Meidän täytyy kuitenkin muistaa, että vaikka onkin olemassa hyviä, järkiperäisiä syitä uskoa Jumalaan, Jumala on kuitenkin viime kädessä kaikkea tavallista inhimillistä ajattelua ja kaikkia tieteellisiä tutkimusmenetelmiä suurempi. Tämä tarkoittaa, että pyrkimyksemme näyttää toteen tai todistaa hänen olemassaolonsa on pohjimmiltaan tuhoon tuomittu, jos turvaudumme ainoastaan näihin kahteen keinoon.

Jumala on onneksi valmistanut kolmannenkin keinon jakaa tietoa: ilmestyksen. Yksinkertaisimmillaan ilmestys on sitä, että joku jolla on erityistä tietoa jostain asiasta – tässä tapauksessa ehdottomin auktoriteetti eli Jumala – kertoo, mikä on totta. Vaikka ilmestystieto antaakin arvoa sekä järjelliselle että tunteisiin perustuvalle havainnoinnille, on kuitenkin selvää, että on olemassa tietoa, joka on sekä inhimillisen järkeilyn että tunteisiin perustuvan havainnoinnin tavoittamattomissa. Usko on keino saavuttaa tämä erityinen Jumalaa koskeva tieto – tapa, jolla voimme ymmärtää Jumalaa ja hengellisiä asioita koskevaa tietoa sekä tarttua siihen kiinni.

Se ei tarkoita sitä, että uskomme olisi järjen vastaista tai että sitä ei voisi perustella tieteen keinoin tai edes sitä, etteikö usko voisi saada vahvistusta järjestä tai tieteestä. Raamatussa itse asiassa annetaan ymmärtää, ettei usko ole taantumista pimeyteen vaan astumista eteenpäin valoon – se on ilmestystietoa siitä näkymättömästä maailmasta, jonka Jumala on halunnut meille paljastaa.

Osa 2

Raamatullinen usko

Edellä havaittiin, että sana "usko" esiintyy hyvin laajasti Uudessa testamentissa. Vanhassa testamentissa se esiintyy kuitenkin vain kaksi kertaa – kohdissa 5. Moos. 32:20 ja Hab. 2:4. Tämä ei tarkoita sitä, että "usko" olisi vähäpätöinen asia Vanhassa testamentissa vaan ainoastaan sitä, että se ilmaistaan siellä eri sanoilla – esimerkiksi sanoilla "uskoa", "luottaa" ja "toivoa".

Usko Vanhassa testamentissa

Yksi Vanhan testamentin olennaisimmista käskyistä on, että ihmisillä tulee olla oikea asenne suhteessa Jumalaan. Tätä asennetta ei kutsuta uskoksi, mutta siitä siinä on kyse. Kohdat kuten Ps. 26:1, 37:3-8 ja Sananl. 3:5 eivät voisi vastata tarkemmin Uuden testamentin *pistis*-sanaa.

Psalmin kirjoittaja vetoaa omaan ja tekojensa nuhteettomuuteen Psalmin 26 ensimmäisessä jakeessa, mutta hänen nuhteettomuutensa on hänen luottamuksensa hedelmää – ja tuo luottamus on täysin Herrassa. Sama havaitaan myös Psalmissa 37: Psalmin kirjoittaja peräänkuuluttaa oikeamielistä elämää, mutta sellaisen elämän perusta on Herraan luottaminen tai turvaaminen. Tämä on täysin identtinen Uuden testamentin kutsun kanssa "elää uskosta" ja osoittaa, ettei Jeesuksen kutsu uskoa ollut uusi.

Vanhassa testamentissa ihmisiä kehotetaan joskus turvaamaan "Jumalan Sanaan", kuten Psalmissa 119:42, mutta se johtuu siitä, että se on *Jumalan* Sana. Voidaankin sanoa, että "Sana" oli heidän uskonsa sisältö ja että Jumala – Sanan lähde – oli heidän uskonsa kohde.

Sananlaskujen jakeessa 3:5 asetetaan vastakkain "Herraan turvaaminen" ja "omaan ymmärrykseen nojaaminen" (v. 1933

Elävä usko

käännös). Kutsu hylätä "itseensä turvaaminen" on lähes yhtä yleinen Vanhan testamentin pyyntö kuin vetoomus "turvata Herraan". Esimerkkejä tästä löytyy kohdissa Sananl. 28:26; Hes. 33:13 ja Hoos. 10:13. Muissa kohdissa, kuten jakeissa Jes. 42:17 ja Hab. 2:18, ihmisiä kehotetaan olemaan turvaamatta epäjumaliin, ja Jeremian kirjan kohdassa 17:5 varoitetaan turvaamasta mihinkään inhimilliseen.

Vanha testamentti esittelee Jumalan sellaisena, joka on ainoana täysin ihmisten turvautumisen arvoinen. Hän on ainoa olento, joka on täysin luotettava ja kykenevä tekemään kaiken lupaamansa. Jumalaa kutsutaan Vanhassa testamentissa yli 300 erilaisella nimellä ja tittelillä, ja ne ilmaisevat hänen jumalallisen luontonsa erityisiä puolia, joita hänen kansansa julisti odottaessaan tiettyjen tarpeiden täyttymistä ja tiettyjen lupausten toteutumista.

Tätä aihetta tutkitaan laajemmin *Hengen miekka* -kirjasarjan osassa *Isän tunteminen*, mutta tässä kohtaa siitä voidaan lukea sellaisissa kohdissa kuin Ps. 28:2 ja 86:15. Voimme laittaa luottavaisina uskomme tällaisen Jumalan varaan. Kun uskomme ja sitoudumme "Jumalaan, joka on linna", tiedämme, että olemme fyysisesti turvassa. Ja kun tarraudumme kiinni myötätuntoiseen, laupiaaseen, armolliseen Jumalaan, niin tiedämme, että hän pitää meidät turvassa – tai pelastaa meidät – hyvin erilaisella tavalla.

Tämä tarkoittaa, ettei elävä usko ole vain joukko uskonnollisia kehotuksia, joihin myönnymme, vaan se on uskoa elävään Jumalaan, joka ilmaisee itsensä teoissa, sanoissa ja – kaikkein tärkeimpänä – Kristuksessa.

Aabraham
On mahdotonta tutkia raamatullista uskoa ottamatta huomioon Aabrahamia, jonka koko elämä todisti luottavaisesta asenteesta. Kohdassa 1. Moos. 15:6 löytyy perustavanlaatuinen kuvaus Aabrahamin uskosta, ja siihen viitataan myös Uuden testamentin puolella sellaisissa kohdissa kuin Room. 4:1-25; Gal. 3:6-14; Hepr. 11:8 ja Jaak. 2:23.

Raamatullinen usko

Läpi Raamatun Aabrahamia pidetään aina "uskon pioneerina", ja Jumalaa kutsutaan usein "Aabrahamin Jumalaksi". Tämä korostaa sitä, kuinka keskeinen asia usko on Jumalan ja ihmiskunnan välisessä suhteessa. Jumala esittelee itsensä Moosekselle tällä ilmaisulla kohdassa 2. Moos. 3:15.

Aabrahamin tarinaa tutkittaessa huomataan pian, että siinä on nähtävillä kaikki *pistiksen* neljä peruselementtiä: Aabraham kuuli Jumalaa, hän uskoi Jumalaa, hän tunnusti Jumalan lupauksen, ja hän toimi tuon lupauksen pohjalta. Ensimmäisessä Mooseksen kirjassa esimerkiksi havaitaan, että Aabraham:

1. kuuli Jumalan sanan:
- ◆ läheisessä kanssakäymisessä – 12:1,7, 13:14-17, 18:33, 22:1-2 ja 24:40
- ◆ näyissä – 15:1-21
- ◆ jossain fyysisessä muodossa – 17:1-22 ja 18:1-33
- ◆ enkeleiltä, jotka toivat viestin – 22:11-18.

2. tunnusti uskonsa Jumalaan, joka on:
- ◆ *Jahve (Yahweh)* – 12:8
- ◆ Ikuinen – 21:33
- ◆ Korkein – 14:22
- ◆ Taivaan ja maan Jumala – 14:22 ja 24:3
- ◆ Herra – 15:2
- ◆ Koko maailman tuomari – 18:25
- ◆ Oikeudenmukainen – 18:25
- ◆ Jumala, joka katsoo (tai pitää huolta) – 22:8 ja 14.

Elävä usko

3. turvautui Jumalaan:
- hän ylisti Jumalaa ja kutsui häntä nimeltä – 12:8, 13:4 ja 18
- hän uskoi Herraan – 15:6.

4. toimi uskossa:
- lähtiessään Urista – 11:31, 15:7
- lähtiessään Harranista – 12:1-4
- hyväksyessään kiertelevän "pyhiinvaeltajan" elämän, vaikka hänelle oli luvattu Kanaaninmaa – 13:15 ja 15:18
- ollessaan valmis uhraamaan Iisakin – 22:2-18.

Meidän on tärkeää huomata, että Aabrahamin uskolliset ja kuuliaiset teot olivat hänen vastauksensa Jumalan lupauksiin ja ilmoitukseen. Hän yksinkertaisesti kuuli Jumalan sanan ja vastasi sitten uskolla – missään ei ole näkyvillä minkäänlaisia viitteitä "laista" tai vaatimuksista toimia jonkin tietyn eettisen normin mukaan. Sitä vastoin havaitsemme, että Aabrahamin uskoon perustuva suhde Jumalan kanssa kehittyi ja kasvoi. Tätä tutkitaan tarkemmin tämän kirjan osassa 10.

Aabrahamin usko – hänen pysymisensä kiinni Jumalassa – sai hänet jättämään kotinsa ja sukunsa. Ensimmäisen Mooseksen kirjan jae 15:6 paljastaa, että nimenomaan Aabrahamin usko, ei hänen "hyvä" käytöksensä tai hänen tottelevaisuutensa lakia kohtaan, teki hänestä vanhurskaan Jumalan silmissä. Tämä on olennainen periaate raamatullisesta uskosta, ja se osoittaa meille, että juuri uskoa Jumala haluaa meidänkin elämässämme nähdä.

Usko Uudessa testamentissa

Edellä tarkasteltiin kreikan uskoa tarkoittavaa sanaa *pistis* ja luotiin yleiskatsaus uskoon. Tiedämme, että usko tai uskominen esiintyy hyvin usein Uudessa testamentissa ja että kristillisessä ymmärryksessä sanalla *pistis* tarkoitetaan

Raamatullinen usko

itsensä antamista Kristukselle – tarrautumista kiinni häneen ja antautumista hänelle. Tässä osiossa selvitetään, kuinka Uudessa testamentissa selitetään ja sovelletaan tätä sitoutumista.

Evankeliumit

Jeesuksen ensimmäiset sanat Markuksen evankeliumissa (j. 1:15) yhdistävät välittömästi uskon ja parannuksen tekemisen. Koska Jumalan valtakunta oli tullut, Jeesuksen kuulijoiden odotettiin muuttavan tapaa, jolla he ajattelivat Jumalasta, ja sitoutuvan täydestä sydämestään kaikkeen, mitä Jeesus edusti – hänen koko palvelustehtäväänsä. Evankeliumiin uskominen tarkoitti yksinkertaisesti uskomista Jeesukseen itseensä.

Evankeliumeissa esitetään, että Jeesuksen palvelustehtävä oli joukko uskoa koettelevia haasteita. Esimerkiksi:

- heti Markuksen evankeliumin kohdan 1:15 jälkeen Jeesus käski ensimmäisiä opetuslapsia jättämään kalastuksen ja seuraamaan itseään – Mark. 1:17

- uskon näkökulma on vahvasti esillä kaikissa parantumiskertomuksissa – Matt. 8:10,13, 9:22,29, 15:28; Mark. 9:24, 10:52; Luuk. 7:50 ja 17:19

- kun Jeesus tyynnytti myrskyn, hän nuhteli opetuslapsia heidän epäuskonsa vuoksi – Matt. 8:26; Mark. 4:40; Luuk. 8:25

- Jeesus lupasi, että uskon ihmiset saavuttaisivat merkittäviä asioita – Matt. 17:20, 21:21-22; Luuk. 17:5-6.

Markuksen evankeliumin jae 9:23 antaa ymmärtää, että usko julistaa mahdollisuuksien voittoa mahdottomuuksien edessä – todellisuuden voittoa siitä, miltä asiat ulospäin näyttävät ja jumalallisen totuuden voittoa inhimillisistä faktoista. Jeesuksen palvelustehtävä perustui sille vakaumukselle, että se, mitä Jumala odotti ihmisiltä, oli ihmisvoimin mahdotonta toteuttaa, mutta muuttui mahdolliseksi, kun usko yhdisti ihmiset Jumalaan ja hänen tapaansa tehdä asioita.

Elävä usko

Tämä "mahdottomuuksien" näkökulma vaatii sitä, että keskitytään näkyvään persoonaan, Jeesukseen, ja antaudutaan hänen varaansa. Kristuksessa ja Kristuksen kautta Jumala tekee sen, mikä on näennäisesti mahdotonta.

Edellä havaittiin, ettei Jeesuksen vaatimus uskoa ollut mitään uutta, sillä jo Vanhassa testamentissa ihmisiä kutsuttiin turvautumaan Jumalaan. Tämä havaitaan kohdissa Luuk. 1:45 ja 1:20, joissa verrataan Marian ja Sakariaksen uskoa ja epäuskoa.

Tiedämme, että uskoon liittyy Jumalan Sanan kuuleminen, ja tätä tähdennetään kohdassa Luuk. 8:11-15, jossa "uskominen" rinnastetaan "Jumalan Sanan vastaanottamiseen".

Olemme myös ymmärtäneet, että uskolla täytyy aina olla näkyviä seurauksia. Kohdissa Matt. 21:22 ja Mark. 11:24 Jeesus opetti, että usko ilmaisee itsensä rukouksessa ja että keskustellessamme Jumalan kanssa meidän täytyy uskoa, jotta rukoukset olisivat aitoja ja tehokkaita.

Johanneksen evankeliumi
Edellä todettiin, että verbi "uskoa" esiintyy lähes sata kertaa Johanneksen evankeliumissa, ja jakeet 20:30-31 kertovat, että koko kirjan tarkoitus on, että lukijat voisivat "uskoa".

Monia jo kirjoituksissakin havaitsemiamme uskon periaatteita painotetaan myös tässä evankeliumissa. Esimerkiksi:

◆ uskoon liittyy Sanan kuuleminen – 2:22

◆ usko tarkoittaa uskomista Jeesukseen – 4:50, 8:30, 12:11 ja 14:1

◆ Jeesuksen teot synnyttävät uskoa – 2:11 ja 10:37-38

◆ pelastus saadaan uskon seurauksena – 1:12 ja 3:16.

Johanneksen evankeliumi laajentaa ymmärrystämme kuitenkin kahdella uudella oivalluksella. Ensiksikin se osoittaa, että usko Jeesukseen aiheuttaa radikaalin muutoksen ja maailman hylkäämisen. Jakeissa 6:60-66

Raamatullinen usko

esitellyt väkijoukot jättivät Jeesuksen ymmärrettyään, että hänen elämänkatsomuksensa oli täysin erilainen kuin heidän. Jakeessa 6:15 he olivat halunneet tehdä Jeesuksesta maanpäällisen kuninkaan, vaikka Jeesus oli halunnut heidän vastaavan hänen hengelliseen opetukseensa tulla osalliseksi hänen ruumiistaan ja verestään.

Toiseksi tämä evankeliumi paljastaa, että on olemassa eri asteista uskoa. Emme välttämättä ole saavuttaneet uskon täyteyttä, mutta olemme hyvin erilaisia kuin uskosta osattomat, joilla ei ole uskoa lainkaan. Tuomas oli jo uskova, mutta Jeesus käski hänen olla "uskovainen" jakeessa 20:27 (v. 1938 käännös). Ja samarialaisten usko jakeessa 4:40 oli erilaista kuin se, mitä vaadittiin jakeissa 20:30-31.

Tästä ymmärrämme, ettei usko ole staattinen, kerran elämässä -kokemus. Sen sijaan se on jatkuva tutkimusmatka siihen, mitä elämä Kristuksessa on, ja se kehittyy ja kasvaa, kun pysymme hänessä ja hänen kanssaan.

Apostolien teot

Kristillistä yhteisöä kutsutaan ensimmäisen kerran "uskovien joukoksi" Apostolien teoissa − 2:44, 4:4,32, 9:42, 11:21 ja 14:23.

Läpi koko Apostolien tekojen havaitaan, että uskon harjoittaminen liittyi olennaisesti yhteen parannuksen tekemisen kanssa. Tuo usko on aina uskoa "Herraan" tai "sanaan", jota hänestä saarnattiin − 4:4, 11:17, 14:23, 16:31, 17:11-12, 19:4, 20:21 ja 24:24.

Tämä todistaa, että henkilökohtainen usko ylösnousseeseen Jeesukseen oli ensimmäisten kristittyjen ehdoton tunnuspiirre. Ihmisen täytyi ensin kuulla sanoma Jeesuksesta, ottaa se vastaan ja uskoa se, ennen kuin hän saattoi kokea ja elää todeksi kaiken sen, mitä Jeesus on ihmisten edestä tehnyt. Tämä käsitys uskosta oli niin keskeinen alkuseurakunnassa, että Apostolien teoissa käytetään kristillisestä sanomasta joissain kohdin ilmausta "usko" − 6:7, 13:8 ja 14:22.

35

Elävä usko

Paavalin kirjeet

Paavalin kirjeissä (1. Korinttolaiskirje – Filemon) opetetaan paljon uskosta, mikä osoittaa, että usko oli keskeisellä paikalla Paavalin elämässä ja ajattelussa. Hän käyttää uskon käsitettä rikkaalla ja monipuolisella tavalla, ja hänen kirjeissään voidaan tunnistaa seitsemän toisiaan täydentävää uskon sovellusta.

1. Jumala on uskollinen

Paavalin opetukset uskosta perustuvat Jumalan uskollisuudelle – sille tosiseikalle, että Jumala on *sekä* täynnä uskoa *että* täysin luottamuksen arvoinen kaikessa toiminnassaan ihmisten kanssa. Tämä havaitaan kohdissa Room. 3:3; 1. Kor. 1:9; 2. Kor. 1:18; 1. Tess. 5:24 ja 2. Tim. 2:13.

Paavali antaa ymmärtää, että Jumala pitää täysin luotettavasti kaikki antamansa lupaukset, eli me voimme luottaa Jumalan sanoihin tunnistaessamme hänen äänensä ilman epäilyksiä. Tämän vuoksi Paavali viittaa "varmoihin sanoihin" kohdissa kuten 1. Tim. 1:15, 3:1, 4:9; 2. Tim. 2:11 ja Tiit. 3:8.

2. Usko on Jumalan sanoman vastaanottamista

Kohdissa Room. 10:17; 1. Kor. 1:21 ja Ef. 1:13 usko esitellään ainoana oikeana inhimillisenä vastauksena evankeliumin julistukselle. Kuten edellä on todettu, uskon kohde on Kristus ja vain uskon kautta Kristus on ihmiselle merkityksellinen.

Roomalaiskirjeen jakeet 10:8-13 osoittavat, että todiste tästä uskon vastauksesta on se, kun ihminen suullaan tunnustaa, että Jeesus on Herra. Siihen täytyy siis sisältyä määrätty, henkilökohtainen päätös Jeesuksen suhteen.

3. Sovitus tulee ainoastaan uskon kautta

Roomalaiskirjeen lukujen 1-8 keskeinen sanoma on, että sovitus (Jumalan ja ihmisten välisen oikeanlaisen suhteen vakiinnuttaminen) saadaan ainoastaan uskon kautta. Roomalaiskirjeen jae 1:17 perustaa tämän Habakukin kirjan jakeeseen 2:4.

Raamatullinen usko

Paavali näkee vanhurskauden jumalallisena lahjana, jota emme voi millään teoilla ansaita, mutta joka meidän täytyy ottaa vastaan. Tämä vastaanottaminen on uskon teko, ja sitä kuvataan Roomalaiskirjeen jakeissa 3:21-26. Tämä uskomus saa Paavalin (j. 3:27-31) kiistämään tiukasti, että sovitus voitaisiin saada millään inhimillisillä teoilla. Paavalille usko on omien saavutusten vastakohta: Kristukseen uskominen merkitsee sitä, että ihminen lakkaa uskomasta omaan itseensä (siinä merkityksessä, että hän turvautuisi itseensä). Usko siis automaattisesti sulkee pois mahdollisuuden ylpeillä omista saavutuksista.

4. Usko on jatkuva prosessi

Edellä havaittiin, että usko on aina vain jatkuva prosessi, ja tätä korostetaan Roomalaiskirjeen jakeessa 1:17. Usko ei ole vain Jumalan sovitustyön vastaanottamista vaan myös uuden suhteen vakiinnuttamista Kristuksen kanssa. Paavali selventää tätä lisää kaikessa, mitä hän opettaa "Kristuksessa" olemisesta. Tämän kirjan osassa 10 käsitellään uskon kehittymistä, mutta tässä kohtaa meidän täytyy ymmärtää, että usko todella kehittyy.

Ensimmäisen Tessalonikalaiskirjeen jae 1:3 osoittaa, että usko on dynaamista, ei staattista. Ja Galatalaiskirjeen jae 2:20 tekee selväksi, että uuden elämämme tulisi olla alati jatkuva uskon teko – jatkuva tutkimusretki siihen, mitä Jeesus on meidän edestämme tehnyt sekä sen kaiken omistamista.

5. Usko on sitoutumista uuteen elämäämme

Edellä todettiin, että uskolla on eri asteita, ja Paavali esittelee joitain tästä ajatuksesta seuraavia johtopäätöksiä.

- ◆ Uskosta voi puuttua jotain, ja tämän puutteen paikkaamiseksi tulisi tarjota rukousta – 1. Tess. 3:10.

- ◆ Uskon kasvaminen johtaa uusiin mahdollisuuksiin julistaa evankeliumia – 2. Kor. 10:15-16.

- ◆ Aabrahamin kehittyvä usko toimii esimerkkinä muille

Elävä usko

- Room. 4:20-21.

◆ Yksittäiset henkilöt tai kokonaiset yhteisöt voivat tulla tunnetuiksi uskostaan – Filemon 1:5; Room. 1:8; Ef. 1:15; Kol. 1:4 ja 1. Tess. 1:8.

Tämä ei tarkoita, että usko olisi jotain niin epämääräistä, etteikö se näkyisi jollain tavalla kaikissa niissä ihmisissä, jotka uskovat. Sen sijaan se osoittaa, että usko on paljon enemmän kuin vain kristillisen sanoman vastaanottamista. Paavalille usko on täyttä sitoutumista seurata Kristusta sekä elää ja ajatella hänen tavallaan.

6. Usko on lahja Jumalalta

Edellä tutkittiin jo ensimmäisen Korinttolaiskirjeen jaetta 12:9 ja havaittiin, että Hengen usko on erityinen, uskoville tarkoitettu lahja. Se on yksi "Hengen lahjoista", joita tutkitaan tarkemmin *Hengen miekka* -kirjasarjan osassa *Hengen tunteminen*. Kuten kaikki lahjat, se annetaan Hengen täyttämille uskoville heidän tarvitessaan Hengen uskoa, jotta voisivat rakentaa seurakuntaa ja suorittaa Jeesuksen töitä tehokkaammin.

Se on Jumalan omaa uskoa, joka annetaan tiettyä palvelustehtävää varten – kuten opitaan kohdasta Jaak. 5:15. Mutta kohta 1. Kor. 13:2 muistuttaa meitä siitä, että ilman rakkautta usko on täysin turhaa. Ei ole olemassa mitään "superuskoa", joka olisi kaikenlaisen muun uskon yläpuolella, mutta Henki voi antaa meille lisäsysäyksen omaa uskoaan silloin kun sitä eniten tarvitsemme.

7. Uskosta tulee toimivaa vain tuntemalla Jumalan tahto

Merkittävä piirre Paavalin kirjeissä on se, ettei Paavali yleensä rukoile, että ihmiset hänen seurakunnissaan saisivat uskoa, vaan hän kiittää siitä, että he ovat uskovia ja että heillä jo on uskoa. Rukoillessaan hän pikemminkin pyytää, että he saisivat kaikenlaista tietoa, kuten havaitaan kohdassa Ef. 1:15-19. Samalla tavoin Paavali rukoilee Filemonin kirjeen jakeessa 6, että "yhteinen uskomme auttaisi sinua käsittämään

Raamatullinen usko

kaiken sen hyvän, minkä Kristus on meille antanut". Taaskaan Paavali ei rukoile, että Filemon saisi lisää uskoa – hän sanoo, että Filemonilla on jo uskoa. Paavali rukoili näin, koska hän ymmärsi, että uskosta tulee toimivaa vain Jumalan tahdon tuntemisen kautta.

On selvää, että Jumala on antanut kaikille ihmisille tietyn määrän uskoa. Tämä usko voi kuitenkin olla joko toimivaa tai passiivista, tehokasta tai tehotonta – Paavali rukoilee, että se muuttuisi tehokkaaksi, jotta se voisi alkaa tuottaa tulosta. Kuinka usko sitten muuttuu tehokkaaksi? Oivaltamisen, tiedon ja Sanan kautta – uskosta tulee toimivaa vain silloin, kun Jumalan tahto tunnetaan.

Heprealaiskirje
Edellä tutkittiin jakeessa 11:1 löytyvää uskon määritelmää ja havaittiin, että Heprealaiskirjeen luvussa 11 kuvataan sitkeää uskoa huomattavien vaikeuksien edessä. Tämä teema on esillä jakeissa 6:12 ja 13:7, ja siihen viitataan jakeissa 3:6 ja 10:23.

Sen lisäksi että Heprealaiskirjeessä esitellään uskon esimerkkejä, siinä myös kuvataan (luvuissa 3 ja 4), mitä epäusko saa aikaan. Epäusko sulki juutalaisilta pääsyn luvattuun lepoon, ja tästä voidaan päätellä, että vain usko takasi pääsyn sinne. Jae 4:2 osoittaa, että israelilaisten kuulema sanoma ei hyödyttänyt heitä, koska se ei uskossa sulautunut kuulijoihinsa.

Muut kirjeet
Jaakobin kirjeen jakeessa 2:1 sanotaan, että lukijat uskovat Jeesukseen; jakeessa 1:3 opetetaan, että usko täytyy koetella; jakeessa 1:6 osoitetaan, että meidän tulee rukoilla uskossa lainkaan epäilemättä ja jakeessa 5:15 todetaan, että uskontäyteinen rukous parantaa sairaan.

Erityisen tärkeä on kuitenkin Jaakobin kirjeen jakeissa 2:14-26 löytyvä uskon konsepti. Näissä jakeissa ei puhuta siitä, että sovitus saataisiin tekemällä lain tekoja, vaan niissä pikemminkin kuvataan niitä tekoja, jotka kuuluvat erottamattomasti yhteen elävän, hedelmällisen uskon kanssa.

Elävä usko

Jae 2:24 on tämän kohdan avainjae, ja se todistaa, ettei Jaakobin opetus ole ristiriidassa sen opin kanssa, että sovitus tulee uskon kautta. Jaakob kuitenkin pitää kiinni siitä, ettei usko, joka ei näy millään käytännöllisellä tavalla, voi olla elävää, hedelmällistä ja aikaansaavaa uskoa. Hän opettaa, että usko ilman sitä vastaavia, käytännöllisiä tekoja on turhaa, eli kuollutta, hedelmätöntä, eikä se saa aikaan mitään.

Koko Raamattu vastustaa sitä ajatusta, että usko olisi vain älyllistä toimintaa. Jae 2:19 muistuttaa meitä, että jopa pahoilla hengillä on tällaista uskoa, mutta se ei hyödytä heitä millään tavoin.

Sekä Jaakob että Paavali lainaavat ensimmäisen Mooseksen kirjan jaetta 15:6, mutta Jaakob sanoo (j. 2:21-23), että Aabraham tuli vanhurskaaksi tekojensa perusteella, kun taas Roomalaiskirjeessä (j. 4:2-4) todetaan, että hän tuli vanhurskaaksi uskonsa vuoksi. Nämä kaksi toteamusta eivät ole ristiriidassa keskenään. Paavali painottaa Aabrahamin uskoa, joka teki hänestä vanhurskaan, kun taas Jaakob kuvaa, minkälaista tämä sama vanhurskauttava usko on toiminnassa.

Jaakob ja Paavali molemmat tarkastelevat samaa asiaa – Aabrahamin kokonaisvaltaista vastausta Jumalan sanaan. Paavali kuitenkin painottaa näkymätöntä uskon puolta – *uskomista*; kun taas Jaakob painottaa elävän uskon näkyvää tai hedelmällistä puolta – *tekoja*.

Muissa kirjeissä kerrotaan lisäksi, että:

◆ usko liittyy vahvasti pelastukseen – 1. Piet. 1:5 ja 9

◆ usko täytyy koetella – 1. Piet. 1:7

◆ usko on arvokkaampaa kuin kulta – 1. Piet. 1:7

◆ vainottujen uskovien tulee turvata uskolliseen Luojaan – 1. Piet. 4:19

◆ niiden, jotka joutuvat kasvotusten paholaisen kanssa, tulee seistä lujina uskossa – 1. Piet. 5:9

◆ kaikki kasvu lähtee liikkeelle uskosta – 2. Piet. 1:5⊠7

Raamatullinen usko

- usko voittaa maailman – 1. Joh. 5:4
- usko on uskomista Jeesukseen – 1. Joh. 5:1 ja 5
- usko antaa varmuuden ikuisesta elämästä – 1. Joh. 5:13
- usko ja rakkaus liittyvät yhteen – 1. Joh. 3:23
- uskoon kuuluu tunnustaminen – 1. Joh. 4:15.

Yllä nähdään, että ensimmäisen Pietarin kirjeen jae 5:9 sanoo, että niiden, jotka joutuvat kasvotusten paholaisen kanssa, tulee seistä lujina uskossa. Tähän liittyen meidän täytyy myös pitää mielessä Jaakobin kirjeen jae 4:7, jossa osoitetaan, että kun antaudumme Jumalalle, kykenemme vastustamaan paholaista ja se pakenee meistä. Millä tavoin meidän tulisi vastustaa paholaista? 1. Piet. 5:9 antaa vastauksen tähän: "Vastustakaa häntä, uskossa lujina!" Tämä tarkoittaa sitä, että heti kun usko muuttuu lujaksi vakaumukseksi sydämissämme, paholaisen täytyy paeta. Efesolaiskirjeen jae 6:16 vahvistaa tämän: "Ottakaa kaikessa suojaksenne uskon kilpi, jolla voitte sammuttaa pahan palavat nuolet."

Ilmestyskirja
Raamatun viimeisessä kirjassa Jeesus esitellään "luotettavan todistajana" (j. 1:4-5 ja 3:14) sekä, hänen saapuessaan lopullisena voittajana, "uskollisena ja totuudellisena" (j. 19:11). Siinä myös kerrotaan, että hänen sanansa ovat aina täysin luotettavat (j. 21:5 ja 22:6). Tämän vuoksi ei olekaan yllättävää, että seurakuntien jäseniä kehotetaan olemaan uskollisia (j. 2:10), ja heistä myös sanotaan, että he ovat uskollisia (j. 2:13 ja 17:14).

Usko yhdistetään rakkauteen (j. 2:19), kestävyyteen (j. 13:10) ja Jeesukseen (j. 14:12). Jos uskomme ei ole juurtunut rakkauteen, jos se ei ole kärsivällistä ja kestävää ja jos se ei ole "Jeesuksen uskoa", silloin se ei ole elävää, raamatullista uskoa, eikä se voi auttaa meitä selviämään Ilmestyskirjassa kuvatuista viimeisistä päivistä.

Osa 3

Uskon toimiminen

Elävä usko ei toimi ihmisen omin voimin tai hänen tahdonvoimallaan vaan ainoastaan jumalallisella mahdollistamisella. Saamme uskon Jumalalta ja toimimme uskossa vain sen kautta, kun Pyhä Henki tekee työtään elämässämme.

Raamatussa asetetaan toistuvasti vastakkain usko ja teot – Jumalan teot ja ihmisten turha yrittäminen. Teot suoritetaan ihmisvoimin, mutta usko on Jumalan lahja ja Pyhän Hengen työtä, uskon Hengen. Usko on yksinkertaisesti vastaamista Jumalalle, mikä tarkoittaa sitä, ettei uskoa voida luoda, kehittää tai käyttää omin, lihallisin voimin tai psykologisesti manipuloimalla.

Kuten kirjassa *Hengen tunteminen* opitaan, Pyhä Henki on täysin meidän hallintamme ulkopuolella. Hän on Jumalan pyhä tuuli, joka puhaltaa, missä tahtoo ja millä tavoin hän tahtoo. Tämä tarkoittaa sitä, ettei ole olemassa mitään tekniikkaa tai "maagista" kaavaa, joka helpottaisi uskon toimimista. Lisäksi se tarkoittaa sitä, ettei ole olemassa mitään näkymättömiä tai mekaanisia "uskon lakeja", joita Jumalan täytyisi noudattaa.

Edellä havaittiin, että Jumala on asettanut joitakin uskon periaatteita, mutta ne – kuten muutkaan raamatulliset periaatteet – eivät hallitse tai rajoita häntä. Jumala on kaikkivaltias, eikä hän ole kenenkään tai minkään alainen.

Useat hengelliset johtajat opettavat uskosta tavalla, joka vaikuttaa ilmaisevan, että tiettyjä tuloksia saavutetaan automaattisesti määrättyjä sääntöjä noudattamalla. Emme voi kuitenkaan käyttää Pyhää Henkeä tällä tavalla, sillä hän on se, joka käyttää meitä. Jokainen, joka väittää, että on olemassa jokin mekaaninen menetelmä, tekniikka tai kaava, joka

Elävä usko

varustaa meidät uskon voimalla, kallistuu vaarallisen lähelle okkultismia ja demonisia voimia.

Uskon Henki

Raamatullinen usko nousee elävästä, hengittävästä suhteesta Henkeen, jota, kuten on todettu, kutsutaan "uskon Hengeksi". Elävä usko on mahdollista ainoastaan Hengessä tai Hengen kautta, mikä tarkoittaa sitä, ettei yksikään ei-kristitty – yksikään, joka ei ole uskossa – kykene mitenkään harjoittamaan todellista uskoa.

On selvää, että kaikki ihmiset harjoittavat kokemukseen perustuvaa inhimillistä uskoa. Inhimillistä uskoa harjoitetaan esimerkiksi joka kerta, kun istahdetaan tuolille, seistään jonossa, syödään lautasellinen ruokaa, otetaan lääkettä, odotetaan junaa ja niin edelleen. Tällainen toiminta on kuitenkin uskoa henkilöön tai johonkin muuhun kohteeseen, ei uskoa elävään Jumalaan.

Tällainen "inhimillinen usko" on yhdenlaista uskoa, mutta se ei ole elävää uskoa. Inhimillinen luottamus johonkin kohteeseen tai henkilöön saattaa auttaa meitä kokemaan niiden hyödyt, mutta tuo kohde tai henkilö ei itse anna meille sitä uskoa, jota tarvitsemme tuota kokemista varten. Tämänkaltainen usko on itsessään täysin tehotonta tai korkeintaan siitä on psykologista hyötyä. Tämän täysi vastakohta on, kun elävä Jumala tulee luoksemme, puhuu meille ja antaa meille uskoa, jota tarvitsemme vastataksemme hänen sanoihinsa ja tekoihinsa.

Sen lisäksi että on olemassa "inhimillistä uskoa", maailmassa toimii myös pahoja "uskon henkiä". Ne rohkaisevat "uskonnollisen uskon" eri muotoihin, mikä saattaa tarkoittaa esimerkiksi johonkin jumalaan, kirjaan tai henkeen turvaamista. Tämänkaltainen usko saattaa olla tehotonta, sillä saattaa olla psykologista vaikutusta tai se saattaa saada tehonsa pahoista voimista.

Tällainen vääränlainen usko toimii pahojen henkien kautta – väärien "uskon henkien" kautta. On sanomattakin selvää, että ne pyrkivät johdattamaan aidot uskovat, kuten myös tavalliset

Uskon toimiminen

ihmiset, valheuskoon, joten meidän täytyy kyetä tunnistamaan niiden toiminnan tavallisimmat merkit. On monia merkkejä tai käsityksiä, joista voimme tunnistaa tämänkaltaisen uskon. Esimerkiksi:

- lupaus saada voimaa, kun sitä vaaditaan
- motiivi ei ole tärkein seikka
- voima nähdään persoonattomana voimana tai energiana
- se sisältää kommunikointia henkien tai oppaiden kanssa
- siinä lähestytään tai liikutellaan hengellisiä voimia
- se toimii tietyn kaavan, mekanismin tai tekniikan avulla
- voimaa kanavoidaan fyysisten kohteiden, paikkojen, tekojen ja rituaalien kautta tiettyinä aikoina ja ajanjaksoina
- siinä painotetaan ajattelun- tai mielen voimaa – mielikuvia, keskittymistä ja ei-raamatullisia meditaation muotoja
- siinä vastustetaan aineellisen maailman todellisuutta
- siinä luodaan henkilökohtainen todellisuus hengellisten lakien tai voimien kautta.

Meidän täytyy välttää tätä valheuskoa ja pysyä kiinni ainoastaan Jumalassa – mikä onnistuu, kun elämme Pyhässä Hengessä ja Pyhän Hengen kanssa. Kun elämme kumppanuudessa hänen kanssaan, meissä saa kasvaa aito, elävä usko, jolla ei ole mitään tekemistä väärän, jumalattoman, manipuloivan ja omaa etua tavoittelevan uskon kanssa.

Uskon sana

Elävä usko on aktiivista uskomista elävään Jumalaan, joka puhuu Sanansa voimalla, arvovallalla ja selvyydellä. Edellä havaittiin, että *pistis*-usko tarkoittaa sitä, että olemme täysin

Elävä usko

vakuuttuneita siitä, mitä kuulemme Jumalan sanovan meille. Tämä tehdään selväksi Roomalaiskirjeen jakeessa 10:17.

Usko on täysin kietoutunut Jumalan Sanaan ja lupauksiin. Tämä tarkoittaa sitä, että elävä usko ei ainoastaan tule Jumalan Sanan kuulemisesta vaan se myös toimii Jumalan Sanan asettamissa rajoissa. Aito usko ei ole sitä, että uskomme, mitä haluamme, millä tahansa haluamallamme tavalla, silloin kun haluamme, vaan aito usko on aina Jumalan Sanan määrittelemää ja rajaamaa.

Tämä tarkoittaa sitä, että usko alkaa aina siitä, että "Jumala sanoo". Usko ei voi toimia, jos Jumala ei ole puhunut, sillä silloin se pohjautuisi olettamukseen. Monet ihmiset ajattelevat, että "tottelemattomuus" on "tottelevaisuuden" vastakohta, mutta meidän täytyy ymmärtää, että "olettamus ja tottelemattomuus" muodostavat yhdessä tottelevaisuuden vastakohdan. On yhtä suuri synti tehdä jotain, mitä Jumala ei ole sanonut, kuin olla tekemättä jotain, mitä hän on sanonut. Tämä tarkoittaa sitä, että syntiä voi tehdä toimimalla *röyhkeästi* sellaisen pohjalta, mitä oletetaan Jumalan sanoneen, kun hän ei todellisuudessa ole sitä sanonut. Ja syntiä voi tehdä jättämättä *ylimielisesti* huomiotta sen, mitä Jumala on sanonut.

Usko saa voimansa ja sisältönsä Jumalan Sanasta, ja Heprealaiskirjeen jae 4:12 kuvaa sen luontaista voimaa. Tämä tarkoittaa, että voimme olla varmoja siitä, että Jumalan jokainen lupaus kantaa sisässään Jumalan voiman, mikä on myös välttämätöntä lupauksen toteutumisen kannalta.

Toisen Korinttolaiskirjeen jakeet 1:18-22 kuvaavat Jumalan uskollisuutta – kuinka hän on täynnä uskollisuutta – ja havainnollistavat Jumalan Sanan luontaista luotettavuutta toteamalla, että kaikki Jumalan lupaukset ovat "kyllä" ja "aamen", koska ne ovat Kristuksessa. Tämä kohta antaa ymmärtää, ettei meidän koskaan tulisi ajatella Jumalan Sanaa erillään Kristuksesta.

Kuten myöhemmin opimme, tämä Jumalan Sanan ja Jeesuksen välinen yhteys on ehdottoman oleellinen lähtökohta "Sanan" ymmärryksemme kannalta.

Logos ja rhema

Uudessa testamentissa käytetään kahta eri kreikan sanaa käännökselle "sana", ja meidän täytyy ymmärtää näiden kahden ero ja merkitykset. Yksinkertaisin tapa ymmärtää niiden välinen ero on ajatella, että *logos* on Jumalan "yleinen" Sana ja *rhema* taas hänen "määrätty tai erityinen" sanansa. Sanoja *logos* ja *rhema* käytetään Uudessa testamentissa usein vaihdellen, eikä niiden erityinen merkitysero aina tule kaikissa konteksteissa selväksi.

Jotkut hengelliset johtajat ovat sanoneet, että *logos* viittaa Raamattuun ja *rhema* profetiaan, mutta molempia sanoja käytetään Uudessa testamentissa paljon laajemmassa merkityksessä. Tarkalleen ottaen voitaisiin sanoa, että *logos* paljastaa sanan takana olevan käsityksen, kun taas *rhema* kuvaa sanan sellaisena kuin se on puhuttu tai kirjoitettu. Esimerkiksi sanan "tuoli" *logos*-merkitys viittaa yleiseen käsitykseen tuolista – siis johonkin, jolla istumme, jolla on kolme tai neljä jalkaa ja joka on tehty puusta, muovista tai metallista – kun taas *rhema*-merkitys viittaa tiettyyn tuoliin, jonka olemme maininneet puheessamme tai kirjoituksessamme.

Sanaa *logos* on käytetty Heprealaiskirjeen jakeessa 4:12 tekemään selväksi, että kaikki Jumalan sanat ovat eläviä ja väkeviä; kun taas sanaa *rhema* on käytetty Roomalaiskirjeen jakeessa 10:17 osoittamaan, että usko tulee tietyn Jumalan sanan kuulemisesta. Sama pätee myös Efesolaiskirjeen jakeeseen 6:17: "Hengen miekka, Jumalan sana", jossa sanalla *rhema* viitataan tiettyyn sanaan, jonka Henki tuo meille sellaisella hetkellä, kun sitä tarvitsemme. Saatamme "kuulla" tämän sanan saarnan yhteydessä, profetiana tai hengessämme tai saatamme "nähdä" sen jossain raamatunkohdassa, näyssä tai luomistyössä (kuten kohdassa 1. Moos. 15:5).

Millä tahansa tavalla sitten saammekaan Jumalan sanan, se on aina linjassa raamatullisten periaatteiden kanssa. Tätä tutkitaan tarkemmin tämän kirjan osassa 4, mutta tässä

Elävä usko

kohtaa meidän täytyy ymmärtää, että elävä usko tulee "tietyn", Jumalan nimenomaan meille antaman sanan kuulemisesta tai näkemisestä.

Usko muuttuu väkeväksi aina *rheman*, ei *logoksen* seurauksena; ja *logoksen* täytyy tulla *rhemaksi*, jotta usko voi toimia. Usko on seurausta siitä, että Jumala puhuu tietyn sanan tiettyyn tilanteeseen. Jumalan "yleisen", kaikille ihmisille kaiken aikaa tarkoitetun Sanan täytyy muuttua "tietyksi" meille tarkoitetuksi sanaksi, jotta usko voi toimia elämässämme. Ei vain Jumalan Sana kaikille vaan "Jumalan sana juuri minulle". Usko toimii henkilökohtaisella, ei yleisellä tasolla – vain silloin on mahdollista nauttia lupauksen mukanaan tuomista hyödyistä.

Kaksinkertainen toiminta
Kylväjävertauksessa Matteuksen evankeliumin jakeissa 13:1-23 maan, "ihmisen sydämen", täytyy ottaa vastaan siemen, "Jumalan Sana", ennen kuin se voi nauttia siemenen tuomista hyödyistä, sen "sadosta", ja ennen kuin siemen alkaa toimia. Tämä vastaa uskoa.

Meidän täytyy ottaa Jumalan tietty sana vastaan elämäämme, uskoa se aidosti, ennen kuin se voi alkaa toimia – vaikuttaa ja tuoda esiin lupaamansa hyödyn. Tämä ei tarkoita sitä, että usko tekisi Sanan eläväksi ja väkeväksi, sillä Sana on sitä jo itsessään. Sen sijaan usko – jonka saamme Jumalalta – tekee mahdolliseksi sen, että Sana voi olla elävä ja väkevä meidän elämässämme.

Tämä on ihmeellinen esimerkki siitä kumppanuudesta, jonka Jumala haluaa omistaa kansansa kanssa. Uskomme tulee Jumalalta kun kuulemme tai näemme hänen Sanansa, ja sitten harjoittamalla tuota uskoa lakkaamatta voimme elää hänen Sanansa todeksi. Tästä Sanan kaksinkertaisesta toiminnasta – se tuo uskoa ja alkaa sitten toimia tuon uskon seurauksena – voidaan lukea kohdista kuten 1. Tess. 1:5-6 ja 2:13.

Uskon tunnustaminen

Edellä havaittiin, että usko ja tunnustaminen kuuluvat erottamattomasti yhteen. Meidän täytyy ymmärtää, ettei aitoa uskoa yksinkertaisesti voi olla ilman jonkinlaista tunnustamista. Kohdat kuten Room. 10:8-10; Ps. 19:14 ja Joos. 1:8 havainnollistavat tätä tärkeää totuutta.

Kreikan sana *homologeo* on käännetty Uudessa testamentissa sanalla "tunnustaa". Se tulee sanoista *homo*, "sama", ja *lego*, "puhua", ja sanatarkasti se tarkoittaakin "puhua samaa asiaa". Tämä tarkoittaa, että kun tunnustamme uskon sanaa, sanomme tarkalleen samaa kuin Jumalan Sana. Aito tunnustaminen ei kuitenkaan ole vain totuuden toistamista, vaan puhumme siinä "sydämestämme". Matteuksen evankeliumin jae 15:8 paljastaa, mitä Jumala ajattelee ihmisistä, jotka toistavat Sanaa tai sanovat tyhjiä tunnustuksia ilman, että uskoisivat niihin syvästi tai turvautuisivat niihin täysin.

Sanan tunnustaminen uskossa pohjautuu raamatulliseen opetukseen ihmisten "sydämestä". Raamatussa sanalla "sydän" ei viitata elimeen, joka pumppaa verta ihmiskehoon, vaan se on runollinen viittaus henkilön todelliseen olemukseen, hänen sisäiseen ihmiseensä. Tämä havaitaan Sananlaskujen kirjan jakeissa 4:23, 23:7 ja 27:9.

Raamattu opettaa, että suu puhuu sitä, mitä on sydämessä, sisäisessä totuudessa. Matteuksen evankeliumin jakeet 12:33-37 kertovat, että suu puhuu automaattisesti sydämen kyllyydestä. Jos sydämemme – sisäinen elämämme – on täynnä uskoa, se tulee ulos myös suustamme niissä sanoissa, joita puhumme. Puhumme silloin luonnostaan uskon sanoja ja uskon ajatuksia, ja puheemme heijastaa sydämessämme vallitsevaa uskon asennetta.

Tämä sydämen tunnustus -periaate on niin tärkeä, että Jeesus sanoo (Matt. 12:37), että meidät tuomitaan sanojemme perusteella, sillä ne antavat tarkan kuvan sisäisestä tilastamme, sydämestämme. Tämä noudattaa "puita ja hedelmää" koskevaa luomisen periaatetta, joka esiintyy läpi Uuden testamentin.

Elävä usko

Hyvä puu kantaa hyvää hedelmää, ja huono puu kantaa joko huonoa hedelmää tai ei lainkaan hedelmää. Jos sydämemme on täynnä uskoa, ajatuksemme, sanamme, asenteemme ja tekomme ovat yhdenmukaisia tämän uskon kanssa. Se, mitä ajattelemme, sanomme ja teemme, perustuu aina sille, mitä "uskomme" syvällä sydämessämme.

Tyhjä tunnustus
"Sydämen" periaate havainnollistaa, kuinka turhaa on yrittää tehdä tunnustamisesta jokin "uskon tekniikka". Voimme tunnustaa jotain totuutta ikuisesti suullamme, mutta siitä ei seuraa mitään, jos tuo totuus ei ole sydämessämme.

Vaikka tunnustaminen on oleellinen osa uskoa, meidän täytyy muistaa, ettei se synnytä uskoa. Tämä ero tulee erityisen selväksi Roomalaiskirjeen jakeissa 10:9-10. Jos elämässämme todella on uskoa, se täytyy kuitenkin myös sanoa ääneen – sillä usko ei voi toimia ilman tunnustamista. Kohta Matt. 4:4-10 havainnollistaa, kuinka tämä periaate toimii.

Aito tunnustaminen ei ole vain älyllistä tai suullista yksimielisyyttä Sanan kanssa. Se on jotain, mikä nousee sydämen vakaumuksesta, että Jumala on puhunut tietyn sanan suoraan juuri meille – ja että tuo sana ei voi pettää.

Jotkut ihmiset kokevat, että Sanan puhuminen, sen ajatteleminen ja sen rukoileminen johtaa usein uskon vapautumiseen. Mutta tämä ei ole tunnustamisen aikaansaamaa uskoa. Se on vain alkusysäys sille prosessille, jossa ihminen etsii Jumalaa, odottaa hänen puhettaan, avaa sydämensä ottamaan uskon sanan vastaan ja täyttää velvollisuutensa kuunnella häntä. Meidän täytyy välttää sitä virheellistä ajatusta, että pelkkä Raamatun jakeiden toistaminen tarkoittaisi samaa kuin uskossa toimiminen. Toisen Korinttolaiskirjeen jae 4:13 osoittaa, että me uskomme ja sitten puhumme; emme siis puhu jotta uskoisimme.

Uskon toimiminen

Uskon teot

Edellä havaittiin, että elävä usko on aktiivista uskoa, joka tuottaa sanallisia ja näkyviä tuloksia. Aito usko sekä näkyy tekoina että kuuluu sanoina. Uskomme näkyy yhtä lailla siinä, mitä teemme kuin siinä, mitä sanomme; tässä pätee "puu ja hedelmät"-periaate.

Usko ja kuuliaiset teot ovat kiinteässä yhteydessä toisiinsa. Usko ilman kuuliaisuutta kuullulle sanalle ei ole aitoa uskoa tuohon sanaan; ja kuuliaisuus ilman uskoa on lainalaisuutta. Heprealaiskirjeen jae 11:6 osoittaa, ettemme voi miellyttää Jumalaa ilman uskoa; eli jos haluamme miellyttää Jumalaa, kuuliaisuutemme täytyy kummutta sydämestä, joka uskoo.

Heprealaiskirjeen lukua 11 on kutsuttu "uskon sankareiden luetteloksi". Jokaisesta tässä luvussa mainitusta henkilöstä kerrotaan, kuinka he toteuttivat mahtavia tekoja juuri uskon kautta. On yksinkertaisesti mahdotonta, että elävä usko pysyisi salassa eikä tulisi näkyviin uskon tekoina.

Elävä usko vaikuttaa siihen, kuinka elämme; se määrittelee valintamme ja tekomme sekä luo pohjan koko elämämme suunnalle. Elävä usko on se, mikä erottaa Heprealaiskirjeen luvun 11 sankarit epäuskoisista aikalaisistaan.

Heprealaiskirjeen luvun 11 huolellisen lukemisen tulisi riittää vakuuttamaan meidät siitä, että Jaakobin kirjeen jakeet 2:17-20 pitävät paikkansa sanoessaan, että usko ilman tekoja on kuollut. Edellä todettiin, ettei Jaakob puhu tässä siitä, että saisimme Jumalan hyväksynnän lain teoilla tai hyvillä teoilla. Sen sijaan hän puhuu sellaisista teoista, jotka ovat seurausta aidosta, elävästä uskosta, ja korostaa elintärkeää uskon ja tekojen välistä kytköstä.

Usko ja teot toimivat yhdessä

Usko ja teot, kuten usko ja tunnustaminenkin, ovat erottamaton yhdistelmä. Kumpikaan ei voi toimia ilman toista. Yksinään usko ei saa aikaan mitään – se on kuollut tai toimimaton; se ei itse asiassa ole elävää uskoa lainkaan. Jotta se olisi elävää uskoa, sen täytyy näkyä uskon tekoina. Tämä tarkoittaa sitä,

Elävä usko

ettei usko koskaan ole hurskas ja passiivinen asia, vaan se on aina jotain aktiivista, toimivaa.

Mutta ihan kuten usko ilman tekoja on kuollut, myös teot ilman uskoa ovat hyödyttömiä ja turhia. Teot ilman uskoa eivät saa aikaan mitään – ne ovat vain ihmisen omaa lihallista ponnistelua, mikä ei saa aikaan mitään, millä olisi iankaikkista arvoa.

Usko tulee täydelliseksi teoista
Monet uskovat ajattelevat uskon tarkoittavan sitä, että uskomme Jumalaan ja sitten jäämme paikoillemme tekemättä mitään satunnaista rukoilemista lukuun ottamatta. Usko ei kuitenkaan koskaan toimi tällä tavalla. Uskoa vastaa aina jokin teko, jonka täytyy seurata sitä, kun uskomme Jumalaan ja tunnustamme hänen Sanaansa.

Jaakobin kirjeen jae 2:22 kertoo, että usko tulee täydelliseksi teoista (v. 1938 käännös). Kreikan sana *teleioo*, "tulla täydelliseksi", merkitsee "saattaa loppuun tekemällä valmiiksi tai loppuun", ja sen käyttö todistaa, että usko ilman tekoja on epätäydellistä.

Jaakobin kirjeen jakeissa 2:21-23 todetaan, että Aabraham osoittautui vanhurskaaksi ollessaan valmis uhraamaan poikansa. Jae 2:23 lainaa jaetta 1. Moos. 15:6, jonka Jumala puhui monta vuotta ennen Iisakin uhraamista. Se oli Jumalan vastaus Aabrahamin uskoon, että jakeen 15:5 sana täyttyisi.

Kuten opitaan tämän kirjan osassa 10, Aabrahamin toiminta 1. Mooseksen kirjan luvussa 22 koetteli nimenomaan hänen uskoaan jakeessa 15:5 luvattuihin asioihin – tämän vuoksi Jaakobin kirjeen jakeessa 2:23 sanotaan, että Raamatun sana täyttyi, kun Aabraham vei Iisakin uhrialttarille.

Aabrahamin usko jakeen 15:5 lupauksiin kehittyi Iisakin hedelmöittymisen, syntymän ja varhaisen elämän ajan, mutta se täyttyi tai tuli valmiiksi, kun Aabraham teki, mitä Jumala jakeessa 22:2 käski hänen tehdä. Hänen tekonsa tekivät hänen uskonsa täydelliseksi, ja hän sai nimen "Jumalan ystävä". Ilman

Uskon toimiminen

tekoja uskomme jää pelkäksi teoriaksi; se on vain älyllinen ajatus tai tyhjä haave.

Teon täytyy olla yhteensopiva uskon kanssa

Uskon teko ei ole sitä, että teemme mitä tahansa, mikä mieleemme juolahtaa. Se on sellaisen yhteensopivan teon suorittamista, joka vastaa määrättyä Sanassa olevaa uskon ilmaisua. Voidaankin sanoa, että jokaisella uskon sanalla on sitä vastaava uskon tunnustus ja uskon teko.

Jaakobin kirjeen jakeessa 2:15 on helppoa tunnistaa, mikä on tilanteeseen sopiva uskoa vastaava teko. Jos usko on elävää uskoa, uskon tunnustus "menkää rauhassa, pitäkää itsenne lämpiminä ja syökää hyvin" yhdistetään asianmukaiseen uskon tekoon eli omista varoista uhraamiseen. Samanlaista tekojen yhteensovittamista tunnustuksen, uskon ja Sanan kuulemisen kanssa voidaan havaita esimerkiksi kohdissa Joos. 3:14-17; Matt. 12:13, 14:28-30; Luuk. 17:13-14; Joh. 9:6-7; Ap. t. 9:34; 1. Tess. 5:18 ja Hepr. 11:17-19.

Uskon koetteleminen

Koetteleminen on olennainen osa sitä, kuinka usko toimii, sillä usko täytyy koetella, jotta se voisi menestyä. Tämä havaittiin Aabrahamin kohdalla, ja myös Jeesus koetteli luokseen tulevien ihmisten uskon varmistaakseen, että he olivat valmiita ottamaan lupauksen vastaan. Tämä todetaan esimerkiksi kohdissa Matt. 15:22-28 ja Joh. 4:46-53, 11:6,32,40.

Jaakobin kirjeen jakeet 1:2-4 kertovat, että lupauksista ja Jumalan hyvyydestä kiinni pitäminen kärsimysten keskellä on yksi suurimmista haasteista uskollemme. Ensimmäisen Pietarin kirjeen kohta 1:6-7 havainnollistaa, että monenlaiset koetukset sekä tekevät uskostamme aitoa että puhdistavat sitä. Koetukset todistavat kohdistuuko uskomme todella "todellisuuteen", ydinolemukseen, vai "asioiden ulkomuotoon" – eli turvaammeko Jumalaan vai olosuhteisiin.

Koetukset arvioivat halukkuuttamme pysyä tukevasti Jumalan meille puhumassa sanassa silloin, kun tuo sana

Elävä usko

ei tunnu toimivan siinä tilanteessa, jossa olemme. Tämä tarkoittaa, että koetus kohdistuu sanaan, ja pysyminen kestävänä uskossa tarkoittaa tarrautumista kiinni Jumalaan ja hänen Sanaansa olosuhteista riippumatta.

Vaikuttaa siltä, että koetus tulee pääosin kahdella tavalla:

◆ näennäisinä viivästyksinä

◆ näennäisinä ristiriitoina.

Viivästykset
Habakukin kirjan jae 2:3 osoittaa, että Jumalan näky, hänen sanansa, toteutuu, mutta että – inhimillisestä näkökulmasta katsottuna – se saattaa viipyä, ja saatamme joutua odottamaan sen toteutumista. Kuten havaitaan Johanneksen evankeliumin luvussa 11, nämä näennäiset viivästykset ovat itse asiassa jumalallista suunnitelmaa meidän uskomme koettelemiseksi.

Sama toistuu myös Heprealaiskirjeen jakeissa 10:35-37: Jumalan lupaus toteutuu sen jälkeen, kun olemme kestäneet. Raamatussa painotetaan toistuvasti sitä, että Jumala haluaa kehittää meissä kärsivällisyyttä ja kestävyyttä. Tätä käsitellään tarkemmin *Hengen miekka* -kirjasarjan *Toimiva rukous* -kirjan osassa 10 sekä *Palveleminen Hengessä* -kirjan osassa 6.

Saattaa olla aikoja, jolloin viivästys johtuu vastustavista pimeyden voimista, kuten Danielin kirjan luvussa 10, mutta silloinkin pätee sama periaate: "Usko Jumalan Sana ja pysy kestävänä, kunnes lupaus toteutuu." Tätä tarkastellaan *Toimiva rukous* -kirjan osassa 7 ja *Palveleminen Hengessä* -kirjan osassa 10.

Ristiriidat
Toisinaan jokin tilanne saattaa näyttää olevan ristiriidassa sen todellisuuden kanssa, jonka Jumalan Sana on paljastanut. Tämä saa jotkut ihmiset kokemaan luottamuskriisiä, toiset teologista hämmennystä ja jotkut jopa kärjistetysti sulkemaan silmänsä asioiden ulkoiselta ilmenemismuodolta. Jumala kuitenkin todella haluaa koetella ja kasvattaa uskoamme, jotta

Uskon toimiminen

voisimme aidosti ymmärtää, mitä hengellisessä maailmassa tapahtuu.

Kuten opitaan *Palveleminen Hengessä* -kirjan osassa 7, saatana pyrkii jatkuvasti saamaan meidät epäilemään Jumalan Sanaa ja hyvyyttä. Hän on mielissään voidessaan huomauttaa meille ristiriidoista, sillä hänen tavoitteensa on saada meidät epäilemään Jumalaa ja syyttämään häntä kohtaamistamme vaikeuksista.

Mutta, kuten näennäisissä viivästyksissäkin, meidät on yksinkertaisesti kutsuttu pysymään kärsivällisinä ja kestävinä sekä pysymään älyllisellä, järkevällä ja uskoa kehittävällä tavalla sitoutuneina Jumalan Sanaan. Jos Jumala on puhunut, voimme olla varmoja siitä, että hänen sanansa toteutuu. Tämä on totta huolimatta siitä, mitä viivästykset ja ristiriidat vaikuttavat vihjaavan.

Edellä todettiin jo, että uskossa on kyse asioista, joita ei nähdä eikä vielä olla eletty todeksi, joten meidän täytyy käsittää, että viivästykset ja ristiriidat ovat jo itsessään olennainen osa uskon toimintatapaa. Jos ei koskaan olisi viivästyksiä, emme tarvitsisi myöskään uskoa.

Kaikki uskonkoetukset ovat itse asiassa osa juuri sitä Jumalan määräämää prosessia, jonka on tarkoitus kehittää uskoamme ja tehdä siitä täysi-ikäistä, jotta voisimme ottaa vastaan sen, minkä Jumala on luvannut. Ilman näitä koetuksia luonteemme ei voisi kasvaa ja muuttua kykeneväksi elämään luvattuja siunauksia todeksi. Usko ei ole välittömiä siunauksia, joita saataisiin vaatimalla. "Vaatimisen" henki liittyy lapselliseen kypsymättömyyteen, eikä se ole aitoa uskoa. Ainoastaan koeteltu usko on voitokasta uskoa!

Usko ja tosiseikat

Elävä usko ei sivuuta tosiseikkoja tai totuutta; se tunnustaa, että ne ovat todellisia, mutta se tietää, että ne eivät ole koko totuus. Esimerkiksi Aabraham tunnusti olevansa lähes sata vuotta vanha ja että hänen vaimonsa oli hedelmätön ja ohittanut lastensaanti-iän jo aikaa sitten, mutta Aabraham

Elävä usko

myös tiesi, että Jumala oli puhunut sanansa ja että hänestä tulisi monien kansakuntien isä.

Uskon koetteleminen on yksinkertaisesti sitä, että jatkamme Jumalan sanan uskomista silloinkin, kun tuntemamme tosiseikat eivät puhu sen puolesta. Uskon kautta Aabraham läpäisi koetuksen – ja jatkoi uskomista, tunnustamista ja Jumalan sanan mukaan toimimista.

Ensimmäisen Mooseksen kirjan luvussa 17:1 Jumala esitteli itsensä Aabrahamille nimellä *El Shaddai*. Suomalaisissa käännöksissä siitä on käytetty sanaa "Jumala, Kaikkivaltias", joka ei kuitenkaan paljasta nimen täyttä merkitystä.

Sanan *shaddai* tai sen johdosten alkuperäistä merkitystä on mahdotonta tietää varmasti. Monet raamatunopettajat ajattelevat sen tulevan akkadin kielen sanasta *sadu*, joka tarkoitti "vuorta", ja perustelevat tällä sanan "Kaikkivaltias" käyttöä. Toiset kuitenkin väittävät sen tulevan aramean "vuodattamista" tarkoittavasta sanasta, kun taas toiset huomauttavat sen muistuttavan heprean "rintaa" tarkoittavaa sanaa. Lisäksi on niitä, jotka sanovat, että *shaddai* saattaa liittyä alkukantaiseen hepreankieliseen juureen *shadad*, joka tarkoitti "käsitellä väkivalloin", "vaurioittaa", "tuhota", "tärvellä", "hävittää" tai "pilata". Tällöin *El Shaddai* tarkoittaisi Jumalaa, joka ilmaisee itsensä voimallisten tekojensa kauheudessa.

Septuagintassa – Vanhan testamentin kreikankielisessä versiossa – *El Shaddai* käännettiin sanalla "Riittävä", ja se vaikuttaa erittäin sopivalta ottaen huomioon, että *El Shaddaita* käytetään Vanhassa testamentissa lähes aina kontekstissa, jossa puhutaan Jumalan ylitsevuotavasta huolenpidosta liitossaan.

Kuten opitaan kirjassa Isän tunteminen, jumalallinen nimi *El Shaddai* esiintyy aina sellaisessa kontekstissa, jossa Jumala pitää huolta antamalla lapsia, ruokaa tai viisautta. Aabrahamin, kuten lähes kaikkien muidenkin patriarkkojen sekä Jobin (Job 33:4) ja Noomin (Ruut 1:20-21), koetus oli yksinkertaisuudessaan se, luottaisivatko he *El Shaddain*

Uskon toimiminen

huolenpitoon silloinkin, kun heidän olosuhteensa tuntuivat väittävän, ettei hän ollut riittävä antaja.

Meitä kohtaavat tosiseikat saattavat joskus näyttää synkiltä, mutta niiden tulisi menettää merkityksensä, kun ne asetetaan vastakkain *El Shaddain* ihmeellisten mutta koettelevien sanojen kanssa. Jos hän on luvannut pitää huolen jostain, voimme olla varmoja siitä, että hänen sanansa toteutuu. Uskomme lepää hänen varman, koetellun ja muuttumattoman luontonsa varassa.

Osa 4

Uskon perustus

Edellä on havaittu, että usko tulee tietyn ja määrätyn Jumalalta tulevan sanan kuulemisesta ja että usko on täysin yhteen nivoutunut Jumalan Sanan kanssa. Tämän vuoksi meidän täytyykin olla täysin varmoja siitä, että ymmärrämme, mitä Raamatussa tarkoitetaan Jumalan sanalla.

Dabar

Heprean sana *dabar*, Jumalan "sana", esiintyy Vanhassa testamentissa lähes 400 kertaa. *Dabar* tarkoittaa lähes aina Jumalan *suullista* puhetta ihmisille käskyn, profetian, varoituksen tai rohkaisun muodossa. Sanalla *dabar* viitataan *kirjoitettuun* Jumalan Sanaan ainoastaan Psalmissa 119, jossa sitä käytetään synonyymina sanalle "Laki", siis Vanhan testamentin ensimmäiselle viidelle kirjalle.

Sanatarkasti *dabar* tarkoittaa "se, mikä sijaitsee takana", ja kun se on käännetty "sanaksi", se viittaa "merkitykselliseen ääneen, joka paljastaa sen, mikä on äänen taustalla". Meidän täytyy ymmärtää, että tämä "itseilmoitus" on nimenomaan sen ydin, mitä Raamattu opettaa Jumalan "sanasta".

Heprealaisessa ajattelussa henkilön *dabar* – hänen sanansa – nähtiin hänen persoonallisuutensa jatkeena sekä lisäksi sillä nähtiin olevan merkittävä olemassaolon arvo itsessään. Voidaankin sanoa, että Vanhassa testamentissa Jumalan sana oli Jumalan profeettojen kautta antama itseilmoitus ja tämä sana – kun se oli sanottu ääneen – oli sitten olemassa sellaisenaan omana itsenään kaikkina aikoina.

Elävä usko

Itseilmoitus

Olemme nykyään niin tottuneita puhumaan Raamatusta "Jumalan sanana", että kallistumme pitämään "Sanaa" vain jonain Jumalasta erillisenä ja itsenäisenä asiana. Meidän täytyy kuitenkin ymmärtää, että "Sana" on myös yksi Jumalan luonnon ja persoonallisuuden puoli.

Tämä kaksoisominaisuus näkyy erityisen selvästi Sananlaskujen kirjan luvuissa 8 ja 9. Jumalan viisaus on Jumalan luova voima ja oleellinen osa hänen jumalallista olemustaan, mutta kuitenkin, jakeissa 8:22-30, "viisaus" esitetään myös Jumalasta selkeällä tavalla erillisenä asiana.

Jumalan Sana ja Jumalan viisaus ovat jokseenkin synonyymeja, sillä ne molemmat ovat itseilmoituksia sekä täyttyvät Jeesuksessa – joka on Jumalan täydellisin itseilmoitus; joka on ikuisesti osa kolmiyhteistä Jumalaa, mutta joka silti on samalla hyvinkin paljon Isästä erillinen persoona.

Ainoa "Sanan" ja "viisauden" välinen ero on se, että käsitykseen "sana" liittyy luontaisesti suullinen, puhuttu puoli, jota ei "viisaudessa" ole. Voidaankin sanoa, että Jumalan sana paljastaa Jumalan viisauden – aivan kuten Jeesus kuvataan Johanneksen evankeliumissa "Sanana", joka täyttää täydellisesti Sananlaskujen kirjan lukujen 8 ja 9 kohdat, joissa puhutaan "viisaudesta".

Kun Sanaa lähestytään itseilmoituksen näkökulmasta, voidaan ymmärtää, miksi Jumalan Sana on aina täynnä hänen arvovaltaansa ja miksi sitä täytyy noudattaa – kuten havaitaan kohdissa Ps. 103:20 ja 5. Moos. 12:32. Jesajan kirja jae 40:8 kertoo, että Jumalan lailla myös Sana on ikuinen. Jesajan kirja jae 55:11 taas sanoo, ettei Jumalan sana voi palata tyhjänä sen jälkeen, kun se on sanottu ääneen, ja 1. Pietarin kirjeen jakeet 1:23-25 paljastavat sanan elävän, katoamattoman ja ikuisen luonteen.

Dabar esiintyy suomenkielisissä raamatunkäännöksissä yleensä osana sanontaa "jollekin tuli tämä Herran sana". Kuten edellä todettiin, olemme niin tottuneita pitämään Raamattua Sanana, että sanomme usein "menevämme Sanan luo" tai

Uskon perustus

"kääntyvämme Sanan puoleen". Raamatullinen painotus on kuitenkin aina se, että sana kääntyy meidän puoleemme ja että sana tulee meidän luoksemme. Jumala on aina se, joka tekee aloitteen. Hän hengittää sanansa meille. Jumalan sanan ja viisauden tuleminen on aina elävä, väkevä ja virtaava ilmestys. Jumalan sanassa ei ole mitään staattista.

Edellä havaittiin, että Sana ja Henki liittyvät Raamatussa usein yhteen. Nyt varmasti pystymme ymmärtämään tämän johtuvan siitä, että Jumalan Sana virtaa ulos hänen suustaan henkäyksinä – Sana hengitetään ulos Hengen avulla, Hengessä ja Hengen kautta.

Logos

Vanhassa testamentissa sanalla *dabar* kuvataan sekä yksittäistä Jumalan sanomaa tietyille ihmisille että kaikkea Jumalan täydellisen itseilmoituksen sisältöä. Edellä selvitettiin jo, että Uudessa testamentissa käytetään kahta eri kreikan sanaa kuvaamaan näitä Jumalan "Sanan" eri puolia: *rhema* ilmaisee "tietyt" Jumalan sanat, ja *logos* viittaa täydelliseen tai "yleiseen" Jumalan ilmoitukseen.

Vanhan testamentin kreikankielisessä versiossa, Septuagintissa, *dabar* on aina käännetty sanalla *logos*. Tämä käsitys täydellisestä jumalallisesta itseilmoituksesta on sitten siirretty Uuteen testamenttiin, jossa sana *logos* on myös yksi Jeesuksen nimistä. Hän on sekä täydellinen Jumalan itseilmoitus että samalla Isästä erillinen persoona.

Jeesus

Jeesus esitetään "Jumalan *logoksena*" kohdissa Joh. 1:1-18; 1. Joh. 1:1-2, 5:7 ja Ilm. 19:13. Kun otetaan huomioon edellä mainitut, sanaan *dabar* sisältyvät käsitykset, niin voidaan heti havaita tämän nimen viittaavan:

- ◆ Jeesuksen erilliseen persoonaan
- ◆ hänen suhteeseensa Jumalaan osana kolmiyhteistä Jumalaa

Elävä usko

- hänen ainutlaatuiseen luovaan voimaansa ja arvovaltaansa
- siihen, että hän täyttää kaikki ne 400 Vanhan testamentin kohtaa, joissa puhutaan "sanasta".

Kun olemme täysin ymmärtäneet, että Jeesus on "Jumalan Sana" – erillinen persoona, Jumalan täydellinen itseilmoitus – voimme alkaa käsitellä "uskon" ja "Sanan" välistä suhdetta syvemmin Raamatun pohjalta. Se että elävä usko tulee Sanan kuulemisesta tai näkemisestä – ja että siihen sisältyy Sanan uskominen, näkeminen, tunnustaminen ja sen mukaan toimiminen – tarkoittaakin todellisuudessa, että usko tulee sen kautta, kun otamme Jeesuksen vastaan, ja että se tarkoittaa Jeesukseen uskomista, Jeesuksen tunnustamista ja Jeesuksen kanssa toimimista.

Usko ei ole mikään kuiva, akateeminen käsite, joka sopii ainoastaan lukutaitoisille, koulutetuille, Raamattua älyllisellä tavalla ymmärtäville ihmisille. Se on elävä suhde Jeesuksen kanssa – johon sisältyy tarrautumista kiinni häneen, hänen kuuntelemistaan sekä hänen kanssaan elämistä ja palvelemista – ja joka on tarjolla kaikille ihmisille riippumatta heidän koulutuksestaan tai älystään.

Tämä ei tarkoita sitä, etteikö Raamattu olisi tärkeä – kaikkea muuta. Meidän täytyy kuitenkin muistaa, että Raamattu painottaa uskon tulevan pikemminkin siitä, että kuulemme sydämessämme kuin että luemme järjellämme; ja että se keskittyy pikemminkin Jeesuksen persoonaan kuin pelkkiin Raamatun sanoihin; ja että se on tarrautumista kiinni elävään Jumalaan pikemmin kuin vain Raamatun älyllistä ymmärtämistä.

Raamattua voidaan toki lukea ainoastaan ihmisjärjellä ja tutkia ainoastaan henkilökohtaisella älyllä. Monet ihmiset tekevätkin niin ja väittävät sen vuoksi tuntevansa Jumalan Sanan. Voimme kuitenkin todella "kuulla" tai "nähdä" Jumalan Sanan ainoastaan Hengen avulla.

Uskon perustus

Edellä todettiin jo, että Sana tulee meille Jumalan henkäyksessä, ja että Sanaa ja Henkeä ei voida erottaa toisistaan. Kaikkien uskovien tulisi tutkia Raamattua, mutta "näemme" Jumalan Sanan ainoastaan silloin, kun Henki kirkastaa Jumalan Sanan meille hengessämme.

Raamatullinen opetus "Sanasta" pohjautuu usein Psalmiin 119. Tämä ihmeellinen Psalmi havainnollistaa kirjoitetun Sanan tärkeyttä, mutta emme saa unohtaa, että tuossa Psalmissa esitelty "Sana" on tarkoitettu otettavaksi vastaan sydämeemme Jumalalta tulevana suullisena, elävänä ilmoituksena.

Kaikki tämä tarkoittaa sitä, että "sanaa" ei voida ymmärtää ilman Raamatun tuntemusta, mutta että sen ei myöskään pitäisi jäädä pelkäksi raamatuntekstiksi. Lisäksi se tarkoittaa sitä, että sanan "vastaanottaminen" ei ole ainoastaan sen "lukemista", vaan siihen tulisi sisältyä myös sanan "ymmärtäminen", "kuuleminen" ja "näkeminen". Raamattu on erittäin tärkeä osa Jumalan sanaa, mutta se on tärkeä siksi, koska se kääntää katseemme Jeesukseen – häneen, joka on "Sana".

Muita käyttötarkoituksia

Sanalla logos ei Uudessa testamentissa pelkästään viitata Jeesukseen, vaan sillä kuvataan myös:

- ◆ suullista, puhuttua ajatusta – Luuk. 7:7; 1. Kor. 14:9,19
- ◆ Jumalan lausumaa toteamusta – Joh. 15:25; Room. 9:9; Gal. 5:14 ja Hepr. 4:12
- ◆ Kristuksen lausumaa toteamusta – Matt. 24:35; Joh. 2:22, 4:41, 14:23 ja 15:20
- ◆ suullista hengellistä ohjetta – Ap. t. 2:40, 10:36; 1. Kor. 2:13, 12:8; 2. Kor. 1:18; 1. Tess. 1:5; 2. Tess. 2:15 ja Hepr. 6:1
- ◆ hengellistä oppia – Matt. 13:20; Kol. 3:16; 1. Tim. 4:6; 2. Tim. 1:13; Tiit. 1:9 ja 1. Joh. 2:7.

Sanonnalla "Herran *logos*" kuvataan Uudessa testamentissa usein Jumalan ilmoitusta tahdostaan, ja sitä käytetään hyvin

Elävä usko

samalla tavalla kuin Vanhassa testamentissa käytetään sanontaa "Jumalan Sana". Sillä kuvataan:

- suoraan Jeesukselta tulevaa ilmoitusta – 1. Tess. 4:15
- Herralta tulevaa sanomaa, jonka hän puhuu arvovallallaan ja jonka hänen voimansa tekee väkeväksi – Ap. t. 8:25, 13:49, 15:35,36, 16:32, 19:10; 1. Tess. 1:8 ja 2. Tess. 3:1
- hyvää sanomaa tai "evankeliumia" Jeesuksesta – Ap. t. 13:26, 14:3, 15:7; 1. Kor. 1:18; 2. Kor. 2:17, 4:2, 5:19, 6:7; Gal. 6:6; Ef. 1:13; Fil. 2:16; Kol. 1:5 ja Hepr. 5:13
- kaikkia Jumalan sanomia asioita, koko ilmoitusta – Mark. 7:13 ja Joh. 10:35.

Evankeliumi
Kun sana logos viittaa "hyvään sanomaan" tai evankeliumin sanomaan, sitä käytetään yleensä yksinään – kuten sanonnassa "julistaa sanaa" kohdissa Ap. t. 11:19, 14:25 ja 16:6. Se esiintyy kuitenkin myös muiden kuvailevien sanojen parina, esimerkiksi yhdistelmissä:

- Jumalan sana – Ap. t. 4:31 ja 13:5
- Kristuksen sana – Kol. 3:16
- sana rististä – 1. Kor. 1:18 (v. 1938 käännös)
- elämän sana – Fil. 2:16
- sovituksen sana – 2. Kor. 5:19
- pelastuksen sana – Ap. t. 13:26 (v. 1938 käännös)
- totuuden sana – 2. Kor. 6:7 ja Ef. 1:13
- vanhurskauden sana – Hepr. 5:13 (v. 1938 käännös).

Nämä sanontatavat osoittavat, että Uudessa testamentissa evankeliumin sanoma kertoo pohjimmiltaan, kuka Jeesus on: hän on Sana, jota saarnataan täysin riippuvaisina Hengen voimasta. Voidaankin itse asiassa sanoa, että alkuseurakunnassa

Uskon perustus

"Sana" tarkoitti aina Jumalalta tulevaa ilmestystietoa itsestään, Kristuksessa, Hengen kautta. Sitä täytyi saarnata ja julistaa Hengen avulla – ja kuulijoiden täytyi noudattaa sitä – aivan kuin puhuttu Sana olisi ollut Kristus itse.

Rhema

Edellä on todettu, että *rhema* viittaa tiettyyn Jumalalta tulevaan sanaan, kun taas sanalla logos tarkoitetaan yleisesti koko Jumalan Sanaa. Tämä havaitaan esimerkiksi Matteuksen evankeliumin jakeessa 26:75, jossa Pietari ei muistele Jeesuksen sanoja yleisellä tasolla, vaan hän muistaa tietyn sanoman, jonka Jeesus hänelle sanoi: "Ennen kuin kukko laulaa, sinä kolmesti kiellät minut."

Kun ymmärrämme, että Jeesus on Jumalan logos, ei tule yllätyksenä, että Roomalaiskirjeen jakeessa 10:17 viitataan Jumalan *rhemaan* eikä Jumalan *logokseen*. Jumalan *rhema* ei ole eri asia kuin Jumalan *logos*, vaan se on yksi *logoksen* puoli. *Rhema*-sanalla Jumala korostaa tiettyä *logoksen* osaa – "sanaa", joka on tässä tapauksessa hänen suora sanomansa, joka tuo pelastuksen niille, jotka kuulevat sen.

Edellä todettiin, että Jumalaa kutsutaan Vanhassa testamentissa yli 300 eri nimellä. *Jahve* (*Yahweh*), "minä olen se, joka minä olen" tai "minä olen oleva se, joka minä olen oleva", on yleinen, Jumalan henkilökohtainen nimi, joka kuvaa hänen luontonsa kokonaisvaltaisuutta. Se esiintyy Vanhassa testamentissa 6828 kertaa, mutta nimeen *Jahve* – tai *Jehova* – liittyy usein jokin määritelmä, joka kertoo tietystä luonteenpiirteestä – esimerkiksi:

- *Yahweh Yireh* – Herra, joka katsoo tai Herra, joka pitää huolen, 1. Moos. 22:14
- *Yahweh Rapha* – Herra, joka parantaa, 2. Moos. 15:26
- *Yahweh Nissi* – Herra, joka on sotalippu, 2. Moos. 17:15
- *Yahweh M'qaddishkhem* – Herra, joka pyhittää, 2. Moos. 31:13 (v. 1938 käännös)

Elävä usko

- *Yahweh Shalom* – Herra, joka lähettää rauhan, Tuom. 6:24
- *Yahweh Sabaoth* – sotajoukkojen Herra, 1. Sam. 1:3
- *Yahweh Rohi* – Herra, joka on paimen, Ps. 23:1
- *Yahweh Tsidkenu* – Herra, joka on vanhurskaus, Jer. 23:6
- *Yahweh Shammah* – Herra, joka on täällä, Hes. 48:35.

Nämä nimet eivät kuvaa eri jumalia, vaan ne korostavat Jumalan luonteen eri, kulloisellakin hetkellä oleellisia puolia. Voidaankin ajatella, että nimi Jahve on ikään kuin Jumalan *logos* ja muut 300 nimeä ikään kuin Jumalan *rhema*: tämä Sanan ja Jumalan nimen välinen yhteys voidaan havaita Psalmin 138 jakeessa 2.

Jokainen Jumalan nimi on täysin yhteneväinen Jumalan kokonaisluonteen kanssa. Kun hän esimerkiksi toimii *Yahweh Raphana*, hän ei silloin toimi ristiriidassa luonteensa *Yahweh Shalom*-, *Yahweh Rohi*-, *Yahweh Yireh*-, *Yahweh Shammah*- tai muidenkaan puolien kanssa.

Sama pätee Jumalan *rhemaan*. Jokainen Jumalalta tuleva sana on aina täysin yhteneväinen sekä Jumalan täyden ilmoituksen *logoksen* kanssa että jokaisen Jumalan *rheman* kanssa. Tämä tarkoittaa sitä, että jokainen yksittäinen sanoma Jumalalta – jokainen käsky, profetia, lupaus, kehotus jne. – on jo luonnostaan täysin yhteneväinen koko Jumalan *logoksen* kanssa sekä lisäksi jokaisen koskaan lausutun Jumalan *rheman* kanssa.

Tämä osoittaa, kuinka tärkeää on koetella kaikki, minkä ihmiset väittävät olevan Jumalan sanaa – ja että noiden sanojen koetteleminen ei ole järin vaikeaa. Jos kerran jokainen aito *rhema*-sana on Jumalan itseilmoitus, se tarkoittaa, että jokaisen sanan täytyy olla yhteneväinen kaiken sen kanssa, mitä tiedämme Jumalasta ja Jeesuksesta sekä yhteneväinen Raamatun koko ilmoituksen kanssa.

Kun Jumala Hengessään hengittää tai puhuu *rhema*-sanansa meille, hän ikään kuin käyttää jumalallista "korostuskynää".

Uskon perustus

Rhema-sanallaan Jumala kirkastaa yhden *logos*-Sanansa puolen ja paljastaa "tämän hetken" sanansa. Esimerkkejä *rhema*-sanasta löytyy kohdissa Matt. 4:4, 26:75; Mark. 14:72; Luuk. 1:38, 2:29, 3:2, 5:5, 24:8; Joh. 5:47, 6:63, 8:20, 8:47, 12:47–48, 14:10, 15:7, 17:8; Apt. t. 2:14, 10:37, 11:16; Room. 10:8,17–18; Ef. 6:17; 1. Piet. 1:25; Juud. 1:17 ja Ilm. 17:17.

Jumalan Sana

Kun kerran tiedämme, että Jumalan Sana, Raamattu, on uskon perustus, meille ei pitäisi tulla yllätyksenä, että Raamattu opettaa Sanasta erityisen rikkaalla ja moninaisella tavalla. Jumalan Sanaa koskevan raamatullisen aineiston käsittelemiseen tarvittaisiin useita kirjoja, ja Sanan koko täyteyden tutkimiseen ja todeksi elämiseen riittää vain ikuisuus. Voimme kuitenkin luoda Sanaan yleiskatsauksen, joka auttaa meitä ymmärtämään sitä, kuinka se toimii – ja kuinka lähestyä sitä ja ottaa se vastaan täynnä ihmetystä ja intoa.

Jumalan Sanan muuttumattomuus

Vaikka 2. Timoteuskirjeen jakeissa 3:16-17 ei käytetäkään sanontaa "Jumalan Sana", siinä kuvataan kirjoitusten ainutlaatuista syntytapaa ja arvovaltaa sellaisella tavalla, joka paljastaa, että kyseessä on Jumalan Sana. Kreikan sana *theopneustos* tarkoittaa "Jumalan hengittämä" – nimenomaan uloshengittämä eikä sisäänhengittämä – ja tämä on ainoa Uuden testamentin kohta, jossa sitä käytetään. Tämä sana osoittaa meille, että kirjoitukset ovat, jollain erityisellä tavalla, ainutlaatuisesti Jumalan uloshengittämiä, Hengen kautta.

Kohdat kuten Ps. 33:6 ja 2. Piet. 1:19-21 korostavat sitä totuutta, että Jumalan Sana tulee aina Hengen kautta, Jumalan henkäyksenä. Lisäksi ne tähdentävät sitä tosiseikkaa, että koska Sana on Jumalan uloshengittämää, se myös todella on Jumalan Sanaa – se on "hänen suunsa henkäys".

Vielä huomionarvoisempaa on se, että 2. Timoteuskirjeen jakeessa 3:16 käytetään preesensmuotoa – "on Jumalan

Elävä usko

hengittämää" pikemmin kuin "oli Jumalan hengittämää" – mikä osoittaa, ettei kirjoituksia vain henkäisty kerralla ulos silloin, kun ne ensimmäisen kerran kirjoitettiin ylös tai kun ne koottiin yhteen, vaan Jumala edelleen tänäkin päivänä hengittää kirjoituksia meille Hengessä.

Tämä tarkoittaa sitä, että koko Raamattu on elävä kirja elävälle uskolle eikä vain historiallinen dokumentti akateemista tutkimusta varten. Täytyy tietenkin huomioida, että kohta 2. Tim. 3:16–17 viittaa ainoastaan Vanhaan testamenttiin, sillä Uutta testamenttia ei tuolloin vielä oltu kirjoitettu, mutta se pätee koko Raamattuun, sekä Vanhaan että Uuteen testamenttiin.

Toisen Timoteuskirjeen jakeet 3:16-17 osoittavat myös siihen periaatteeseen, että elävä usko rakentuu Sanan perustukselle ja että siihen liittyy tekoja. Siinä kerrotaan, että jokainen kirjoitus – ei vain muutama mieluisin kirjoitusten kohta – on tarkoitettu meidän varustamiseksi kaikkia hyviä tekoja varten.

Edellä todettiin, että Psalmi 119 on ainoa Vanhan testamentin kohta, jossa viitataan, kohdan 2. Tim. 3:16-17 tavoin, kirjoitettuun Jumalan Sanaan. Jakeessa 89 käy selväksi, että kirjoitettu Jumalan Sana on ikuinen, ja jae 160 painottaa, että se on totuus.

Luukkaan evankeliumin jakeessa 21:33 Jeesus lupaa, että hänen *logos*-sanansa – Kristuksen sanat kokonaisuudessaan – eivät koskaan katoa. Tämä osoittaa meille, että hänen sanansa ovat ikuisia ja muuttumattomia, mutta se myös ohjaa meidät Uuden testamentin äärelle – sillä juuri Uuteen testamenttiin hänen sanansa on tallennettu kaikkia aikoja varten.

Uusi testamentti
Ensimmäisellä vuosisadalla Kristuksen ylösnousemuksen jälkeen monet hyvinkin erilaisista taustoista tulevat miehet kirjoittivat ylös Jeesuksen tarinan sellaisena, kuin he sen ymmärsivät. Heidän työnsä pohjautui heidän muistiinsa, elossa olevien silminnäkijöiden todistuksiin, suulliseen perintee-

Uskon perustus

seen, muiden ihmisten kirjallisiin merkintöihin sekä – joissain tapauksissa – heidän pyhitettyyn mielikuvitukseensa.

Asiakirjat, joita me kutsumme nimillä Matteuksen, Markuksen, Luukkaan ja Johanneksen evankeliumi, eivät ainoastaan olleet varhaisten kristittyjen keskuudessa kierrätettäviksi tarkoitettuja selontekoja Jeesuksen elämästä, vaan ne olivat alusta alkaen erittäin merkittäviä kristinuskolle. Useimmat tutkijat uskovat, että helluntain ja ensimmäisen evankeliumin kirjoitusajankohdan välillä oli alle yhden sukupolven pituinen aikaväli, ja että suurin osa Paavalin kirjeistä kirjoitettiin ennen evankeliumeja.

Vaikuttaa siltä, että Johanneksen evankeliumi kirjoitettiin viimeisenä, ja vain muutaman vuosikymmenen sisällä sen kirjoittamisesta meille tuntematon kristitty oli kerännyt neljä evankeliumia yhteen ja alkanut kierrättää niitä yhtenä yhtenäisenä kokonaisuutena.

Vuoteen 150 jKr. mennessä nuo neljä evankeliumia oli yleisesti hyväksytty arvovaltaisena selontekona Kristuksen elämästä, opetuksesta ja kuolemasta, mutta kului vielä toiset sata vuotta ennen kuin ne tunnustettiin virallisesti ainoina arvovaltaisina selontekoina. Toisen vuosisadan loppupuolella eri puolilla maailmaa sijaitsevat seurakunnat alkoivat kerätä yhteen ensimmäisen vuosisadan kristittyjen kirjoituksia. Aluksi näillä seurakunnilla oli huomattavia erimielisyyksiä joitakin kirjeitä koskien, erityisesti Jaakobin kirjettä, Heprealaiskirjettä ja Ilmestyskirjaa, mutta ne olivat täysin yksimielisiä Matteuksen, Markuksen ja Luukkaan evankeliumeista ja lähes yksimielisiä Johanneksen evankeliumista.

Seurakuntien tehtävä oli päättää, mitkä tekstit olivat niitä, joilla tunnustettaisiin olevan kirjoitusten arvovalta. Evankeliumilla tai yksittäisellä kirjeellä täytyi olla vankat todisteet siitä, että se oli apostolin tai apostolien piiriin kuuluvan henkilön kirjoittama, jotta sen tunnustamista edes harkittiin.

Kolmannen vuosisadan aikana Eusebios, sen aikainen seurakunnan johtaja, teki yhteenvedon kristillisestä mielipiteestä

Elävä usko

jakamalla kristilliset kirjoitukset kolmeen kategoriaan: "väärennettyihin", "kiistanalaisiin" ja "tunnustettuihin".

Uusi testamentti kanonisoitiin viimein vuonna 367 jKr. itäisessä kirkossa (Athanasios Suuren 39. pääsiäiskirje) ja vuonna 397 jKr. läntisessä kirkossa (Karthagon kirkolliskokouksessa). Molemmat kirkot olivat yhtä mieltä siitä, että ne 27 kirjaa, jotka nykyään tunnetaan Uutena testamenttina, tulisi tunnustaa Jumalan Sanaksi – kirjoituksiksi, jotka ovat Jumalan hengittämiä, ikuisesti muuttumattomia ja täysin arvovaltaisia.

On ehdottoman tärkeää huomioida, että kaanon (eli kirjat, jotka meillä on Raamatussamme) oli pohjimmiltaan Jumalan valitsema. Jumala vahvisti jokaisen kirjan arvovallan, ja alkuseurakunnan johtajat ainoastaan totesivat tuon arvovallan olemassaolon. Olemme kuitenkin ikuisessa kiitollisuudenvelassa alkuseurakunnan johtajille, jotka rukoilivat, tutkivat ja koettelivat kirjoittajien sanat selvittääkseen, millä kirjoituksilla oli jumalallista arvovaltaa toimia Jumalan Sanana. Heidän uskonsa ja ahkeruutensa vuoksi sekä siksi, että he olivat avoimia Hengelle, Jeesuksen sanat eivät totisesti tule koskaan katoamaan.

Sanan voima
Edellä on todettu, että Henki ja Sana toimivat yhdessä ja että Hengen kautta Jumalan sanat hengitetään ja synnytetään. Tämä havaitaan esimerkiksi kohdissa 1. Moos. 1:1-3; Ps. 33:6-9; Joh. 6:63 ja 2. Tim. 3:16.

Kun Jumala hengittää Sanansa, se on hänen itsensä ilmentymä ja se on puettu hänen voimaansa ja arvovaltaansa. Sen vuoksi se ei voi olla täyttämättä tarkoitustaan. Minkä Jumala puhuu, se tapahtuu. Esimerkkejä tästä Sanan luontaisesta jumalallisesta voimasta havaitaan kohdissa 2. Aik. 6:14-15; Jes. 55:10-11 ja Room. 4:18-21.

Heprealaiskirjeen tunnettu jae 4:12 kertoo Jumalan Sanan olevan elävä, väkevä ja terävämpi kuin mikään miekka. Siitä opitaan, että Sana on niin voimallinen, että se tekee sisäistä, hengellistä työtä elämässämme.

Uskon perustus

◆ Sana paljastaa ajatuksemme ja asenteemme; se leikkaa ulkoisen käyttäytymisemme "ulkomuodon" läpi ja paljastaa "sydämemme" "todellisuuden", ydinolemuksen".

◆ Sana murtautuu läpi sieluumme ja sydämeemme ja erottaa tai paljastaa ne.

Jos haluamme nähdä uskomme kehittyvän, yksi tärkeimmistä asioista, jonka voimme tehdä, on antaa Jumalan Sanan tunkeutua sieluammekin syvemmälle aina henkeemme saakka.

Monet hengelliset johtajat ovat eri mieltä ihmissielun ja -hengen tarkoista määritelmistä. Yksinkertaisin tapa ymmärtää ne on seuraavanlainen:

1. "Sielu" viittaa älyymme, tahtoomme, tarkoitusperiimme, järkeilyymme, arvostuksenkohteisiimme, tunteisiimme, tunnetiloihimme sekä niihin tuntemuksiin, joita koemme viidellä "luonnollisella" aistillamme.

Nämä sielun alueet rajoittavat usein Jumalan työtä. Esimerkiksi järki hylkää sen, mitä se ei kykene ymmärtämään, ja tunteemme sekä viiden aistin kautta kokemamme asiat ovat usein ristiriidassa Jumalan Sanan kanssa. Usko ei perustu ihmisen älylle, tunteille tai tahdolle. Todellinen usko sisältää nämä, mutta se toimii meissä työtään tekevän Pyhän Hengen sytyttämänä.

2. "Henki" viittaa siihen inhimillisen persoonallisuutemme alueeseen, joka, sen jälkeen kun Jumala on sen herättänyt, on yhteydessä Jumalan kanssa. Meidän on tärkeä ymmärtää, että henki ylittää ymmärryksemme, mutta ei ole järjenvastainen. Kun esimerkiksi rukoilemme kielillä, henkemme rukoilee, mutta sielumme ei ymmärrä, mitä silloin tapahtuu.

Henkemme on "luonnostaan" enemmän sopusoinnussa Jumalan Sanan kanssa eikä niin tiukasti fyysisten olosuhteiden hallitsema kuin sielumme. Elävä usko kehittyy, kun annamme ennemmin henkemme kuin sielumme hallita elämäämme.

Elävä usko

Sielumme ja henkemme eivät tietenkään aina ole kovin helposti erotettavissa toisistaan, sillä yhdessä ne muodostavat "itsemme" ikuisen puolen. Henkemme tila on kuitenkin se, mikä määrittää "itsemme" ikuisen kohtalon, ei sielumme tila.

Tämä erottelu korostaa sitä, että Jumalan Sanan kuuleminen on paljon muutakin kuin vain Raamatun lukemista ymmärryksellämme. Totuus on, että voimme lukea Raamattua ymmärryksellämme, "sielullamme", ja silti olla kuulematta Jumalan Sanaa ja olla rakentumatta uskossa ja kasvamatta hengessämme. Kuten opitaan tämän kirjan seuraavassa osassa, "kuunteleva usko" on Raamatun lukemista ja tutkimista, mutta myös sitä, että annamme Jumalan puhua meille rhema-sanansa hänen logos-Sanastaan, minkä jälkeen otamme tuon sanan syvälle henkeemme.

Sanan lupaukset

Menneinä aikoina monilla kristityillä perheillä oli "lupauslaatikko". Se sisälsi pinsetit sekä kaikki eri Raamatun lupaukset, joista jokainen oli kirjoitettu erilliselle pienelle paperinpalalle. (Suomessa on lähinnä käytetty "mannalappuja", suom. huom.) Useimmat ihmiset nostivat joka päivä laatikosta yhden lupauksen ja uskoivat sitten, että tuo lupaus oli Jumalan Sana heille sitä päivää varten.

Äärettömän suuren armonsa vuoksi Jumala silloin tällöin kunnioitti näitä laatikoita ja puhui ihmisille voimallisella tavalla niiden sanojen kautta, jotka he olivat lukeneet. Jumala ei kuitenkaan ole tarkoittanut, että käyttäisimme hänen Sanaansa tällaisella tavalla.

Raamatussa on monia erityisiä lupauksia, ja Jumala saattaa kirkastaa jonkun niistä meille milloin tahansa – esimerkiksi kehottamalla meitä muistelemaan tiettyä lupausta, jonka tiedämme Raamatun tuntemuksemme vuoksi, tai osoittamalla tiettyyn lupaukseen sitä lukiessamme. Tätäkin tärkeämpää on kuitenkin ymmärtää raamatullinen lupaus, että Jumalan koko *logos*-Sana puhuu meille useilla eri tavoilla.

Uskon perustus

Raamattu esimerkiksi opettaa, että Sana antaa:

- uskoa – Room. 10:17
- uuden syntymän ja uuden elämän – Jaak. 1:18 ja 1. Piet. 1:23
- hengellistä ravintoa – 1. Piet. 2:1-2 ja Matt. 4:4
- ilmestystä ja suuntaa – Ps. 119:105,130
- puhdistusta ja pyhyyttä – Ps. 119:9; Ef. 5:25-27; 2. Piet. 1:1-4 ja Joh. 17:17
- palkkion ja siunauksen – Ps. 1:1-3 ja 19:11
- parantumista – Ps. 107:20
- voiton synneistä – Ps. 17:4 ja 119:11
- voiton saatanasta – Luuk. 4:4,8,12; Ef. 6:17; 1. Joh. 2:14 ja Ilm. 12:11
- vapauden tuomituksi tulemisesta – Joh. 5:24 ja 12:47.

Kaikki nämä ihmeelliset lupaukset Jumalan Sanan voimallisista ilmiöistä ovat ihania näkökulmia elävään uskoon. Jumala voi antaa Sanansa millä tahansa tavalla – Jeesuksen kautta henkilökohtaisesti Hengessä, Raamatun kautta, saarnan kautta tai profetian kautta – julistaakseen mitä tahansa näistä lupauksista meille.

Emme voi tehdä mitään näistä edellä luetelluista asioista itse tai itsellemme, vaan meidän täytyy vastata Jumalan Sanaan hänen Sanastaan saamallamme uskolla, jotta kykenisimme ottamaan vastaan Jumalan lupauksen. Seuraavissa neljässä osassa tarkastellaan niitä uskon eri puolia, joiden avulla meidän on mahdollista elää todeksi nämä Sanan lupaukset.

# Osa 5

Kuunteleva usko

Roomalaiskirjeen jae 10:17 opettaa oleellisen uskon periaatteen ja kertoo, että usko tulee ensin kuulemisesta. Elleivät ihmiset ensin kuule Jumalan sanaa, he eivät myöskään koskaan voi uskoa Jumalaan tai omistaa elävää uskoa. Edellä todettiin jo, ettei usko tule sillä, että ihminen itse yrittää uskoa, vaan se tulee Jumalalta. Hän tekee työtään meissä Sanan ja Hengen kautta ja auttaa meitä uskomaan. Vaikka kuinka yrittäisimme, emme koskaan voi luoda todellista uskoa omin voimin. Elävä usko alkaa siitä, kun kuulemme Jumalan puhuvan. Tämä uskoa synnyttävä kuuleminen ei ole epämääräistä tietoisuutta siitä, että Jumala on puhunut yleisellä tasolla. Se on varmuutta siitä, että Jumala on puhunut meille henkilökohtaisesti, yksityisesti ja suoraan – silloin hänen sanansa alkaa tehdä työtään syvällä meissä.

Uskon prosessi

Monet uskon luonnetta ja toimintaa koskevista erimielisyyksistä hengellisten johtajien välillä kumpuavat siitä, ettei olla ymmärretty, että usko on prosessi.

Uskosta opettaessaan monet nimeävät yhden uskon prosessin osan todelliseksi uskoksi ja sivuuttavat sen kaikki muut osat. Esimerkiksi loputtoman turhat keskustelut "uskon" ja "tekojen" suhteesta perustuvat laajasti sille käsitykselle, että "uskova usko" ja "tekevä usko" olisivat kaksi täysin eri asiaa, vaikka ne todellisuudessa ovat elävän uskon kaksi erottamatonta puolta.

Vaikka usko alkaakin Jumalan sanan kuulemisesta, se ei pääty siihen. Usko on mukana sanan koko kehityskulun

Elävä usko

ajan, joka vaiheessa, jossa sana tekee työtään ja kehittyy elämässämme – kunnes koko uskon prosessi tulee valmiiksi.

Uskon prosessin jokainen osanen on osa vastaustamme Jumalalta kuulemaamme *rhema*-sanaan. Tämän prosessin jokaisessa vaiheessa Pyhä Henki toimii väkevästi yhdessä Sanan kanssa ja antaa meille voimaa vastata uskolla siihen tarkoitukseen, joka Jumalalla on elämäämme varten.

Voidaan sanoa, että uskon prosessi sisältää:

◆ Sanan kuulemisen – Room. 10:17 osoittaa, kuinka tärkeää meidän on huomioida se, että kuuntelemme Jumalan sanaa.

◆ Sanan uskomisen – Room. 10:10 antaa ymmärtää, että uskominen merkitsee sanan vastaanottamista syvälle sisimpäämme, niin että se juurtuu sydämeemme ja vaikuttaa koko elämäämme.

◆ Sanan tunnustamisen – Room. 10:9 on tärkeä lupaus, joka havainnollistaa, kuinka usko vaikuttaa siihen, mitä sanomme, ja mahdollistaa sen, että alamme puhua Jumalan sanan mukaisesti.

◆ Sanan tekemisen – edellä on nähty, että jokaista uskontunnustusta kohti on olemassa sitä vastaava teko, jonka täytyy seurata sitä ja täydentää se – kuten havaitaan kohdassa Jaak. 2:17-22.

◆ Seisomisen lujasti sanassa – tiedämme, että Jumala koettelee uskoamme, jotta se voisi kasvaa ja kypsyä. Tämän vuoksi meidän täytyy seistä lujina Jumalan sanan lupausten varassa: havaitsemme tämän kohdissa Jaak. 1:3-4 ja 1. Piet. 1:6-7.

◆ Iloitsemisen sanassa – kasvava uskon asenne heijastuu sellaisena positiivisena elämänasenteena, josta kerrotaan kohdassa 1. Piet. 1:8. Tätä asennetta leimaa aito kiitollisuus siitä, mitä Jumala on tehnyt, tekee ja on tekevä – kuten kohdissa Ps. 50:14,15,23 ja Ps. 106:12.

Kuunteleva usko

◆ Pysymisen sanassa – uskon prosessi tulee valmiiksi, kun pysymme kiinni Jumalan *rhema*-sanan totuudessa kunnes se täyttyy, kuten havaitaan kohdissa Hepr. 6:11-12, 10:35-36 ja Jaak. 1:4-7.

Jumalan sanan kuuleminen

Ensimmäinen ja perustavanlaatuinen osa uskon prosessia on Jumalan sanan kuuleminen. Teemme sitä antamalla Jumalalle huomiomme sekä järjestämällä aikaa kuunnella häntä ja lukea Raamattua.

Tätä kristityn elämän puolta käsitellään tarkemmin kirjassa *Jumalan tunteminen*, mutta siitä mainitaan lähes jokaisessa *Hengen miekka* -kirjasarjan osassa. Jumalan kuunteleminen, hänen sanansa kuuleminen, hänen kehotustensa tunnistaminen, Hengen ohjauksen huomioon ottaminen – millä sanoilla sitä sitten kuvataankaan – on hengellinen harjoite, joka on keskeinen kaikissa henkilökohtaisen ja yhteisöllisen kristillisen elämämme puolissa.

Profeetat

Vaikka opimmekin jotain kaikista Vanhan testamentin kohdista, profeettojen kirjat ovat erityisen oleellisia, sillä profeetat olivat niitä harvoja ja valittuja, jotka Henki oli voidellut ja jotka julistivat Hengessä ja Hengen kanssa. Vanhan testamentin profeettojen koko elämä ja palvelustyö perustuivat Jumalan kuuntelemiselle, ja heidän noudattamansa periaatteet toimivat edelleen oleellisena lähtökohtana niiden nykyajan uskovien elämälle ja palvelustyölle, jotka niin ikään ovat Pyhän Hengen voitelemia.

Vanha testamentti antaa ymmärtää, että profeetat kuulivat Jumalan puhetta pääosin neljällä eri tavalla:

1. Jumalan sana
Aamoksen kirjan jae 3:8 osoittaa, että "Jumalan sanalla" oli väkevä vaikutus profeettoihin. Kuten edellä todettiin, Vanhassa testamentissa puhutaan, että sana "tuli" profeetoille.

Elävä usko

Tämä ilmaisu kuvaa sisäistä, kasvavaa tietoisuutta Jumalan sanomasta, mikä kehittyi profeettojen mielissä tietyn ajanjakson aikana – kuten Sakarjan kirjan jakeissa 1:1 ja 7. Kohdat Jer. 1:11, 18:1-4, 24:1-10 ja Aam. 7:7 osoittavat, että toisinaan Jumala puhui sanansa profeetoilleen varsin jokapäiväisten tapahtumien kautta. Vaikuttaa siltä, että Jumala paljasti sanansa usein intiimeissä tilanteissa, jotka syntyivät henkilökohtaisissa suhteissa hänen palvelijoidensa kanssa, pikemmin kuin äkillisten ilmestystietoa sisältävien välähdysten kautta. Näissä tilanteissa sana kuultiin mietiskelemällä, pohtimalla, tarkkailemalla, lukemalla ja kirjoituksia tutkimalla.

2. Jumalan antama taakka
Habakukin kirjan jakeessa 1:1 viitataan Herran massaan. Suomenkielisissä raamatunkäännöksissä siitä on käytetty sanoja "ennussana" tai "ennustus", mutta sanatarkasti se tarkoittaa "taakkaa" tai "lastia". Se osoittaa, että Jumala antoi profeetan tuntea saman, mitä hän itsekin tunsi jostain tietystä tilanteesta.

Massalla viitataan kasvavaan sisäiseen tietouteen Jumalan huolesta tietyn asian, henkilön tai ihmisryhmän suhteen. Siitä löytyy esimerkkejä kohdista Jes. 13:1, 14:28, 15:1, 17:1, 19:1, 21:1,11,13, 22:1, 23:1 ja Jer. 23:33-40.

3. Jumalan Henki
Läpi tämän kirjasarjan havaitaan Raamatun opettavan, että Hengen ja profeetallisen toiminnan välillä on erittäin vahva linkki. Tästä löytyy esimerkkejä ainakin kohdissa 4. Moos. 11:29 ja 1. Sam. 10.

Vanhassa testamentissa ensimmäisen Samuelin kirjan jakeet 19:18-24 osoittavat, että Hengen laskeutuminen sai ihmiset spontaanisti puhumaan Jumalan sanaa; Miikan kirjan jae 3:8 antaa ymmärtää, että Henki sekä innoitti profeettoja että antoi heille tarvittavan rohkeuden kertoa kuulemansa ilmestykset; ja Joelin kirjan jae 2:28 tekee selväksi, että Hengen

Kuunteleva usko

vastaanottamisen tulisi saada aikaan Jumalan sanojen puhumista tietyille ihmisille, Jumalan voimassa.

Näissä kohdissa viitataan äkillisellä hetkellä tapahtuvaan Jumalan sanan kuulemiseen, jonka tuli johtaa välittömään tunnustamiseen ja toimimiseen. Joskus tuo sana tuli profeetoille ulkoisena kuultavana äänenä, mutta lisäksi se oli, ja kenties jopa useammin, heidän sydämissään tapahtuva sisäinen Hengen äänen "kuuleminen".

4. Unet, näyt ja enkelit
Raamatussa kerrotaan, että profeetat kuulivat usein Jumalan sanan päivisin näkyjen ja öisin unien kautta – kuten kohdissa 4. Moos. 12:6; Jes. 6; Hes. 12:8; Dan. 7:1 ja Sak. 1:8. Lisäksi joskus harvoin profeetoille lähetettiin enkeleitä kertomaan Jumalan sana – esimerkiksi kohdissa 2. Kun. 1:3-15; 1. Aik. 21:18; Dan. 9:21 ja Sak. 1:9.

Kuuleminen nykyään
Kaikki nämä neljä profeetallista tapaa kuulla Jumalan sana ovat edelleen merkityksellisiä nykyajan voidelluille uskoville. Kun elämme Hengessä, tulemme myös tietoisiksi Jumalan tietystä sanasta tai sanomasta meille sen kasvaessa meissä tietyn ajanjakson aikana. Saatamme sanoa "kuulevamme" Jumalan sanan ylistäessämme, kuunnellessamme saarnaa, lukiessamme Raamattua, mietiskellessämme, rukoillessamme, katsellessamme luomakuntaa kuten Aabraham tai eläessämme tavallista arkea kuten Jeremia.

Näissä tilanteissa Henki kirkastaa meille yliluonnollisella tavalla esimerkiksi yksittäisen lauseen keskellä saarnaa, laulun säkeen, rukouksessa sanotun asian, raamatunkohdan, Jumalalta tulevan sanoman ja niin edelleen. Näin Henki pyrkii kärsivällisesti ja sinnikkäästi kohdistamaan huomiomme Jumalan meille tarkoittamaan *rhema*-sanaan, kunnes todella "kuulemme" sen, tunnistamme sen Jumalan Sanaksi ja vastaamme siihen uskolla.

Elävä usko

Mutta "Jumalan sanan kuuleminen" ei rajoitu ainoastaan sanomien vastaanottamiseen Jumalalta Raamatun, opetusten, luonnollisten tapahtumien ja profetioiden kautta. Tiedämme, että Jeesus itse on Jumalan *logos*-Sana, ja jos haluamme kuulla häntä selvästi ja johdonmukaisesti, meidän täytyy muodostaa läheinen ja henkilökohtainen suhde hänen kanssaan.

Kun pysymme kiinni Jeesuksessa, tulemme pikkuhiljaa tietoisiksi – kuten Vanhan testamentin profeetatkin – hänen erityisistä huolenaiheistaan ja taakoistaan. Hengessä Jeesus vähitellen paljastaa meille niitä huolenaiheidensa puolia, jotka hän haluaa meidän kohtaavan uskossa.

Aivan kuten Jumalalla on erityisiä "sanoja" eri ihmisille, myös hänen massa-taakkansa saattaa vaihdella eri henkilöiden ja seurakuntien välillä. Uskon lähtökohta on se, kun tulemme tietoisiksi Jumalan sanomasta tai huolenaiheesta, mutta sen jälkeen meidän täytyy antaa Sanan ja Hengen kehittää tuota uskoa täyttymystään kohti – kunnes sana on toteutunut ja taakka on helpottanut.

Aina emme "kuule" Jumalan sanaa tulemalla tietoisiksi siitä asteittain. Joskus kuulemme hänen sanansa selvästi ja äkisti, ikään kuin kuuluvalla tavalla, kun Jumala puhuu meille hengessämme Pyhän Hengen kautta. Kuten Vanhan testamentin profeetoilla, meidänkin Hengen voitelumme ja läheinen suhteemme Jumalan kanssa tarkoittaa sitä, että silloin tällöin Jumalan sana kuulostaa enemmän ukkosen kuin kuiskauksen kaltaiselta. Emme voi odottaa Jumalan aina puhuvan näin selvästi, mutta meidän ei myöskään tulisi epäillä häntä silloin, kun hän niin tekee.

Joelin kirjan jakeessa 2:28 kerrotaan, että Jumala puhuu kansalleen unien ja näkyjen kautta sen jälkeen, kun Henki on vuodatettu kaiken lihan päälle (v. 1938 käännös), ja Apostolien tekojen kohdat 9:10, 10:3, 11:5, 12:9, 16:9 ja 18:9 todistavat tämän profetian toteutumisen. Toisinaan Jumala puhuu sanansa joillekin uskoville unissa ja näyissä, mutta mielemme täytyy olla puhdistettu ja uudistettu, jotta voimme kuulla Jumalan äänen selvästi tällä tavalla.

Kuunteleva usko

"Uskossa kuuleminen" on yksinkertaisesti sitä, että vastaamme Jumalan puheeseen huolimatta siitä, millä tavalla Jumala päättää meille puhua. Voimme "kuulla uskossa" Jumalan sanan, puhuipa hän sitten unessa, kirjoitusten kautta, jonkin taideteoksen kautta, saarnan kautta tai millä tahansa muulla tavalla.

Jos Jumala ei ole puhunut, ei myöskään voi olla todellista kuulemista eikä aitoa uskoa. Koska kaikki todellinen usko tulee Jumalalta, elävä usko on luonteeltaan sellaista, että se pikemminkin keskittyy siihen, mitä Jumala on sanonut, kuin siihen, mitä inhimilliset ajatukset tai mielihalut sanovat. "Itsekäs" tai "itsekeskeinen" usko ei ole todellista uskoa, ja meidän tulee varoa kaikkea sellaista opetusta, mikä keskittyy siihen, kuinka Jumalalta saadaan erilaisia asioita.

Ristikeskeinen elämä

Luukkaan evankeliumin jakeissa 8:4-15 Jeesus vertaa Jumalan sanaa siemeneen ja "ihmissydäntä" maaperään. Tämä kuva vahvistaa sitä käsitystä, että sana "tulee" meille pikemmin kuin että me "käännymme" sanan puoleen. Tästä vertauksesta opimme, että maan täytyy olla hedelmällistä, jotta siemen voisi olla tuottoisa – jotta se tulisi "kypsäksi" ja täyttäisi tarkoituksensa. Jumalan sana täytyy pikemminkin ottaa vastaan sellaiseen elämään, joka ovat valmis antamaan sanan kantaa omaa hedelmäänsä Jumalalle kuin sellaiseen elämään, joka haluaa korjata sanan satoa jostain itsekkäästä syystä.

Meidän täytyy ymmärtää ja muistaa, että Sanan lahjomatonta, elävää siementä ei voi vääristää, muuttaa tai muunnella joksikin, mitä sen ei koskaan ollut määrä olla.

Jeesuksen usko

Galatalaiskirjeen jae 2:20 osoittaa, että uskonelämämme alkaa rististä. Se on tärkeä jae ja yksi kymmenestä Uuden testamentin kohdasta, jossa sanaa "usko" seuraa kieliopillinen rakenne nimeltä "genetiivi", joka yhdistää sen Jeesukseen.

Elävä usko

Muut vastaavat jakeet ovat: Room. 3:22,26; Gal. 2:16 (, jossa se esiintyy kaksi kertaa), 2:20, 3:22; Ef. 3:12; Fil. 3:9; Jaak. 2:1; Ilm. 2:13 ja 14:12.

Tämä rakenne olisi luontevasti käännettynä "Jeesuksen usko", mutta useimmissa raamatunkäännöksissä se on käännetty sanoilla "usko Jeesukseen". Monet hengelliset johtajat väittävät näiden raamatunkohtien puhuvan meidän harjoittamastamme uskosta pikemmin kuin Jeesuksen uskosta. Uudessa testamentissa on kuitenkin 44 sellaista jaetta, joissa käytetään genetiivirakennetta uskon ja luonnollisen henkilön yhteydessä, ja jokainen näistä jakeista on käännetty "tuon henkilön uskoksi" – esimerkiksi kohdissa Matt. 9:2,22,29; Mark. 10:52; Luuk. 22:32 ja Room. 4:16. Koska yksikään näistä kohdista ei ole käännetty sanoilla "usko tuohon henkilöön", vaikuttaisi paljon todennäköisemmältä, että myös Jeesusta koskevat 11 kohtaa viittaavat hänen uskoonsa pikemminkin kuin meidän uskoomme häneen.

Lisäksi Paavalin kirjeissä on 32 tapausta, joissa sanaa usko seuraa genetiivirakenne. Näistä 20 viittaa jonkun tietyn kristityn uskoon, yksi Jumalan uskoon, kaksi Aabrahamin uskoon ja yksi kehen tahansa, jonka usko on todettu vanhurskaudeksi. Koska nämä kaikki on käännetty sanoilla "jonkun usko", on todennäköistä, että myös loput kahdeksan kohtaa viittaavat "Jeesuksen" uskoon.

On monia muitakin loistavia raamatullisia ja kieliopillisia syitä sille, miksi on todennäköistä, että kaikki nämä Uuden testamentin yksitoista kohtaa puhuvat siitä, että meidän uskomme kumpuaa Jeesuksen uskosta ja on ankkuroitu siihen. Tämä ajatus on erityisen selvä Galatalaiskirjeen jakeessa 2:20, joka pohjaa kaiken Jeesukseen. Tämä jae osoittaa selkeästi *hänen* kuolemaansa, *hänen* elämäänsä, *hänen* rakkauteensa ja *hänen* antamiseensa, joten on myös kaikista eniten järkeenkäypää myöntää, että se myös viittaa *hänen* uskoonsa.

Edellä todettiin jo, että usko tulee Jumalalta. Nämä jakeet – ja muut, kuten Mark. 11:22; Room. 3:3 ja Kol. 2:12, joissa "genetiivillä" viitataan Jumalan uskoon – korostavat tätä

Kuunteleva usko

totuutta ja paljastavat, että Jumalan meille antama usko on ammennettu hänen uskostaan. Tämän ei pitäisi yllättää meitä, sillä tiedämme, että kaikki Jumalalta saamamme lahjat ovat tavalla tai toisella hänen luonteensa puolia. Jos kerran hyväksymme sen ajatuksen, että rakastamme Jumalan rakkaudella, palvelemme Jumalan voimalla ja julistamme Jumalan lahjoilla, meidän pitäisi myös hyväksyä se, että meidät on kutsuttu uskomaan Jumalan uskolla.

Itselle kuoleminen
Galatalaiskirjeen jae 2:20 osoittaa, että meidän tulisi saavuttaa tilanne, jossa voimme rehellisesti sanoa olevamme ristiinnaulittuja Kristuksen kanssa – ja että olemme riippuvaisia hänen elämästään, hänen rakkaudestaan, hänen uskostaan ja hänen uhristaan. Meidän täytyy ymmärtää, ettei meitä täysin vapauteta uskontäyteiseen elämään ennen kuin meidät on ensin ristiinnaulittu hänen kanssaan.

Ristiinnaulitseminen Kristuksen kanssa tarkoittaa sitä, että kaikki ne sisäiset intohimot ja halut, joita Raamattu kutsuu sanalla "liha", on kuoletettu – kuten luemme kohdassa Room. 6:6. Se vapauttaa meidät maailman luomista paineista ja rajoitteista, jotka pyrkivät saamaan meidät mukautumaan maailman normeihin ja arvoihin. Tämä "itselle kuoleminen", "lihalle" ja "maailmalle" kuoleminen on ratkaisevan tärkeää uskontäyteisen elämän kannalta, ja meidän tulisikin liittyä Paavalin Galatalaiskirjeen jakeen 6:14 rukoukseen, jos haluamme edetä uskon prosessissa. Kykenemme seuraamaan Jumalan tahtoa omien itsekeskeisten vaatimustemme sijaan ainoastaan, jos ristikeskeinen elämä hallitsee meitä.

Ylösnousemuksen synnyttämä suhde
Galatalaiskirjeen jae 2:20 muistuttaa meitä siitä, että Kristuksessa ylösnousemus seuraa aina ristiinnaulitsemista. Tiedämme alkavamme siirtyä uskon todellisuuteen, kun voimme sanoa tämän lauseen innolla ja totuudessa. Elävä usko on sitä, että saamme kokea ylösnousemuksen synnyttämän

Elävä usko

Kristuksen elämän, voiman, rakkauden ja voiman syvällä sisimmässämme.

Tämä muistuttaa meitä siitä, että usko on ristillä saavutettu suhde, ei jokin karkea kaava. Emme saa koskaan unohtaa, että "Sanan kuuleminen" tarkoittaa henkilön kuuntelemista, ei sääntökirjan lukemista; se on Jumalan kuuntelemista, ei sitä, että etsisimme jostain kirjasta (uskon) lain, jota seurata.

Galatalaiskirjeen jae 2:20 kuvaa uskontäyteistä elämää, joka perustuu yksinkertaiselle luottamussuhteelle Jumalan Poikaan. Se on mahdollista ainoastaan sen vuoksi, mitä Jeesus teki rakastaessaan ja antaessaan itsensä "minun edestäni" – minkä täytyy varmasti olla suurin mahdollinen osoitus Jumalan rakkaudesta.

Johanneksen evankeliumin jae 3:16 kertoo Jumalan rakkaudesta maailmaa kohtaan, ja Efesolaiskirjeen jae 5:27 raportoi Kristuksen rakkaudesta seurakuntaa kohtaan. Galatalaiskirjeen jae 2:20 on kuitenkin kaikista henkilökohtaisin paljastaessaan, että Jumala rakasti "minua" ja antoi itsensä "minun" edestäni (v. 1938 käännös). Kun meissä elävän Hengen kautta todella "kuulemme" tämän oleellisen totuuden, tuo "kuuleminen" vapauttaa meidät yhä syvemmälle uskon prosessiin.

Elävä usko kasvaa, kun kuulemme; kun syvällisesti käsitämme ja ymmärrämme, että Jumala aidosti välittää meistä – ja että hän ei koskaan voisi enempää olla meidän puolellamme kuin mitä hän tällä hetkellä on.

Uskon prosessi – eli uskontäyteinen elämämme – alkaa siitä, kun "kuulemme", että Jumala on täysin meidän puolellamme ja että hänen armonsa tahtoo nostaa, vahvistaa ja vapauttaa meidät sitä tarkoitusta varten, mikä hänellä on meidän elämäämme varten.

Uskon Henki
Galatalaiskirjeen jae 2:20 on yksi niistä harvoista jakeista, joiden vuoksi herätyskristillisessä ja helluntailaisessa ajattelussa korostetaan sitä, että meidän tulee "ottaa Jeesus

Kuunteleva usko

vastaan sydämeemme" ja että "Jeesus elää sydämessämme". On kuitenkin tärkeää huomioida, että Uudessa testamentissa painotetaan huomattavasti laajemmin sitä, että me elämme "Kristuksessa".

Tiedämme, että Jeesus on tällä hetkellä fyysisesti katsottuna valtaistuimella Isän oikealla puolella ja että hän on "meissä" vain hengellisessä mielessä Hengen kautta. Galatalaiskirjeen jakeessa 2:20 viitataan siihen, että Kristus on läsnä elämässämme Pyhän Hengen kautta – Hengen, joka antaa meille voimaa ja joka varustaa meidät elämään uskontäyteistä elämää, koska hän on "uskon Henki", kuten kohta 2. Kor. 4:13 kertoo.

Jos kerran usko tulee Sanan kuulemisesta ja näkemisestä, niin Pyhän Hengen täytyy olla osallisena siinä, sillä Henki ja Sana kuuluvat yhteen. Edellä kerrottiin, että Sana tulee Jumalalta hänen henkäyksessään. Johanneksen evankeliumin jakeessa 6:63 Jeesus sanoo, että hänen *rhema*-sanansa ovat henki ja elämä – mikä tarkoittaa sitä, että jos meillä on sana, niin meillä täytyy myös olla Henki.

Tämä suhde voidaan havaita myös 2. Korinttolaiskirjeen jakeissa 1:20-22. Joissakin raamatunkäännöksissä ilmaistaan, että Kristus on kaikkien Jumalan lupausten "Kyllä" ja "Aamen". Jakeessa 20 sanotaan kuitenkin todellisuudessa, että kaikkien Jumalan lupausten "Kyllä" (tai "on") löydetään Kristuksessa ja että "hänen kauttaan" vastaamme "Aamen" Jumalan kunniaksi. (Suomenkielinen v. 1938 käännös kertookin asian juuri näin, suom. huom.) Seuraavat jakeet 21-22 osoittavat, että Jumala on lujittanut meidät Kristukseen ja antanut Hengen sinetin sydämiimme.

Tämä tarkoittaa sitä, että Jumala on puhunut lupauksensa meille ja että Kristus on tullut meille lupausten todistajaksi ja täyttymykseksi. Sydämessämme oleva Henki saa meidät sitten lisäämään uskon "Aamenen" – saa meidät asettumaan samaan linjaan Kristuksen ja Sanan kanssa ja elämään lupausten mukaista elämää.

Elävä usko

Tämän vuoksi Apostolien tekojen jakeessa 6:5 kerrotaan, että Hengen johdatuksessa kulkenut (tai täynnä Pyhää Henkeä ollut) Stefanos oli myös täynnä uskoa. Nämä kaksi ilmausta tarkoittavat aivan samaa asiaa. Uskon Henki, joka tekee työtään meissä yhteistyössä Jumalan Sanan kanssa, on se, joka synnyttää meissä elävää uskoa. Kun kuulemme Henkeä, näemme Sanan. Kun näemme Sanan, kuulemme Henkeä. Huolimatta siitä millä sanoilla sitä kuvaamme, lopputulos on aina sama – uskon syntyminen ja kehittyminen.

Kirjassa *Hengen tunteminen* opitaan, että juuri Henki on se, joka saa meidät kuulemaan Sanan, antaa meille voimaa vastata uskossa ja pitää uskomme elävänä – jos vain annamme hänen toimia elämässämme. Kun elämme Hengessä ja Hengen kanssa, meidän tulisi myös kuunnella häntä ja hänen kehotuksiaan. Tätä käsitellään lähes jokaisessa Hengen miekka -kirjasarjan osassa. Tiedämme, ettei elävä usko perustu tunteisiimme, älyymme tai tahtoomme. Todellinen usko sisältää ne kaikki, mutta se toimii pohjimmiltaan hengestämme käsin, kun Hengen meissä tekemä työ sytyttää Jumalan Sanan.

Meidän kaikkien tulee lakkaamatta kaivata sitä, että Sana saisi tehdä aidosti työtään sydämissämme uskon kautta. Helluntaista lähtien kaikki uskovaiset ihmiset ovat tehneet Jumalan työtä maan päällä, eivät vain muutamat erityiset miehet tai naiset. Tämä tarkoittaa sitä, että Jumalan kansan, koko uskovaisen yhteisön, tulee edetä uskon prosessissa voidakseen täyttää Jumalan tahdon.

Meidän kaikkien täytyy avata korvamme ja sydämemme Sanalle ja antaa Hengen vuodattaa Jumalan uskoa meihin, jotta seurakunnissa voisi olla aitoja, elävän uskon täyteisiä elämiä. Yksinkertaisesti sanottuna meidän täytyy tuntea Jeesus uskomme alkajana – ja sen vuoksi meidän täytyy tehdä hänen kuuntelemisestaan elämämme tärkein asia. Se ei tapahdu inhimillisellä ponnistelulla tai yrittämisellä, vaan pysymällä kiinni Jeesuksessa – tarttumalla hänen käteensä ja luottamalla häneen, kun hän johtaa meitä uskontäyteiseen elämäänsä.

Osa 6

Uskon siemen

Monet nykyajan "uskovat" tuntuvat ymmärtävän uskoa melko epämääräisellä ja epätäydellisellä tavalla. He tuntuvat ajattelevan, että "usko" on ainoastaan uskomista ja että – siitä johtuen – ei ole niin kovin suurta merkitystä sillä, mihin he oikeastaan uskovat. Kuten monet muutkin ihmiset nykyään, he arvostavat vilpittömyyttä ymmärtämättä, ettei vilpittömästi väärässä oleminen hyödytä mitään.

Nykyajan läntinen yhteiskunta on täynnä ihmisiä, jotka uskovat ihmisten omiin ajatuksiin sekä omiin henkilökohtaisiin unelmiinsa. Kristittyinä uskovina me emme kuitenkaan voi vapaasti keksiä uskomme sisältöä – sillä meidän tulee uskoa ainoastaan siihen, mitä Jumala sanoo, ei siihen, mitä unelmoimme mielessämme tai lainaamme muilta ihmisiltä.

Kun aidosti kuulemme Jumalan sanan, meidän täytyy joko uskoa se, mitä hän sanoo, tai päättää olla uskomatta. Jos hylkäämme Jumalan meille puhuman sanan, jätämme sen huomiotta tai muokkaamme sitä, turvaamme todellisuudessa omiin ajatuksiimme ja mielipiteisiimme.

Uskon prosessi alkaa siitä, kun kuulemme Jumalan sanan, mutta elävä usko kehittyy sen jälkeen kolmella rinnakkaisella tavalla – *uskomalla* Jumalan sanan, *tunnustamalla* hänen sanansa sekä *toimimalla* hänen sanansa mukaan. Nämä eivät ole peräkkäisiä, toisiaan seuraavia uskonaskelia, vaan ne ovat toisiaan täydentäviä uskon puolia, jotka ovat olemassa rinnakkain.

Uskon siemen

Matteuksen evankeliumin jakeessa 17:20 Jeesus vertaa uskoa pikkuruiseen sinapinsiemeneen. Tämän kuvauksen pohjalta

Elävä usko

voidaan sanoa, että saamme Jumalan "uskon siemenen" kuullessamme hänen sanansa, mutta tuo siemen on lepotilassa siihen asti, kunnes istutamme sen syvälle elämämme maaperään ja annamme sen kasvaa.

Meidän on tärkeää huomata, ettei tämä pieni "uskon siemen" kasva aina vain suuremmaksi ja suuremmaksi siemeneksi, kunnes se lopulta on valtavan suuri uskon siemen. Sen sijaan siitä kasvaa "uskon kasvi", jolle kehittyy juuri, varsi ja lehdet.

Siemen ei ensin muutu täysikasvuiseksi juureksi, jolle sitten kehittyisi valmis täysikasvuinen varsi ja vasta sitten täydelliset lehdet. Sen sijaan juuri, varsi ja lehdet kasvavat rinnakkain, kunnes kasvi on kehittynyt tarpeeksi kantaakseen hedelmää.

Samalla tavalla "usko", "tunnustaminen" ja "teot" ovat uskon prosessin rinnakkaisia osia. Ne kehittyvät yhtäaikaisesti uskon siemenestä, jonka otamme vastaan kuulemalla ja näkemällä Jumalan sanan, aina Jumalan meille tarkoittamaan uskon täyteyteen asti.

Vaikka näitä kolmea uskon osa-aluetta tarkastellaan tämän kirjan seuraavissa osissa itsenäisinä kokonaisuuksina, meidän täytyy koko ajan pitää mielessä, että – todellisuudessa – nämä osa-alueet ovat täysin toisiinsa kietoutuneita uskon prosessin osia. Elävän kasvin juuren, varren ja lehtien lailla "uskova usko", "tunnustava usko" ja "uskon teot" yhdessä ravitsevat ja tukevat toinen toistaan, jotta elävä usko voisi kasvaa täyteen mittaansa.

Sanan uskominen

Edellä todettiin, että Jumalan *rhema*-sanat ovat aina täysin yhdenmukaisia hänen *logos*-Sanansa kanssa. Ne kaikki perustuvat Jeesukseen ja ovat hänen luontonsa mukaisia. Lisäksi ne kaikki pohjautuvat raamatullisiin periaatteisiin ja sopivat yhteen sen täyden ilmoituksen kanssa, jonka Jumala antaa itsestään Sanan ja Hengen kautta.

Tämä tarkoittaa sitä, että kaikki Jumalan meille tarkoittamat uskon kasvit perustuvat lupauksiin, jotka Jumala on antanut

Uskon siemen

Raamatussa, ja että niiden kaikkien juuret ovat Kristuksen persoonassa ja luonnossa. Uskova usko on yksinkertaisesti uskomista – ja täydellistä turvautumista – Jumalan itseilmoitukseen, jonka hän paljastaa Sanassa ja Sanan kautta. Toisen Pietarinkirjeen jakeet 1:1-4 havainnollistavat tätä opettaessaan, että Jumala on antanut meille monia kalliita lupauksia, jotka kaikki on annettu meille Kristuksen omassa vanhurskaudessa. Tämä korostaa sitä periaatetta, että raamatulliset lupaukset kuuluvat meille Jeesuksen uskon kautta – hänen tekojensa, kuuliaisuutensa ja kuolemansa kautta – mikä taas osoittaa, että elävä usko ei ole uskomista mihin tahansa vaan uskomista siihen, mikä on ilmoitettu Jeesuksessa. Me emme saa koskaan unohtaa, että Jumalan siunaukset kuuluvat meille ainoastaan Jeesuksessa ja Jeesuksen kautta.

Jumalan nimi
Elävä usko ei ole ainoastaan uskomista Jumalaan, vaan se on oikeiden asioiden uskomista Jumalasta. Se on luottamista siihen, että Jumala on, kuka hän sanoo olevansa, ja että hän on sellainen Jumala kuin mitä hän on ilmaissut olevansa.

Raamatussa ihmisen nimi paljastaa hänen luontonsa, ja Jumalan luonto paljastetaan hänen yli 300 nimellään. Niitä kutsutaan usein yhteisesti sanalla "nimi", ja meitä rohkaistaan usein olemaan ja toimimaan "Jumalan nimessä" – kuten kohdassa Matt. 18:20. Tämä tarkoittaa sitä, että astumme täysin sisään ja turvaamme täydellisesti siihen, mitä Jumala on nimensä kautta paljastanut itsestään.

Raamattu opettaa, että Jumalan nimi on täynnä voimaa, ja tämä onkin syy sille, miksi juutalaiset eivät koskaan rohjenneet lausua nimeä Jahve – vaikka heitä jopa kehotettiin kerskaamaan hänen pyhästä nimestään tai ylistämään sitä kohdassa 1. Aik. 16:10. Hänen nimensä voimasta kerrotaan esimerkiksi kohdissa 2. Moos. 9:16 ja Ap. t. 4:30.

Tarkasti ottaen Raamattu painottaa, että Jumalan nimellä on täydellinen voima:

Elävä usko

- parantaa – Ap. t. 3:6-16, 4:10-18 ja Jaak. 5:14
- voittaa ja kukistaa vihollinen – 1. Sam. 17:43-51; Ps. 60:12, 91:13, 108:13, 118:10-13; Sak. 10:5-12; Mark. 16:17; Ap. t. 16:18, 19:13 ja Room. 16:20
- varjella – 2. Sam. 22:3; Ps. 20:1, 91, 124; Sananl. 18:10; Jes. 26:4 ja Joh. 17:11-12.

Tämä tarkoittaa, että Jumalan Sanassa on paljastettu, että Jumalalle on luonteenomaista parantaa, voittaa ja varjella. Tämän vuoksi elävä usko tarkoittaa sitä, että ihminen turvaa täysin siihen, että Jumala on parantava Jumala, että hän on varjeleva Jumala ja että hän aina voittaa vihollisemme ja niin edelleen.

Nimen *Jahve* jälkeen Jumalan toiseksi yleisin raamatullinen nimi on *Elohim*. Se esiintyy Raamatussa 2550 kertaa, ja se viittaa "ainoaan, jolle kuuluu kaikki voima". *Elohim*, sekä sen lyhennetty muoto *El*, esiintyvät Raamatussa useissa eri ilmauksissa. Nämä ilmaukset paljastavat Jumalan voimallisen luonnon eri puolia. Esimerkiksi:

- *Elohim Qodesh* – pyhä, Joos. 24:19 ja Jes. 57:15
- *Elohim Tsur Yesha* – pelastuksen kallio, 2. Sam. 22:47 (v. 1933 käännös)
- *Elohim Tsur Israel* – Israelin kallio, 2. Sam. 23:3 (v. 1933 käännös)
- *Elohim Maoz* – turva, Ps. 43:2
- *Elohim Melek* – kuningas, Ps. 44:4
- *Elohim Olam* – iankaikkinen, Jes. 40:28 (v. 1933 käännös)
- *Elohim Erets* – koko maanpiirin Jumala, Jes. 54:5
- *Elohim Magen* – kilpi, Ps. 84:9
- *Elohim Machceh Metsudah* – turva ja linna, Ps. 91:2 (v. 1933 käännös)
- *Elohim Emeth* – totuus, Jer. 10:10

Uskon siemen

- *El Elvon* – Korkein, 1. Moos. 14:19
- *El Roi* – kaikkinäkevä, 1. Moos. 16:13
- *El Shaddai* – kaikkivaltias huolenpitäjä, 1. Moos. 17:1
- *El Qanna* – kiivas, 2. Moos. 20:5
- *El Channun Rachum* – anteeksiantava ja laupias, Neh. 9:31
- *El Gibbur* – väkevä, Neh. 9:32
- *El Aman* – uskollinen, 5. Moos. 7:9
- *El Emunah* – luotettava, 5. Moos. 32:4
- *El Chay* – elävä, Joos. 3:10
- *El Deah* – kaikkitietävä, 1. Sam. 2:3
- *El Yeshua* – pelastus, Ps. 68:19
- *El Moshaoth* – vapahtaja, Ps. 68:20
- *El Asah Pele* – ihmeiden tekijä, Ps. 77:14
- *El Shamavim* – taivaan Jumala, Ps. 136:26
- *El Tsaddiq* – vanhurskas, Jes. 45:21
- *Elah Elahin* – jumalien Jumala, Dan. 2:47.

Nämä ja monet muut nimet paljastavat kaikkivaltiaan Jumalan luonnon eri puolia – Jumalan, joka puhuu meille. Ne kertovat meille, millainen Jumala on ja mitä hän tavallisesti lupaa tekevänsä. Tiedämme, että Jumalan sanat ovat aina johdonmukaisia hänen ilmoitetun luontonsa kanssa, joten meidät on kutsuttu uskomaan hänen sanojensa sisältö siksi, koska ne tulevat siitä, mitä hän on.

Elävä usko pohjautuu Jumalan *rhema*-sanaan, mutta se kasvaa ja kehittyy, kun lakkaamatta turvaamme siihen, koska olemme vakuuttuneita siitä, että se tulee *Elohim Jahvelta* – Herralta, Jumalalta, joka on Sanansa kaltainen ja joka jatkuvasti toimii johdonmukaisesti sanansa mukaan.

Elävä usko

Voidaan sanoa, että uskova usko on tarrautumista kiinni siihen tiettyyn Jumalan nimeen, joka parhaiten vastaa sitä sanaa, jonka hän on puhunut. Tämän ymmärtäminen auttaa meitä käsittämään, että elävä usko on suhde elävän Jumalan kanssa ja että uskomme kehittyy silloin, kun opimme tuntemaan Jumalaa läheisemmin.

Jeesuksen nimi
Koska kaikki Jumalan nimet ovat ilmestystietoa hänen äärettömän uskollisesta luonnostaan, voidaan sanoa, että ne kaikki ovat täydellisesti täyttyneet Jeesuksessa. Juuri hänen vuokseen me saamme täydellisesti Jumalan tarjoaman pelastuksen, koska hänessä Jumalan nimen kolme, edelläkin nähtyä päätoimintatapaa tulevat todellisiksi meille – ikuinen parantumisemme ja varjeluksemme sekä voitto vihollisestamme.

Tämän vuoksi Filippiläiskirjeen jakeet 2:9-11 kertovat, että Jumala on antanut Jeesukselle nimen, joka on kaikkia muita nimiä korkeampi. Tämän nimen vuoksi, ja ainoastaan tässä nimessä, voimme nyt elää todeksi Jumalan Sanan lupauksia. Tästä kerrotaan kohdassa 2. Kor. 1:20.

Monet Vanhan testamentin nimet osoittavat profeetallisesti Jeesuksen nimeen ja luontoon. Esimerkiksi:

- Shiloh, se jolla on valta – 1. Moos. 49:10
- tähti ja valtikka – 4. Moos. 24:17 (v. 1933 käännös)
- profeetta – 5. Moos. 18:15-19
- voideltu – 1. Sam. 2:10,35
- puolestapuhuja – Job 33:23
- kivi, jonka rakentajat hylkäsivät – Ps. 118:22
- viisaus – Sananl. 8:22-31
- rakas – Laul. l. 1:16
- Herran vesa – Jes. 4:2 (v. 1933 käännös)

Uskon siemen

◆ Immanuel – Jes. 7:14

◆ Ihmeellinen Neuvontuoja – Väkevä Jumala – Iankaikkinen Isä – Rauhan Ruhtinas – Jes. 9:6

◆ palvelija – Jes. 42:1

◆ kipujen mies – Jes. 53:3

Ilmestyskirjan jakeet 19:11-16 paljastavat, että Jeesus tunnetaan myös nimillä:

◆ uskollinen ja totuudellinen

◆ Jumalan Sana

◆ kuninkaiden Kuningas

◆ herrojen Herra.

Ilmestyskirjan jakeessa 19:12 todetaan myös, että hänellä on nimi, jota ei tunne kukaan muu kuin hän itse. Tästä voidaan päätellä, että hänen luonteeseensa liittyy sellaista ihmeellisyyttä ja syvyyttä, jonka tutkimiseen ja josta nauttimiseen meillä menee koko ikuisuus.

Jeesuksen vanhurskaus

Kun Jumala puhuu meille, hänen sanansa ovat täynnä armoa ja rakkautta, lupauksia ja siunauksia. Hänen siunauksia sisältävissä *rhema*-sanoissaan saamme tarvitsemamme Jumalan uskon siemenen, joka kehittyy siksi uskoksi, jota tarvitsemme tuon siunauksen todeksi elämiseen.

Meidän täytyy kuitenkin muistaa, että Jumala voi siunata meitä ainoastaan Jeesuksen vanhurskauden kautta – koska itsessämme emme ole millään tavoin vanhurskaita. Koska Jeesus oli synnitön ja eli tekemättä syntiä, hän täytti täydellisesti Jumalan vanhurskauden. Tämä oikea asema Jumalan edessä, Jeesuksen vanhurskaus, on nyt vapaasti meidän saatavillamme Jeesuksen Golgatan ristinkuoleman tähden. Voidaankin sanoa, että risti on Jumalan avain, joka avaa oven Jumalan siunauksien varastoon.

Elävä usko

Kaikki Jumalan lupaamat siunaukset ovat siis tarjolla meille Jeesuksen uskon kautta – hänen tekojensa, kuuliaisuutensa ja kuolemansa kautta. Voidaan myös sanoa, että voimme omistaa jokaisen jumalallisen lupauksen, jokaisen *rhema*-sanan, kun meillä on elävä usko Jeesukseen – kun olemme sitoutuneita hänen pyhään, uskontäyteiseen nimeensä ja luontoonsa sekä pysymme niiden varassa.

Aivan kuten Matteuksen evankeliumin jakeessa 13:19 vihollinen yrittää varastaa sydämeen kylvetyn valtakunnan sanan, samoin tuo sama vihollinen yrittää varmistaa, että uskon siemen pysyisi lepotilassa elämässämme. Monet "uskovat" kuulevat Jumalan armontäyteisen sanan heitä varten, ja sen jälkeen vihollisen äänen sanovan, etteivät he ansaitse sitä. Se ei ole demoninen vale, sillä kukaan meistä ei todellisuudessa ansaitsekaan Jumalalta muuta kuin tuomion. Se, mitä ansaitsemme tai emme ansaitse, ei kuitenkaan määrittele Jumalan antamista tai meidän saamistamme. Sen sijaan Jumala antaa, koska hänen jumalallinen luontonsa on armollinen, rakastava ja laupias; ja me saamme, koska Jeesuksen sovituskuolema avasi meille rajattoman pääsyn Jumalan armoon. Kukaan meistä ei ole arvollinen saamaan edes pikkuriikkisintä jumalallista lupausta, mutta olemme saaneet Kristuksen oman vanhurskauden ja – hänessä – kaikki Jumalan meille antamat lupaukset ovat "kyllä" ja "Aamen".

Vihollinen ei kuitenkaan luovuta. Seuraavaksi hän yrittää saada kristityt uskovat ajattelemaan, ettei heillä koskaan voi olla riittävästi uskoa merkittävän Jumalan siunauksen vastaanottamiseksi. Vihollisen menestys tämän väitteen kanssa näkyy siinä, että seurakunnassa on laajasti hyväksytty se virheellinen ajatus, että ihminen tarvitsisi suurta uskoa saadakseen Jumalalta jotain. On hirvittävä jumalallisen totuuden irvikuva väittää, että Jumalan nimen ja luonnon lupaamat siunaukset, jotka kuuluvat meille Kristuksessa, olisivatkin itse asiassa jotain, minkä Jumala pidättää meiltä uskomme vähäisyyden vuoksi.

Uskon siemen

Paholainen on saanut monet ihmiset vakuuttuneiksi siitä, että tarvittaisiin paljon enemmän uskoa kuin mitä heillä koskaan voi olla, jotta he voisivat nähdä Jumalan lupausten toteutuvan elämässään. Tämä näkemys perustuu kuitenkin sille virheelliselle ajatukselle, että me luomme itse oman uskomme, vaikka me todellisuudessa saamme sen Jumalalta. Jos meidän todellakin täytyisi koota uskoa itse saadaksemme Jumalalta jotain, emme koskaan saisi mitään. Läpi tämän kirjan olemme kuitenkin havainneet, että Jumala antaa armossaan meille uskon siemenen – ja tämä elävä sinapinsiemenen kokoinen usko riittää täysin.

Toisen Pietarin kirjeen tärkeä jae 1:1 korostaa tätä totuutta, että kallis usko saadaan, sitä ei voida luoda tai valmistaa itse, ja että se saadaan Jeesuksen vanhurskauden tähden. Ennen kaikkea tuo jae muistuttaa meitä siitä, että se usko, jonka nykyään saamme Jumalalta, on täysin samaa uskoa, mitä Pietarikin sai omana aikanaan – sillä se tulee täysin Jeesuksen uskosta.

Se usko, mitä Pietari ja muut hänen sukupolvensa uskovat saivat omistaakseen Jumalan lupaukset, on täysin samanlaista uskoa, jota me saamme Jumalalta nykyään. Meidän ei pidä ajatella tai opettaa, että tarvitsisimme suurempaa uskoa kuin mitä meillä on, sillä silloin väittäisimme, että Jumalan meille antamassa uskossa on jotain vikaa. Sen sijaan meidän tulee yksinkertaisesti hyväksyä, että Jumalan meille antama usko riittää, ja sitten laittaa se käyttöön uskomalla, tunnustamalla ja toimimalla sen totuuden mukaan, että Elohim Jahve toimii Sanansa ja luontonsa mukaisesti.

Uskon tasot

Vaikka onkin täysin selvää, ettei kyse ole uskomme määrästä, meidän täytyy kuitenkin huomioida, että Raamatussa puhutaan uskon tasoista: pienestä uskosta, suuresta uskosta ja jopa kypsästä tai täydellisestä uskosta. Jeesus hämmästeli monissa tilanteissa opetuslastensa epäuskoa. Esimerkiksi Matteuksen evankeliumin jakeessa 8:26 hän nuhtelee heitä

Elävä usko

vähäuskoisiksi. Tässä kohdassa Jeesus ei niinkään viittaa heidän uskonsa kokoon vaan pikemminkin kehittymättömään uskon siemeneen, joka – sen vuoksi, ettei se ollut kehittynyt – sai heidät kuuntelemaan pelkoa Jeesuksen sanojen sijaan.

Myös monilla nykyajan kristityillä on tällainen heikko tai häilyväinen usko. Monet elävät kuin vuoristoradassa – kun asiat sujuvat hyvin, he ylistävät Jumalaa ja ovat täynnä uskoa, mutta pienimmänkin vastoinkäymisen sattuessa kohdalle he antavat kaiken romahtaa, ja silloin ensimmäinen asia, josta he luopuvat, on heidän uskonsa Jumalaan. Meidän täytyy kuitenkin muistaa, ettei uskomme perustu olosuhteille vaan Jumalan Sanaan, joka elää ja pysyy ikuisesti, kuten Jesajan kirjan jae 40:8 todistaa. Juuri vaikeuksia kohdatessamme Jumala kutsuu meitä uskomaan lujasti itseensä, odottamaan, että hän täyttää meille antamansa sanan, ja kasvamaan uskossamme.

Heikon uskon vastakohta on vahva usko. Jeesus sanoi sadanpäälliköstä Matteuksen evankeliumin jakeessa 8:10: "Näin vahvaa uskoa en ole tavannut yhdelläkään israelilaisella." Kanaanilaiselle naiselle, pakanalle, hän sanoi: "Suuri on sinun uskosi, nainen! Tapahtukoon niin kuin tahdot." Mikä näissä kahdessa henkilössä sai Jeesuksen kommentoimaan heidän "vahvaa/suurta uskoaan"? Sadanpäällikkö tunnusti Jeesuksen herruuden sekä hänen sanojensa voiman parantaa jopa välimatkan päästä. Kanaanilaisnainen taas ei suostunut luovuttamaan, vaan oli sinnikäs. Hän kieltäytyi lannistumasta ja piti kiinni periaatteesta, että Jumala on halukas siunaamaan. Hän ei yksinkertaisesti suostunut hyväksymään kieltävää vastausta. Tällaista on vahva ja suuri usko. Sen seurauksena sekä sadanpäällikön palvelija että naisen tytär paranivat "sillä hetkellä".

Uudesta testamentista löytyy vielä yksi uskon taso: täydellinen tai kypsä usko. Se on sitä uskoa, joka siirtää vuoria, voittaa esteet, iloitsee koetuksissa ja kestää. Olosuhteet eivät heikennä sitä, vaan se puskee eteenpäin niin kauan, kunnes Jumala vastaa. Se on läpimurtouskoa, ja siihen Jeesus viittaa

Uskon siemen

Markuksen evankeliumin jakeessa 11:22 sanoessaan "pitäkää usko Jumalaan" (v. 1938 käännös) tai paremminkin "pitäkää Jumalan usko". Tätä on täydellinen usko. Sillä on voima siirtää vuoria ja silti, kuten Matteuksen evankeliumin jae 17:20 kertoo, se on vain sinapinsiemenen kaltainen. Tärkeää on uskon laatu, ei se, kuinka suuren määrän uskoa kykenemme itse haalimaan kokoon. Tämä johtuu siitä, että se on Jumalan omaa uskoa – uskoa, jonka Jumala antaa Henkensä kautta ja joka on täydellistä, voimallista ja virheetöntä. Se ei sekoitu epäilyksiin tai luuloihin, vaan tarraa kiinni Jumalan ilmoitettuun tahtoon.

Lupausten uskominen
Toisen Pietarin kirjeen jakeissa 1:3-4 kerrotaan, että Kristuksen työn tähden Jumala täyttää kaikki kuviteltavissa olevat tarpeemme. Tämä tarkoittaa, ettei eteemme voi tulla tilannetta, jossa Jumala ei jo olisi täyttänyt tarpeitamme. Koska Jumala on kaikkivoipa *Elohim* ja kaiken näkevä *El Shaddai*, kuten edellä nähtiin, tämän ei pitäisi tulla meille yllätyksenä.

Itse asiassa Jumalan henkilökohtainen nimi *Jahve*, "minä olen se, joka minä olen" tai "minä olen oleva se, joka minä olen oleva", tarkoittaa, että Jumala itse on oleva kaikki se, mitä hänen kansansa tarvitsee, jotta heidän tarpeensa täyttyisivät. Juuri tämän Jumala on tehnyt meidän edestämme Kristuksessa, ja siksi toisen Pietarin kirjeen jakeessa 1:4 kerrotaan, että lupausten omistamisen kautta hän tekee meidät osallisiksi jumalallisesta luonnosta.

Elämä ja jumalisuus
Toisen Pietarin kirjeen jakeessa 1:3 luvataan, että Jumala antaa meille voimansa kautta kaiken, mitä tarvitsemme *zoeen* ja *eusebeiaan*, "elämään" ja "jumalisuuteen" (v. 1938 käännös). Uudessa testamentissa *zoe* viittaa yleensä hengelliseen elämään – kun taas *bios* viittaa fyysiseen elämään. Tämä hengellinen elämä on Jumalassa itsessään olevaa elämää, jonka hän antoi lihaksi tulleelle Jeesukselle ja jonka Jeesus

Elävä usko

ilmoitti maailmassa: tästä voidaan lukea esimerkiksi kohdista Joh. 5:26 ja 1. Joh. 1:2.

Johanneksen evankeliumin jakeen 3:15 mukaan *zoe* on se elämä, josta olemme osallisia uskon kautta Jeesukseen; ja Apostolien tekojen jakeesta 3:15 havaitaan, että Jeesus on tämänkaltaisen elämän alkaja kaikille, jotka turvaavat häneen. Kolossalaiskirjeen jakeessa 3:4 Jeesusta kutsutaan uskovien *zoeksi*, ja Johanneksen evankeliumin jakeissa 6:35 ja 63 opetetaan, että Jeesus pitää yllä antamaansa *zoe*-elämää.

Kaikesta tästä voidaan päätellä, että kun Jumala antaa kaiken, mitä "elämään ja jumalisuuteen" tarvitaan, hän todellisuudessa antaakin Jeesuksen itsensä – tämä selittää myös viittauksen siihen, että tulemme osallisiksi jumalallisesta luonnosta. Kuten edellä on havaittu, Jumalan lupaukset eivät ole Jumalasta itsenäisiä tai irrallisia asioita, vaan ne ovat hänen nimensä ja luontonsa puolia ja ne voidaan ottaa vastaan ja elää todeksi ainoastaan Kristuksessa.

Tätä Pietari tarkoittaa kutsuessaan Jumalan Sanaa "siemeneksi". Aivan kuten siemenkin pitää sisällään kaikki kyvyt ja ominaisuudet, jotka liittyvät siitä kasvavaan kasviin, samoin Jumalan Sana, hänen siemenensä, pitää sisällään kaikki Jumalan kyvyt, ominaisuudet ja piirteet. Jumalan siemen pitää sisällään hänen luontonsa, ja uskon kautta me otamme vastaan Sanan siemenen sydämemme maaperään, mikä taas saa sen kasvamaan ja kantamaan Jumalan elämän hedelmää tässä maailmassa. Tällä tavalla kykenemme tuntemaan Jumalan ja elämään todeksi hänen siunauksensa elämässämme, ja tällä tavalla uskon kautta tulemme myös osallisiksi jumalallisesta luonnosta.

Kun Pietari sanoo meidän saaneen saman "kalliin uskon", mikä ensimmäisen vuosisadan apostoleillakin oli, hän tarkoittaa, että meillä on sama Sana, mikä heilläkin oli. Ja jos otamme sen vastaan sydämiimme, voimme kokea samat Jumalan ihmeet ja merkit, joita hekin elinaikanaan näkivät. Siemenusko on sellaista uskoa, joka ottaa vastaan Jumalan Sanan siemenen, ja joka saa tuon siemenen kasvamaan

Uskon siemen

hedelmälliseksi kasviksi. Siemen, eli Jumalan Sanan lupaukset, joita Pietari kutsuu "suuriksi ja kalliiksi", pitää sisällään lupauksen Jumalan omasta luonnosta, kuten edellä todettiin. Tämä tarkoittaa, että luvatessaan meille jotain Jumala lupaakin itse asiassa itsensä meille. Voimme todellakin sanoa, että Kristuksessa *Jahve* on kaikki se, mitä hänen kansansa tarvitsee tietyn tarpeen täyttymiseksi. Uskova usko ei ole sen enempää – eikä vähempää – kuin turvautumista Jumalan ilmoitettuun luontoon. Kristuksessa Jumalan Sana vapauttaa meissä voiman elää Jumalan antamaa elämää, ja Jumalan lupaukset sisältävät kaiken, mitä tarvitsemme, jotta tämä elämä voisi kehittyä meissä.

Toisen Pietarin kirjeen jae 1:3 lupaa, ettei Jumala ole antanut meille ainoastaan hengellistä "elämää" vaan myös "jumalisuuden" – hengellisen elämän ulkoisen ilmenemismuodon. *Eusebeia*, jumalisuus, viittaa sellaiseen asenteeseen suhteessa Jumalaan, joka ajattelee ja tekee vain sellaista, mikä miellyttää Jumalaa. Se tarkoittaa sitä, että ajattelemme ja toimimme Jumalan tavalla jokaisessa tilanteessa – ja Jumalan lupausten vuoksi me myös kykenemme olemaan aidosti Jumalan kaltaisia joka hetki.

Lupausten omistaminen

Jumalan lupaukset ovat täysin yhteen kietoutuneita elävän uskon kanssa, sillä ne ovat uskon elintärkeä lähde, keino kasvattaa uskoa sekä uskon tavoite. Usko toimii Sanan lupausten pohjalta, ympärillä ja kautta, joten meidän täytyy tietää, kuinka niihin tarraudutaan kiinni.

1. Löydä lupaukset

Jos uskovat eivät tunne Jumalan paljonpuhuvia nimiä tai ikuisia kirjoitettuja Jumalan lupauksia, heidän on vaikea toimia niiden mukaan tai ammentaa niistä uskoa. Meidän täytyy siis etsiä Raamatusta Jumalan nimiä ja lupauksia, lukea ja painaa mieleemme niitä sekä ottaa ne vastaan elämäämme ja alkaa pyytää Jumalaa täyttämään ne. Meidän täytyy tehdä tätä

Elävä usko

henkilökohtaisesti, lukemalla ja tutkimalla Jumalan Sanaa itse, eikä yrittää valita jonkinlaisia oikopolkuja.

2. Usko lupaukset
Ei riitä, että vain luemme nimet ja lupaukset ja että tunnemme ne ainoastaan akateemisella tai älyllisellä tavalla. Niiden täytyy myös piirtyä syvälle sydämiimme. Lupausten uskominen tarkoittaa täysin niihin turvautumista ja sitä, että ihminen on vakuuttunut siitä, että ne todella ovat totta juuri hänen kohdallaan. Monet ihmiset uskovat, että Jumala on rakkaus, mutta eivät ole likimainkaan vakuuttuneita siitä, että hän rakastaisi aidosti ja syvästi juuri heitä. Meidän täytyy siirtyä yleisestä teoriasta henkilökohtaiselle tasolle. Tämä onnistuu niin, että kehitämme läheisen, luottavaisen suhteen Jumalan kanssa ja turvaudumme yhä enemmän hänen luontoonsa ja Sanaansa.

3. Täytä ehdot
Jumala haluaa meidän uskovan häneen tavalla, jossa asetamme ajatuksemme ja tekomme linjaan hänen tahtonsa kanssa, jotta hän voisi henkilökohtaisesti hallita elämässämme. Useimpiin hänen lupauksiinsa sisältyy jonkinlaisia ehtoja. Esimerkiksi Luukkaan evankeliumin jakeiden 11:9-10 lupausten ehtona on sinnikkäästi pyytää, etsiä ja kolkuttaa – emme voi lunastaa lupausta vain pyytämällä kerran ja jäämällä sitten odottamaan vastausta. Ja Luukkaan evankeliumin jakeen 12:31 lupauksen "niin te saatte myös kaiken tämän" ehtona on etsiä hänen valtakuntaansa, ei etsiä materiaalisia asioita tai murehtia niistä.

Monissa raamatunkohdissa ehtoihin viitataan epäsuorasti. Esimerkiksi Psalmin 23 ihmeelliset lupaukset ovat voimassa vain, kun Herra on "minun" paimeneni. Emme voi lunastaa jakeiden 2-6 lupauksia, ellemme ole paimenuuden alaisia – ellei yksin Jumala hallitse, ohjaa, suojaa ja varjele meitä.

Uskon siemen

4. Ota lupaukset vastaan
Edellä todettiin, että usko on suhde Sanan kanssa ja että se kehittyy siemenestä hennon kasvin lailla. Tämä tarkoittaa sitä, ettei Jumalan lupauksia saada samalla tavalla kuin millä jostain koneesta saadaan asioita. Uskon prosessiin kuuluva "uskominen" ei ole ainoastaan sitä, että löydämme tilanteeseen sopivan Jumalan lupauksen tai nimen, täytämme vaaditut ehdot ja uskomme, että Jumala täyttää lupauksen. Edellä havaittiin jo, että Jumala koettelee uskoamme sekä todetakseen sen aitouden että kasvattaakseen sitä. Tiedämme myös, että vihollinen vastustaa sinnikkäästi ja aggressiivisesti kaikkea kasvavaa uskoa.

Jos haluamme nähdä Jumalan lupauksen toteutuvan, meidän täytyy pysyä sinnikkäinä uskossamme, pysyä kiinni Jeesuksessa ja lakkaamatta turvautua Jumalan uskollisuuteen. Meidän täytyy päättäväisesti puskea eteenpäin uskossa, kunnes Jumalan lupaus toteutuu.

Jumalan Sana sisältää suunnattoman määrän lupauksia meille tutkittavaksi ja omistettavaksi. Jumala kutsuu meitä eteenpäin ottamaan hänet vastaan ja ottamaan vastaan häneltä. Useimmat uskovat iloitsevat ensimmäisistä pelastuksen tuomista eduista, mutta Jumala kaipaa saada nähdä meidän kaikkien menevän syvemmälle hänen elämäänsä ja elävän hänen siunauksissaan, jotka on tarkoitettu koko loppuelämäämme varten.

Meidän ei tulisi etsiä sitä, mitä Jumala ei ole luvannut, eikä meidän tulisi jättää huomiotta sitä, minkä hän on luvannut. Kun alamme tuntea häntä paremmin, hänen nimensä ja luontonsa kaikkea rikkautta, meissä kasvaa uskovaa uskoa hänen armolliseen olemukseensa ja kykenemme ottamaan vastaan hänen *rhema*-sanansa kaikista hänen lukuisista *logos*-Sanansa lupauksista.

Osa 7

Tunnustava usko

Edellä on havaittu, että tunnustaminen tai tunnustava usko on erottamaton osa elävää uskoa, ja sen tulisi olla olemassa ja kehittyä uskovan uskon ja tekevän uskon rinnalla. Emme usko luodaksemme tunnustamista tai tunnusta luodaksemme uskoa, vaan ne molemmat kehittyvät yhdessä uskon siemenestä, jonka saamme Jumalalta hänen sanansa kuulemisen kautta. Tästä yhteydestä kerrotaan Roomalaiskirjeen jakeessa 10:10.

Psalmin 19:14 suosittu rukous, joka lausutaan Jumalalle useiden saarnojen alussa, havainnollistaa, kuinka oleellisesti "minun suuni sanat" ja "minun sydämeni ajatukset" kuuluvat yhteen (v. 1933 käännös). Meidän tulee tunnustaa, mitä uskomme, ja uskoa, mitä tunnustamme: kumpikaan ei ole toistaan tärkeämpi, molemmilla on tärkeä roolinsa siinä, että elävä usko voi kehittyä täyteen mittaansa.

Joosuan kirjan jae 1:8 osoittaa, että tunnustamiseen ja uskomiseen täytyy lisäksi yhdistää tekevä usko. Jumala sanoi Joosualle, että hänen sanansa tulisi olla Joosuan suussa ja että Joosuan tulisi tutkiskella Jumalan sanaa alati (v. 1933 käännös) – nämä voidaan nähdä "tunnustamisena" ja "uskomisena". Tämä ei kuitenkaan riittänyt, vaan Jumala ohjeisti Joosuaa lisäksi toimimaan sanansa mukaan.

Tätä tekevää uskoa käsitellään tämän kirjan seuraavassa osassa. Tässä osassa keskitytään tunnustavaan uskoon – sen varmistamiseen, että Jumalan sana todella on suussamme.

Kielen voima
Edellä on todettu, että elävä usko on erottamattomasti yhteydessä Jumalan Sanaan, että Sana tulee Isältä Jumalan suun henkäyksessä ja että uskomme tulee Jumalalta itseltään.

Elävä usko

Jos kerran Jumalan uskoon kuuluu hänen Sanansa puhuminen ja hänen uskon lahjansa on kietoutunut hänen Sanansa puhumiseen, tulisikin olla selvää, että hänen meissä oleva uskonsa myös saa meidät puhumaan hänen Sanaansa.

Edellä opittiin, että kreikan sana *homologeo*, joka on läpi koko Uuden testamentin käännetty sanalla "tunnustus", tarkoittaa sanatarkasti "puhua samaa asiaa". Tämä tarkoittaa sitä, että tunnustava usko tarkoittaa "puhua niitä samoja sanoja, joita Jumalakin puhuu".

Tiedämme saavamme Jumalan uskon siemenen, kun kuulemme hänen Sanansa. Jotta tämä uskon siemen voisi kehittyä kypsäksi, hedelmälliseksi elävän uskon kasviksi, meidän täytyy uskoa, mitä kuulemme Jumalan sanovan, eikä muuttaa hänen sanojaan millään lailla, sekä puhua Jumalan sanoja uskossa ilman Jumalan *rhema*-sanan muuttamista tai uudelleen määrittelemistä.

Raamatussa painotetaan toistuvasti kielen voimaa sekä hyvässä että pahassa. Tämä havaitaan esimerkiksi kohdissa Jaak. 3:1-12 ja Sananl. 18:21. Lisäksi kirjan Palveleminen Hengessä osassa 10 käsitellään tätä aihetta erityisen tarkasti ja tutkitaan, mitä Raamatussa opetetaan profeetallisella arvovallalla puhumisesta.

Sanat eivät ole ainoastaan ääniä, vaan ne paljastavat, mitä niiden puhuja tarkoittaa ja haluaa, ja niillä on enemmän voimaa kuin ymmärrämmekään. Sanamme – tunnustuksemme – voivat nostaa ihmisiä tai repiä heidät rikki, ne voivat kirota tai siunata, ne voivat rohkaista tai satuttaa, ne voivat julistaa elämää tai julistaa kuolemaa. Se, mitä sanomme, muuttaa asioita ja vaikuttaa toisiin ihmisiin. Sen vuoksi meidän uskovina tulisi antaa kielemme Pyhälle Hengelle ja antaa hänen johdattaa puheitamme.

Läpi tämän *Hengen miekka* -kirjasarjan painotetaan toistuvasti raamatullisessa kristillisyydessä esiintyvää profeetallista tapahtumaketjua: aina kun Pyhä Henki tulee ihmisten ylle, hän tekee mahdolliseksi sen, että ihmiset puhuvat Jumalan sanoja – hän antaa heille sekä sanat puhuttaviksi että

Tunnustava usko

voiman puhua ne Jumalan arvovallalla. Tämä profeetallinen periaate havaitaan kaikkien Vanhan testamentin profeettojen elämissä esimerkiksi kohtien 4. Moos. 11:24-30; 1. Sam. 10:6; Luuk. 1:67-79 tilanteissa sekä kaikista selvimmin helluntain tapahtumissa ja läpi koko Apostolien tekojen.

Tämä periaate on erittäin oleellinen osa uskon tunnustavaa puolta. Jumala ei ainoastaan anna meille armossaan puhutun sanansa kautta uskon siementä, jonka tarvitsemme omistaaksemme hänen lupauksensa, vaan hän antaa meille myös Henkensä, joka auttaa meitä puhumaan hänen sanojaan. Tällainen tunnustaminen kasvattaa ja vahvistaa uskoamme kohti sen täyteyttä.

Jumalan Sana

Tiedämme, että Jumalan sanoilla on valtava voima. Hän puhuu, ja niin tapahtuu. Havaitsemme tämän luomiskertomuksessa sekä kohdissa kuten 2. Aik. 6:15; Jes. 55:10-11 ja Hepr. 4:12.

Aina kun Jumala puhuu, hänellä on täydellinen usko siihen, että hänen sanansa täyttävät tarkoituksensa. Voidaankin sanoa, että hän "uskoo" siihen, mitä hän sanoo, sekä voimaansa toteuttaa sanansa, että hän "puhuu" tai "tunnustaa" sanansa ja että hän "toimii" sanojensa mukaan. Elävän uskon kolme perusosaa ovat siis aina havaittavissa Jumalan puhuessa.

Jumala ei koskaan anna mahtavia lupauksia ilman, että kykenisi pitämään ne. Hänen sanansa heijastavat aina hänen luontoaan ja voimaansa. Tämän vuoksi voidaan sanoa, että hän on aina "täynnä uskoa" ja "uskollinen", sillä hän on täysin varma sanastaan sekä omasta kyvystään toteuttaa sanansa.

Puhuessaan sanansa Jumala kutsuu meidät tunnustamaan – siis sanomaan saman, minkä hänkin sanoo. Se tarkoittaa, että tunnustuksemme pohjautuu Jumalan Sanaan ja hänen "täyteen uskoonsa ja uskollisuuteensa". Tunnustuksemme ei ole toteamus, jossa kerromme mielipiteemme tai sen, kykenemmekö suorittamaan jokin tehtävä, vaan se on todistus Jumalan sanan luotettavuudesta sekä Jumalan kyvystä toteuttaa sanansa.

Elävä usko

Jumalalta saamamme uskon avulla tartumme kiinni Jumalan Sanan luontaiseen voimaan, uskomme Sanan ja tuomme puheessamme julki sen, että olemme yhtä mieltä Sanan kanssa. Jumalan Sana muuttaa ihmisen elämän vasta sitten, kun hän vastaa siihen uskolla, kun hän uskoo ja tunnustaa Jumalan Sanan ja toimii sen mukaan. Tämän vuoksi Roomalaiskirjeen jakeissa 10:8-10 todetaan, että meidän täytyy tunnustaa ja uskoa saadaksemme Jumalan lupaaman pelastuksen.

Kumppanuus
Suhteen ja kumppanuuden periaate esiintyy läpi koko Raamatun. Jumala korostaa Sanassaan kaikissa mahdollisissa tilanteissa sitä, että hän haluaa sellaisen suhteen ihmisten kanssa, joka heijastaa Isän, Pojan ja Pyhän Hengen välisiä suhteita. Tätä käsitellään *Hengen miekka* -kirjasarjan osissa *Hengen tunteminen* ja *Jumalan kirkkaus seurakunnassa*.

Roomalaiskirjeen jakeet 10:8-10 avaavat tätä tärkeää periaatetta kolmella tavalla:

◆ on kyse Jumalan sanasta suussamme ja sydämessämme

◆ me uskomme ja tunnustamme, Jumala pelastaa

◆ me saarnaamme, mutta julistamme Jumalan uskon sanaa.

Tunnustuksellamme, julistuksellamme, ilmaisemme suullisesti, että olemme yhtä mieltä Jumalan Sanan kanssa. Meidän täytyy kuitenkin ymmärtää, että tunnustuksemme pohjautuu suhteeseemme, kumppanuuteemme ja yhteyteemme Jumalan kanssa. Tunnustaminen ei ole vain Jumalan Sanan toistamista, vaan sen täytyy kietoutua yhteen aidon sydämen uskon kanssa – uskon siihen, että se, mitä tunnustamme, on Jumalan Sanaa, ja että Jumala voi ja totisesti täyttääkin lupauksensa.

Tunnustava usko

Tunnustus ja vakaumus
Tunnustava usko ei voi olla vain tyhjää, uskonnollista Jumalan Sanan lausumista, sillä sen täytyy kummuta vakaumuksestamme. Jumala ei ole vaikuttunut siitä, jos vain puhumme mekaanisesti hänen Sanaansa, sillä hän katsoo aina sydämeemme varmistaakseen, että tunnustuksemme on yhteydessä uskoomme.

Matteuksen evankeliumin jakeessa 15:8 Jeesus tekee selväksi, että on mahdollista puhua sanoja, jotka vaikuttavat tulevan Jumalalta, mutta jotka – todellisuudessa – eivät ole Jumalalta, koska puhujan sisin ei heijasta niitä. Tämä tarkoittaa, että tunnustavaan uskoon liittyy kahdenlaista yksimielisyyttä.

Tunnustuksemme ei tule ainoastaan vastata Jumalan Sanaa, vaan sen tulee myös vastata sydäntämme. Joiden mukaan "tunnustus avaa oven omistamiselle", mutta tällainen opetus osoittaa, että uskon prosessi on ymmärretty väärin, sillä se yli korostaa elävän uskon tunnustavaa puolta. Vaikka onkin totta, että meidän tulee jatkaa tunnustamista, kunnes saamme kokea Jumalan lupauksen täyttymisen, ei tunnustaminen yksinään riitä, vaan meidän täytyy yhtä lailla jatkaa myös uskomista sekä toimimista.

Ennen kaikkea meidän täytyy ymmärtää, että "tunnustamme, koska omistamme". Juuri sen uskon tunnustaminen, joka on jo sydämessämme, saa uskomme kasvamaan täyteen mittaansa. Yksinkertaisesti sanottuna emme ole pelastettuja siksi, koska "sanomme olevamme pelastettuja", vaan "sanomme olevamme pelastettuja", koska olemme pelastettuja. Samoin emme myöskään saa kokea parantumista siksi, koska "tunnustamme Jumalan lupauksia parantaa", vaan tunnustamme parantumista, koska Jumala on antanut meille sydämen varmuuden siitä, että hän parantaa.

Näiden kahden näkökulman ero on erittäin oleellinen, sillä elävä usko ei ole positiivisen ajattelun hengellinen versio: loputon tunnustaminen ei saa aikaan mitään. Tunnustamme uskontäyteisillä sanoilla, koska Jumalan Sana on totuus ja koska Jumala on, kuka hän on. Ja juuri Jumala on se, joka –

Elävä usko

Sanassaan ja elävän uskomme kautta – pitää meille antamansa lupauksen.

Sydämen vakaumus

Monet ihmiset ovat vakuuttuneita siitä, että kristillinen usko on totuus, ja he ovat jollain tasolla myös sitoutuneet tähän totuuteen, mutta ilman sydämen suhdetta Jumalaan he keskittyvät vain ulkoiseen tunnustamiseen ja ulkoiseen käytökseen.

Kohdat kuten Sananl. 4:23, 23:17 ja 27:19 painottavat sydämen vakaumuksen tärkeyttä. Ne kehottavat meitä tarkkailemaan sydäntämme, koska kaikki, mitä sanomme ja teemme, kumpuaa sisäisestä persoonallisuudestamme. Jos sydämemme on puhdas, myös tunnustuksemme ja tekomme ovat puhtaita – ja sydämemme on se, millä on merkitystä Jumalalle.

Matteuksen evankeliumin jakeissa 12:33-37 viedään tätä ajatusta vielä pidemmälle osoittamalla, että suumme puhuu sitä, mitä sydämemme on täynnä. Jos sydämessämme on Jumalan uskon siemen, se pulppuaa suustamme tunnustaessamme: puheemme heijastaa sydämessämme olevaa uskon asennetta. Tämä on niin tärkeää, että jakeissa 36-37 paljastetaan, että Jumala tuomitsee meidät jokaisesta turhasta sanasta, jonka lausumme. Jeesus kiinnittää näissä jakeissa huomiomme tahallisiin turhiin sanoihimme, mutta myös tavalliseen puheeseemme. Tämä johtuu siitä, että toisinaan juuri varomattomat sanamme paljastavat sydämessämme olevan totuuden. Matteuksen evankeliumin jakeet 7:20-21 osoittavat, ettei meitä tietenkään tuomita ainoastaan sanojemme perusteella, mutta jakeet 12:33-37 todistavat, kuinka tärkeä sydämemme tunnustus on Jumalalle.

Kaikki tämä on tärkeää siksi, koska "oleminen", ei "tekeminen", on evankeliumin ytimessä, ja se juuri erottaa kristinuskon muista uskonnoista. Tämän vuoksi Joh. 3:3-18 kaltaiset kohdat ovat niin olennaisia uskon kannalta.

Uusi elämä

Jeesuksen seuraaminen ei ole vain käyttäytymisen muuttamista tai edes ainoastaan uusien uskomusten omaksumista. Se on uuden ja erilaisen elämän vastaanottamista Jumalalta sekä sitä, että annamme hänen elämänsä näkyä uskomuksissamme, ajatuksissamme, motiiveissamme ja ulkoisessa elämäntyylissämme.

Muut uskonnot pyrkivät vaikuttamaan ulkoa sisäänpäin, mutta kristinusko toimii sisältä ulospäin. Muiden uskontojen mukaan voimme saada uuden, hengellisen elämän tekemällä tiettyjä tekoja ja harjoitteita ja uskomalla määrättyihin ajatuksiin. Kristinusko ei vähättele näiden tekojen ja ajatusten arvoa, mutta toteaa vankasti, etteivät ne kykene synnyttämään uutta elämää.

Kristinusko on ainoa uskonto, jonka mukaan ihmiset eivät kykene tuottamaan uutta elämää omin voimin. Se pitää kiinni siitä, että meidän täytyy saada Jumalalta kaikki, mitä tarvitsemme uuteen elämään, sekä siitä, että vain tämä Jumalalta saamamme uusi elämä saa meidät ajattelemaan, puhumaan ja toimimaan tavalla, joka miellyttää Jumalaa.

Puu ja hedelmät

Tässä ei ole kyse sen ihmeellisemmästä asiasta kuin Jeesuksen puu ja hedelmät -periaatteesta. Hyvät puut kantavat hyvää hedelmää ja huonot puut eivät kanna lainkaan hedelmää tai kantavat huonoa hedelmää. Ennen kuin uskomme ja sitoudumme Jeesukseen, hänen varaansa, olemme "huono puu". Huolimatta siitä kuinka vaikuttavilta saatamme päällisin puolin näyttää, pinnan alla olemme jotain muuta. Jeremian kirjan jae 17:9 on ikuinen kristillinen periaate, jonka uskomatta jättäminen koituu omaksi turmioksemme.

Jumala ei välitä ulkoisista teoistamme, hän on kiinnostunut kitkemään sisäisen pahan luontomme ja istuttamaan meihin hänen sisäinen luontonsa. Tätä on "syntyminen uudesti" Jumalan luonto sisimmässämme, ja juuri siitä myös Hesekielin kirjan jakeet 36:26-27 antavat lupauksen.

Elävä usko

Kaiken tämän tulisi vakuuttaa meidät siitä, että on hyödytöntä tehdä tunnustamisesta jokin uskon tekniikka. Voimme tunnustaa totuutta huulillamme ikuisesti – kuten nimikristityt tekevät lausuessaan Apostolista uskontunnustusta tai Herran rukousta yhä uudestaan joka sunnuntai – mutta se ei saa aikaan mitään, ellei tuo totuus ole syvällä sydämessämme.

Raamatun lausuminen
Vaikka edellä painotettiinkin sitä, että tunnustamisen täytyy tulla sydämen vakaumuksesta, se ei kuitenkaan tarkoita, että meidän tulisi ylenkatsoa tai aliarvioida Raamatun mieleen painamisen ja lausumisen hyötyjä.

Kun luemme ja tutkimme Raamattua ja opettelemme Raamatun jakeita, me itse asiassa annamme Pyhälle Hengelle paremman mahdollisuuden puhua meille kirjoitetun Sanan kautta. Meidän tulee kuitenkin aina lähestyä kirjoituksia nöyrästi ja vakuuttuneina siitä, että Jumala paljastaa sanansa sydämessämme.

Puhuminen uskossa
Edellä on havaittu, että elävä usko toimii sydämestä käsin ja että jos Jumalan usko todella on sydämessämme hänen Sanansa kautta, se täytyy myös puhua julki. Uskon tehokas toimiminen saa meidät aina tunnustamaan Sanan.

Jos olemme kuulleet Jumalan sanan ja uskomme sydämessämme, tunnustuksemme on sama kuin Jumalan Sana. Tämä tarkoittaa sitä, että koko Jumalan Sanan voima toimii tunnustuksemme kautta, huuliemme kautta.

Kun puhumme tunnustuksemme elävässä uskossa ja Jumalan Sanan mukaisesti, voimme saada olosuhteemme asettumaan linjaan Jumalan tahdon ja tarkoitusperien kanssa. Tätä uskontäyteisen suullisen tunnustuksemme puolta käsitellään kirjan Toimiva rukous osassa 7 ja kirjan Palveleminen Hengessä osassa 10.

Kohdissa Matt. 17:19-20; Mark. 11:22-23 ja Luuk. 17:5-6 Jeesus opetti opetuslapsiaan puhumaan uskossa, jotta he

Tunnustava usko

kykenisivät "siirtämään vuoria". Tämä ajatus pohjautuu kohtiin Jes. 2:11-16, 40:1-5 ja Sak. 4:7.

Markuksen evankeliumin jae 11:22 on yksi niistä edellä käsitellyistä kohdista, jotka on yleensä käännetty sanoilla "pitäkää usko Jumalaan" (v. 1938 käännös), kun kreikankielen sanojen parempi käännös olisi "pitäkää Jumalan usko".

Joillain ihmisillä on vaikeuksia ymmärtää, mitä sanonta "Jumalan usko" todellisuudessa tarkoittaa. Jos kuitenkin ymmärrämme, että usko on luottamusta Jumalan Sanaan, niin kellä voisikaan olla enemmän luottamusta Jumalan Sanaan kuin Jumalalla itsellään? Kun Jumala puhuu Sanansa, hän puhuu sen omassa uskossaan. Silloin Jumalan Sanassa on hänen voimansa ja arvovaltansa, joiden vuoksi se myös täyttyy, kuten Jesajan kirjan jae 59:21 tekee selväksi. Onkin järkeenkäypää, että jos kerran Jumala kutsuu meidät tunnustamaan hänen Sanansa, silloin hänen Sanassaan on täysin sama voima ja arvovalta meidän suussamme kuin hänen omassakin suussaan. Tätä Jeesus tarkoitti sanoessaan "pitäkää Jumalan usko", ja sitä todellinen tunnustaminen nimenomaan on.

Tiedämme, ettei vuorten siirtäminen ole ongelma elävälle Jumalalle, kaikkivoivalle *Elohimille*. Kun me – Jumalan *rhema*-sanan kuulemisen kautta – saamme siemenen Jumalan uskoa, tulisi olla itsestään selvää, että myös me voimme puhua vuorille ja nähdä niiden siirtyvän.

Kohdat Matt. 17:20 ja Luuk. 17:5-6 muistuttavat meitä siitä, ettei meillä täydy olla suurta määrää uskoa puhuaksemme vuorille, riittää, että uskomme on aitoa. Merkitystä on uskon laadulla, ei määrällä. Yksinään uskomme ei saa aikaan mitään – Jumala on se, joka siirtää vuoria. Jumalalta saamamme usko yksinkertaisesti sitoo meidät kiinni Jumalan valtavaan voimaan, jonka sitten vapautamme toimimaan tunnustuksemme kautta.

Kun vastustuksen "vuori" seisoo meidän ja Jumala tahdon välillä elämäämme varten, meillä on uskon kautta voima ja arvovalta puhua tuolle vuorelle ja määrätä sitä siirtymään. Jumala kykenee tekemään kaikki tarvittavat muutokset, jotta

Elävä usko

olosuhteemme voisivat olla linjassa hänen tahtonsa kanssa. Kirjoissa *Toimiva rukous* ja *Palveleminen Hengessä* opitaan, että Jumalan täytyy osoittaa nuo vuoret meille ja että Jumalan kunnian ilmestymisen täytyy olla syy sille, miksi tunnustamme.

Elävä usko ei ole hengellinen luottokortti, jolla voimme saada Jumalalta mitä tahansa haluamme, silloin kun haluamme. Usko toimii ainoastaan ilmoitettuun Jumalan Sanaan. Mutta kun olemme kuulleet Jumalan Sanan ja uskoneet sydämessämme, meillä on "Jumalan usko" puhua – ja jatkaa puhumista – sille tietylle vuorelle, joka estää sen, ettei Jumalan Sana täyty ja hänen kunniansa näy.

Osa 8

Tekevä usko

Olemme oppineet, että todellinen usko kehittyy jumalallisesta uskon siemenestä, jonka saamme Jumalalta kuulemalla hänen meille tarkoittaman tietyn *rhema*-sanan. Edellä on myös havaittu, että elävään uskoon kuuluu tuon sanan uskominen syvällä sydämessämme, sen saman sanan tunnustaminen suullamme ja sen mukaan toimiminen elämässämme.

Uskova usko, tunnustava usko ja tekevä usko ovat kolme toisiaan täydentävää elävän uskon osaa, jotka toimivat rinnakkain kasvin juuren, varren ja lehtien tavoin ja jotka kaikki ravitsevat ja vahvistavat toisiaan, jotta usko voisi kasvaa täyteen mittaansa. Ne eivät ole peräkkäisiä uskonaskelia vaan pikemminkin toisiaan täydentäviä uskon puolia. Niiden kaikkien täytyy näkyä elämässämme, ja niitä kaikkia täytyy painottaa yhtä lailla opetuksessamme.

Elävässä uskossa ei ole kyse ainoastaan vilpittömistä uskomuksista, vaan siihen kuuluu myös voimallisia tekoja. Siinä ei myöskään ole ainoastaan kyse hengellisestä puhetavasta, sillä aito usko näkyy myös jumalallisena elämäntapana. Todellinen usko vaikuttaa ajatuksiimme, sanoihimme ja tekoihimme.

Elävän uskon "tekevän uskon" puolta painotetaan Jaakobin kirjeen jakeissa 2:14-26. Jakeessa 17 ilmenee, että teot ovat opetuslapseuden ydintä.

Usko ja kuuliaisuus

Kun kerran tiedämme, että elävä usko tulee Jumalalta, ymmärrämme varmasti, että uskon pitäisi olla väkevä samalla tavalla kuin Jumalakin on väkevä. Ja koska elävän uskon ja Jumalan Sanan välillä on suora linkki, käsitämme varmasti

Elävä usko

myös, että todellisen uskon tulisi olla yhtä voimallinen ja väkevä kuin mitä kohdassa Hepr. 4:12 kerrotaan Sanan olevan.

Edellä on havaittu, että elävä usko vaikuttaa tapaan, jolla puhumme, ja että mitä tahansa sydämessämme on, virtaa väistämättä ulos suustamme. Usko ei kuitenkaan ainoastaan kuulu, vaan se myös näkyy. Tässäkin on jälleen kerran kyse Jeesuksen puu ja hedelmät -periaatteesta.

Puun tuottamat hedelmät määräytyvät sen mukaan, minkälainen kyseinen puu on. Samalla tavalla elämäntyylimme ja tekomme muokkautuvat sisäisen luontomme mukaan. Jos, Jeesuksessa ja Jeesuksen kautta, olemme ottaneet vastaan Jumalan nimen ja luonnon, saamamme usko ei kehity ainoastaan profeetalliseksi uskon puheeksi, vaan se kehittyy myös profeetallisiksi uskon teoiksi. Ilman näitä uskon tekoja uskomme olisi kuollut ja uskontomme hyödytön.

Kuten Jaakobin kirjeen jae 2:17 tekee selväksi, usko ilman tekoja tarkoittaa, ettei usko ole elävää. On tärkeää huomioida, että Raamatun toteamuksien seuraukset tai vastakohdat ovat vain harvoin totta, vaikka saatammekin niin usein huomaamattamme olettaa. Esimerkiksi Jumala on rakkaus, mutta rakkaus ei ole Jumala, ja vaikka 5. Mooseksen kirjan kohdissa 13:1-5 ja 18:21-22 sanotaankin, että väärän profeetan tunnistaa siitä, että hänen tulevaisuutta koskevat profetiansa eivät täyty, ei profetian täyttyminen kuitenkaan välttämättä todista sitä, että kyseessä olisi aito profeetta.

Jaakobin kirjeen jakeen 2:17 vastakohta pitää kuitenkin paikkansa: myös teot ilman uskoa tarkoittaa, ettei ihmisellä ole elävää uskoa. Ei-uskovien saattaa olla vaikea hyväksyä tätä ajatusta, mutta itse asiassa ilman uskoa tehdyt teot eivät koskaan ole raamatullisia, Jumalan hyväksymiä tekoja.

Usko ja rakkauden innoittama kuuliaisuus ovat kaksi eri tapaa kuvata samaa raamatullista ajatusta. Uudessa testamentissa voidaan korvata sana "usko" sanalla "kuuliaisuus" ja sana "kuuliaisuus" sanalla "usko" missä tahansa kohdassa. Usko ilman kuuliaisuutta ei ole uskoa, se on pelkkiä tyhjiä sanoja. Ja kuuliaisuus ilman uskoa ei voi olla todellista kuuliaisuutta,

Tekevä usko

se voi olla pelkkiä tyhjiä tekoja. On erittäin tärkeää ymmärtää tämä periaate, sillä maailma uskoo, että "hyvät teot" sinällään ovat arvokkaita: ulkoiset tekijät ovat kaikki kaikessa, eikä vääränlainen motivaatio mitätöi arvokasta tekoa.

Tiedämme kuitenkin, että ilman uskoa on mahdotonta miellyttää Jumalaa. Todellisen uskon lailla myös todellisen kuuliaisuuden täytyy pohjautua Jumalan *rhema*-sanan kuulemiselle – muuten se pohjautuu pelkkään synnilliseen olettamukseen. Ja aivan kuten Jumalan Sanan uskomisessakin, jos haluamme olla kuuliaisia Jumalalle, meidän täytyy uskoa, että hän on, kuka hän sanoo olevansa, ja että hän palkitsee ne, jotka etsivät häntä ja hänen teitään.

Todelliset kuuliaiset teot vaativat aina seurakseen sisäisen uskon, ja aidon uskomuksen täytyy aina ilmetä kuuliaisena tekona. Jos sanomme uskovamme, muttemme tee mitään, missä se näkyisi, emme todellisuudessa usko, mitä sanomme.

Täytyy kuitenkin huomioida, että joskus se, ettemme tee mitään, on juuri se kuuliainen teko, jota Jumala kutsuu meidät tekemään. Toimiminen oletuksen pohjalta, kuten havaitsemme Aabrahamin tekevän 1. Mooseksen kirjan luvussa 16 tai Daavidin tekevän 1. Aikakirjan luvussa 21, ei koskaan voi olla merkki elävästä uskosta, sillä se on yhtä synnillistä kuin tottelemattomuus.

Elävä usko ilmenee aina kuuliaisena, positiivisena uskon tekona – vaikka tuo teko tarkoittaisikin sitä, että kieltäydymme tekemästä jotain, mitä yleensä tekisimme. Tällainen uskon teko vastaa täsmälleen sitä työtä, mitä usko tekee meissä sisäisesti.

Heprealaiskirjeen luku 11

Edellä on todettu, että Heprealaiskirjeen luku 11 on tärkeä kohta puhuttaessa uskosta. Nyt havaitsemme, että se paljastaa ne käytännön teot, jotka ovat olennainen osa elävää uskoa.

Kaikki siinä kerrotut uskon teot ilmentävät kuuliaisuutta Jumalan *rhema*-sanalle. Jokainen "uskon kautta" voitaisiin korvata sanoilla "kuuliaisuuden kautta" ilman, että kohdan merkitys muuttuisi.

Elävä usko

Yksikään näistä kuuliaisuuden teoista ei kuitenkaan johtunut lakiin perustuvasta, kaavamaisesta kuuliaisuudesta Jumalalle vaan kuuliaisuutena ilmenevästä rakastavasta suhteesta Jumalaan. Heprealaiskirjeen luvun 11 miehet ja naiset "osoittivat uskoa", olivat kuuliaisia, koska he tiesivät, että Jumala oli se, kuka hän sanoi olevansa. He pysyivät kiinni hänessä ja heidän elämänsä olivat sitoutuneita häneen ja hänen varassaan.

Uskon kautta:

- Abel uhrasi Jumalalle arvokkaamman uhrin
- Henok otettiin pois tästä elämästä
- Nooa rakensi arkin
- Aabraham lähti Urista
- Aabraham matkasi, vaikkei tiennyt, minne oli menossa
- Aabraham asui teltoissa
- Aabraham odotti Jumalan kaupunkia
- Saara tuli raskaaksi ja synnytti lapsen, vaikka hän ei olut enää lastensaanti-iässä
- Aabraham toi poikansa uhriksi, kun Jumala koetteli häntä
- Iisak siunasi Jaakobin ja Esaun
- Jaakob siunasi Joosefin pojat ja rukoili
- Joosef puhui siitä, että Israelin kansa kerran lähtee Egyptistä, ja määräsi, että hänen luunsa vietäisiin lähdön hetkellä Egyptistä luvattuun maahan
- Mooseksen vanhemmat pitivät poikansa piilossa
- Mooses kieltäytyi esiintymästä egyptiläisenä
- Mooses valitsi jakaa Jumalan kansan kärsimykset
- Mooses pani toimeen pääsiäisen vieton ja lähti

Tekevä usko

Egyptistä
- Israelilaiset kulkivat Punaisenmeren yli
- Jerikon muurit sortuivat
- Rahab vältti kuoleman, sillä hän oli ottanut tiedustelijat ystävinä vastaan
- kukistettiin valtakuntia
- nähtiin lupausten täyttyvän
- tukittiin leijonien kidat
- sammutettiin roihuavat tulet
- ihmiset välttivät miekaniskut
- heikot voimistuivat
- ihmisistä tuli väkeviä ja tehokkaita sotureita
- vihollisen joukot työnnettiin takaisin
- kuolleet herätettiin henkiin
- kestettiin kidutusta
- ihmiset saivat osakseen pilkkaa, ruoskaniskuja ja vankeuden
- heitä kivitettiin kuoliaaksi, sahattiin kahtia ja surmattiin miekalla lyöden
- he kärsivät puutetta, heitä ahdistettiin ja piestiin
- he joutuivat harhailemaan autiomaassa ja vuorilla ja asumaan luolissa.

Kaikki nämä eri teot tehtiin "uskon kautta". Teot olivat Jumalan tietylle henkilölle puhuman *rhema*-sanan ulkoinen ilmenemismuoto, ja jokainen uskon teko vastasi sanaa, jonka kyseinen henkilö oli saanut. Ei ole niinkään tärkeää, mitä ihmiset tekivät, vaan se, miksi ja kuinka he sen tekivät.

Elävä usko

Aikojen kuluessa monet ihmiset ovat yrittäneet matkia muiden uskovien uskon tekoja. He ovat ajatelleet ulkoisten tekojen tuovan tiettyjä etuja tai olevan jonkun arvoisia ja ovat siksi keskittyneet niihin. He ovat selittäneet omia tekojaan Heprealaiskirjeen luvun 11 uskon teoilla.

Luvun 11 teot olivat kuitenkin kaikki "uskon kautta", eli niitä tehneet ihmiset olivat kuulleet Jumalan puhuvan heille henkilökohtaisesti, olivat ottaneet hänen sanansa syvälle sydämeensä ja olivat uskoneet, tunnustaneet ja toimineet tuon tietyn sanan mukaan.

Tekojemme motiivina täytyy olla elävä usko, joka näkyy kuuliaisena vastauksena Jumalan juuri meille puhumaan sanaan; muuten tekomme ovat kuolleita ja täysin turhia.

Usko ja teot
Jaakobin kirjeen jakeet 2:17 ja 2:26 osoittavat, että uskomme on kuollut ja täysin hyödytön, jos se ei näy tekoina. Edellä todettiin, etteivät Efesolaiskirjeen jakeet 2:8-9 ole ristiriidassa Jaakobin kirjeen luvun 2 kanssa, sillä molemmat kohdat ilmaisevat saman totuuden eri sanoilla: emme pelastu hyvien tekojen tähden, vaan meidät on pelastettu hyviä tekoja varten – mutta nimenomaan uskossa toteutettuja hyviä tekoja varten.

Efesolaiskirjeen jakeessa 2:10 kerrotaan, että meidät on luotu Jeesuksessa hyviä tekoja varten, jotka Jumala on edeltä valmistanut meille tehtäväksi. Jaakobin kirjeen luku 2 vahvistaa tämän ajatuksen ja opettaa, että olemme tulleet vanhurskaiksi uskon perusteella, mutta Jaakob myös huomauttaa, että todistamme elävän uskomme siinä, mitä teemme.

Kristityt eivät voi elää kuinka vain haluavat. Jumala ei koskaan epää meiltä valtavaa armoaan huolimatta siitä, mitä teemme, mutta elävä usko ilmenee aina kuuliaisina tekoina. Kristittyinä meidät on kutsuttu kuulemaan ja tottelemaan Jumalaa, ja uusi elämämme Kristuksessa tarkoittaa, että meillä on hengellinen vapaus kuulla ja totella Jumalaa. Jumalaa kykenevätkin itse asiassa tottelemaan vain ne ihmiset, jotka

Tekevä usko

Jumala on lunastanut sekä vapauttanut synnistä ja saatanan otteesta.

Emme voi sekä uskoa Jumalan Sanaan että silti elää irrallaan Sanasta. Kun olemme sitoutuneita Jeesukseen, hänen varassaan ja tarrautuneita kiinni häneen, saamme Jumalan voiman elää Jumalan elämää. Siihen ei sisälly vain yksittäisiä uskon tekoja silloin tällöin, vaan se on kokonainen uskontäyteinen elämäntyyli.

Jumalan suunnitelma on, että uskova usko, tunnustava usko ja tekevä usko ovat kaikki elävän uskon olennaisia osia. Jos joku näistä osasista puuttuu, usko on kuollut, ei elävä. Ja jos joku näistä osasista on alikehittynyt, usko on heikkoa, eikä se todennäköisesti kasva täyteen mittaansa.

Teot täydentävät uskon
Jaakobin kirjeen jakeessa 2:22 havaitaan, että Aabrahamin usko tuli täydelliseksi hänen teoistaan. Ensimmäisen Mooseksen kirjan luvussa 22 kuvataan Aabrahamin uskon prosessia:

1. Aabraham kuuli Jumalan hänelle tarkoittaman *rhema*-sanan – 1. Moos. 22:1-2

2. hän vastasi uskolla – 22:1

3. hän tunnusti uskonsa kaikkinäkevään ja kaikesta huolen pitävään Jumalaan, joka oli luvannut tehdä hänestä monien kansojen isän – 22:5 ja 22:8

4. useiden päivien ajan hän teki kuuliaisia tekoja, jotka vastasivat sitä sanaa, jonka Jumala oli puhunut hänelle – 22:3,6 ja 9-10.

Aabrahamin sydämen usko, suun tunnustus ja ruumiin teot sopivat kaikki yhteen. Tässä tilanteessa hänen uskonsa – hänen vastauksensa Jumalan kohdassa 22:1-2 puhumaan sanaan – ei olisi kantanut hedelmää, jos yksikin näistä osasista olisi puuttunut. Jollakin erityisellä tavalla kuitenkin juuri hänen uskon tekonsa tekivät hänen uskon prosessinsa täydelliseksi.

Elävä usko

Monet ihmiset alkavat uskoa ja edetä uskossaan, mutta eivät sitten tee uskoaan täydelliseksi yhteensopivalla teolla. Jokaista uskon ilmenemismuotoa vastaa aina jokin teko, jonka Jumala haluaa meidän tekevän uskossa – siinä odotuksessa, että Jumala pitää sanansa.

Aina kun Jumala kutsuu meidät uskomaan sanansa, tilanteessa on jotain mitä uskoa, jotain mitä tunnustaa ja jotain mitä tehdä. Kuten edellä todettiin, toisinaan uskon teko voi olla sitä, ettemme tee mitään – ja aivan erityisesti se on sitä, ettemme murehdi, vaan että olemme täynnä luottamusta.

Yhteensopivat teot
Uskon tekojemme tulisi vastata täydellisesti sitä tiettyä Jumalan sanaa, jonka olemme saaneet ja tunnustaneet. Esimerkiksi jos tunnustamme uskomme Jumalaan, joka on rakkaus, tekojemme tulisi heijastaa tuota uskoa ja meidänkin tulisi rakastaa muita. Jos emme huolehdi muista käytännöllisellä tavalla, se osoittaa, ettemme todellisuudessa usko Jumalaan, joka on rakastava Jumala.

Tätä tähdennetään Jaakobin kirjeen jakeissa 2:1-9 ja 14-18, joissa osoitetaan, että uskon tekojemme täytyy sopia yhteen uskon tunnustuksemme kanssa. Jos meillä on resursseja auttaa tarvitsevia, sanat eivät silloin yksinään riitä – ne ovat tyhjiä, eivätkä kanna hedelmää! Tunnustuksemme tulee aina olla "sama" kuin se sana, jonka Jumala on meille puhunut, ja todellinen tunnustus vaatii aina seurakseen uskon ohjaamia tekoja, jotka sopivat yhteen sanojemme kanssa.

Tämä periaate ilmenee siinä, kun Aabraham tuo Iisakin uhriksi. Kaikki Aabrahamin teot 1. Mooseksen kirjan luvussa 22 sopivat yhteen sen tietyn sanan kanssa, jonka hän oli saanut Jumalalta jakeissa 1 ja 2.

Prostituoitu pakana
Monien ihmisten on vaikea samaistua siihen, kun Aabraham täynnä uskoa tuo Iisakin uhriksi. He ajattelevat virheellisesti, että sellainen vaatii paljon suuremman määrän uskoa kuin

Tekevä usko

mitä heillä koskaan voisi olla – vaikka tiedämme, ettemme todellisuudessa tarvitse suurta määrää uskoa, hitunenkin riittää, kunhan se on oikeanlaista uskoa. Mutta ehkä juuri tämän vuoksi Jaakobin kirjeen jakeessa 2:25 mainitaan Rahab esimerkkinä tekevästä uskosta.

Rahab oli se prostituoitu pakana, joka piilotti israelilaiset tiedustelijat ja suojeli heitä Joosuan kirjan kohdissa 2:1-21 ja 6:22-25. Raamattu opettaa, että Rahabin teot olivat uskon innoittamia ja uskontäyteisiä. Hän oli uskovainen nainen, ja hänen tekonsa olivat hänen uskonsa ulkoinen ilmenemismuoto sekä näkyvä merkki muille hänen parannuksen teostaan sekä päätöksestään valita uusi suunta elämälleen.

Rahab uskoi, että Jumala taisteli Israelin puolesta ja että hän antaisi israelilaisille koko maan, ja hän tunnusti tämän uskon tiedustelijoille jakeessa 2:9. Mutta sitäkin enemmän hän halusi liittyä voittajien puolelle – tarttua kiinni Jumalaan, jota hän kutsui nimellä Jahve. Hänen uskonsa Jumalaan ei ollut uskonnollinen teoria, vaan hän todella uskoi siihen, mitä Jumala oli tekemässä. Hän tunnusti tämän ja toimi sen mukaan. Matteuksen evankeliumin jakeessa 1:5 kerrotaan ihanalla tavalla, kuinka Jumala kunnioitti hänen uskoaan liittämällä hänet kansaansa ja Messiaan sukuluetteloon.

Voimme nyt alkaa havaita, mitä Jaakob tarkoitti sanoessaan, että Aabraham ja Rahab osoittautuivat vanhurskaiksi tekojensa perusteella. Jaakob ei tarkoita tässä vanhurskautta Jumalan edessä. Se saadaan ainoastaan uskon kautta, eikä se millään tavalla liity lain töihin tai mihinkään meidän tekoihimme. Paavali tekee tämän selväksi kohdissa Ef. 2:8-9 ja Room. 4:1-8. Jaakob puhuu sen sijaan hyvistä töistämme tai niistä teoista, jotka vastaavat uskoamme ja täydentävät uskomme sen jälkeen, kun ensin olemme saaneet vanhurskauden Jumalan edessä.

Mitä Jaakob sitten tarkoittaa sanoessaan, että Aabraham ja Rahab "osoittautuivat vanhurskaiksi tekojensa perusteella"? Hän yksinkertaisesti puhuu siitä, kuinka uskossa tehdyt tekomme osoittavat muille tai todistavat heille sen, että

Elävä usko

meillä on uskoa, joka on elävää. Tämä sopii yhteen Jeesuksen käskyn (Matt. 5:16) kanssa: "Näin loistakoon teidänkin valonne ihmisille, jotta he näkisivät teidän hyvät tekonne ja ylistäisivät Isäänne, joka on taivaissa." Hyvät, uskossa tehdyt tekomme vahvistavat uskomme olemassaolon muiden ihmisten silmissä. Näin Aabraham ansaitsi maineensa Jumalan ystävänä, ja Rahab ansaitsi sen, että hänet muistetaan uskon ihmisenä. Teoillaan he molemmat todistivat muille, että heidän uskonsa todella oli elävää. He väittivät, että heillä oli uskoa, ja heidän tekonsa osoittivat heidän väitteensä oikeiksi muiden silmissä, erityisesti niiden silmissä, jotka hyötyivät heidän teoistaan.

Jos mekin todella uskomme, että Jeesus on Herra, me myös toimimme tuon uskon mukaan. Jos aidosti uskomme, että Jeesus haluaa saavuttaa kadotetut, parantaa sairaat, vapauttaa vangitut ja niin edelleen, me myös olemme valmiita tekemään näihin asioihin yhteensopivia uskon tekoja. Emme myöskään hyödy uskomme hedelmästä ainoastaan itse henkilökohtaisesti, vaan muutkin tulevat siunatuiksi sen kautta. He näkevät uskomme toimivan ja kunnioittavat sen seurauksena Jumalaa.

Emme tarvitse suurta määrää uskoa, sillä Kristuksessa Jumala on antanut meille kaiken, mitä tarvitsemme. Meidän täytyy vain yksinkertaisesti tehdä, mitä kuulemme Jumalan sanovan – ja voimme olla täysin varmoja siitä, että silloin meillä on tarpeeksi kaikista laadukkainta uskoa, jonka avulla kykenemme puhumaan Jumalan sanaa ja toimimaan sen mukaan.

Osa 9

Uskon vahvistus

Tässä kirjassa on tähän mennessä keskitytty tarkastelemaan uskon toimintatapaa sekä tutkimaan elävän uskon ja elävän Jumalan Sanan välistä äärettömän tärkeää yhteyttä. Tässä luvussa tarkastellaan sen sijaan "uskon" ja "Kristuksen veren" välistä suhdetta ja havaitaan, että juuri hänen verensä vahvistaa uskomme.

Jeesuksen veren voima
Joissakin kirkkokunnissa painotetaan erityisen paljon Kristuksen veren merkitystä, ja niissä käytetäänkin usein termejä kuten "verellä pesty", "veren voimassa" ja "veren suojassa". Nämä sanontatavat voivat aiheuttaa hämmennystä sekä olla harhaanjohtavia ja luotaantyöntäviä – erityisesti ei-uskoville – joten meidän tulisi ymmärtää niiden taustalla olevat raamatulliset totuudet. Ei ole mitään hyötyä sanoa jotain ymmärtämättä sen taustalla olevaa totuutta oikein.

Mitä tarkoitetaan sanalla "veri"?
Sanalla "veri" tarkoitetaan tietenkin sitä verta, joka ristillä vuosi Jeesuksen haavoista. Se viittaa kuitenkin myös laajempaan merkitykseen, ja sillä kuvataankin koko Jeesuksen uhrikuolemaa sekä kaikkea, mitä me sen vuoksi saimme. Jeesus kuoli vapaaehtoisena uhrina syntisten puolesta, ja hänen verensä edustaa hänen uhrikuolemansa koko täyteyttä: veri on merkki tai todiste hänen kuolemastaan.

Kolmannen Mooseksen kirjan jakeessa 17:11 Jumala sanoo: "Veressä on elävän olennon elämänvoima. Minä itse olen määrännyt, että veri on tuotava alttarille teidän puolestanne tapahtuvaa sovitusta varten..." Koska Jeesuksen veri on

Elävä usko

sovittanut meidät, meidän täytyy muistaa, ettei sanonta "Jeesuksen veri" ole ainoastaan vertauskuvallinen, vaan se tarkoittaa myös kirjaimellisesti hänen vertaan. Meidän täytyy kuitenkin myös ymmärtää sitä, kuinka tuon veren kautta meillä on pelastus ja kuinka se sitoo Jumalan liittoon kanssamme.

Roomalaiskirjeen jakeissa 3:21-26 kuvataan Kristuksen kuolemasta seuranneita asioita vaikeaselkoisilla sanoilla kuten "vanhurskaus", "sovitus" ja "sovitusuhri" – näitä käsitellään tarkemmin Hengen miekka -kirjasarjan osassa Pelastus armosta. Jakeessa 25 kuitenkin vain yksinkertaisesti osoitetaan, että vuodattamalla verensä Jeesuksesta tuli Jumalan asettama sovitusuhri uskon kautta. Juuri Jeesuksen veri, jonka hän vuodatti uskontäyteisessä kuolemassaan, toi esiin kaikki ihanat ristin aikaansaamat asiat – ne asiat, jotka saamme armossa sen kautta, kun uskomme Kristukseen.

Uudessa testamentissa opetetaan, että Jeesuksen veri teki kaiken sen, mitä ikiaikaiset juutalaiset uhrirituaalit kykenivät ainoastaan symboloimaan – se puhdisti meidät täydellisesti ja pysyvästi synnistä. Itse asiassa kaikki, mitä Vanhassa testamentissa kerrotaan verestä, on merkityksellistä uudessa liitossa. Vanhan testamentin uhrit ennakoivat ristiä, paikkaa, jossa Jeesus vuodatti verensä täytenä, lopullisena ja täydellisenä uhrina meidän syntiemme edestä.

Uhriveri
Toisen Mooseksen kirjan jakeissa 12:1-14 siveltiin virheettömän uhrieläimen – joka saattoi olla joko urospuolinen karitsa tai vuohi – veri uskossa juutalaisten kotien ovenpieliin ja ovenpäällisiin merkiksi siitä, että asukkaat kuuluivat Jumalan kansaan. Kun Jumala näki veren, hän "ohitti" kyseiset talot eikä kurittanut asukkaita surmatessaan Egyptin jokaisen esikoisen. (Sana "ohitti" muistuttaa heprean sanaa "pääsiäinen", suom. huom.) Tämän vuoksi Jeesusta kutsutaan Jumalan "pääsiäiskaritsaksi". Kun uskomme hänen vereensä, Jumala kulkee meidän ohitsemme eikä rankaise meitä meidän syntiemme tähden.

Uskon vahvistus

Kolmannen Mooseksen kirjan jakeissa 16:1-34 kuvataan vuosittaisen "Suuren sovituspäivän" tapahtumia, joiden aikana uhrattiin sonni ylipapin ja hänen sukunsa syntien edestä sekä kaksi vuohipukkia kansan syyllisyyden ja syntien edestä. Yksi pukki, syntipukki, ajettiin autiomaahan. Näin se vertauskuvallisesti kantoi ihmisten syyllisyyden pois, kun taas toinen pukki uhrattiin kansan syntien edestä. Tämän jälkeen ylipappi pirskotteli sonnin ja vuohipukin veren armoistuimelle ja sen eteen sekä alttarille sovituksena israelilaisten epäpuhtaudesta ja kapinasta.

Samalla tavalla läpi koko Uuden testamentin Jeesuksen kuolema esitetään perimmäisenä uhrina ihmisten syyllisyyden ja synnin edestä. Tämä voidaan havaita esimerkiksi kohdissa 1. Kor. 5:7; 2. Kor. 5:14; Gal. 2:20; Ef. 5:2; Hepr. 5-10; 1. Piet. 3:18 ja 1. Joh. 2:2.

Tiedämme, että Jeesus kuoli kertakaikkisen täydellisellä tavalla meidän ja meidän syntiemme tähden avataksseen meille pääsyn Jumalan luo. Voidaankin sanoa, että hänen kuolemansa:

◆ lepytti Jumalan vihan

◆ tyydytti Jumalan oikeudentajun

◆ toi meille syntien anteeksisaamisen

◆ osti meille vapauden

◆ julisti meidät vanhurskaiksi

◆ puhdisti meidät synnistä

◆ antoi meille uuden suhteen Jumalan ja muiden ihmisten kanssa

◆ saavutti sen, että hänen pyhittämänsä ihmiset saavat olla täydellisiä ikuisuudessa

◆ sovitti täysin kaikki synnit, joten enää ei tarvita minkäänlaisia syntiuhreja.

Elävä usko

Uudessa testamentissa esitetään kuitenkin kymmenen erityistä tapaa, joilla "veri" tekee meidät varmoiksi Jumalan pelastavasta työstä elämässämme. Voimme sanoa täydellä varmuudella, että veri vahvistaa:

◆ anteeksiantomme – Ef. 1:7

◆ puhdistumisemme – 1. Joh. 1:7

◆ vanhurskautemme – Room. 5:9

◆ lunastuksemme – Ef. 1:7

◆ pyhityksemme – Hepr. 10:10 ja 13:12

◆ kuulumisemme Jumalalle – 1. Kor. 6:19-20

◆ lunastuksemme lain kirouksesta – Gal. 3:13

◆ lupauksen perinnöstämme – Hepr. 9:15-18

◆ vapautemme perityistä siteistä – 1. Piet. 1:18-19

◆ voittomme saatanasta – Kol. 2:15; Hepr. 2:14 ja Joh. 12:31-33.

Kaikki nämä aikaansaannokset kiteytyvät ihmeellisellä tavalla ajattomaan sanontaan "Kristuksen veri", jolla siis viitataan epäsuorasti niihin kaikkiin. Hänen verensä on näkyvä todiste kaikista näistä asioista.

Kenen uhri?

Jesajan kirjan luku 53 on tärkeä profeetallinen ristiä koskeva kohta, mutta jae 10 on hyvin vaikea kääntää. Sen toinen virke saattaa tarkoittaa "vaikka Jumala antaa palvelijansa syntiuhriksi" tai "palvelija antaa itsensä syntiuhriksi". Hepreankielisestä tekstistä ei selviä, antaako uhrin Jumala vai palvelija.

Ensi näkemältä vaikuttaa siltä, että Uusi testamentti on yhtä monitulkintainen tämän asian suhteen. Kohdat Mark. 14:27; Joh. 3:16; Room. 3:25, 4:25, 8:3,32; 2. Kor. 5:21 ja 1. Joh. 4:9-10 kaikki painottavat sitä, että Isä lähetti Poikansa uhriksi. Kuitenkin muualla Uudessa testamentissa painotetaan

Uskon vahvistus

Kristuksen uhrin vapaaehtoista luonnetta: kohdat Matt. 20:28; Gal. 2:20; Ef. 5:2,25; 1. Tim. 2:6; Tiit. 2:14; Hepr. 9:14 ja 26 kaikki vahvistavat, että *Poika* uhrasi itsensä. Totuus on tietenkin kaksijakoinen. Isä antoi Pojan, ja Poika antoi vapaaehtoisesti itsensä. Isä ei määrännyt Pojalle koetusta, jota hän ei tahtonut kohdata, eikä Poika yllättänyt Isää epäitsekkäällä teollaan. Tämä paradoksi todetaan selkeästi kohdissa Gal. 1:4 ja Joh. 10:17-18.

Isän, Pojan ja Pyhän Hengen välisiä suhteita tarkastellaan *Hengen miekka* -kirjasarjan osissa *Jumalan kirkkaus seurakunnassa* ja *Hengen tunteminen*, ja niissä havaitaan, etteivät Isä, Poika ja Pyhä Henki ole kolme erillistä yksilöä, vaan yhden olennon kolme yksilöllistä puolta. Jumala on yksi, mutta hänessä on kolme erillistä persoonaa, joilla kaikilla on omat piirteensä ja toimintatapansa.

Jos tämä jumalallinen kolminaisuus ymmärretään väärin, on myös todennäköistä, että ristin tapahtumat ymmärretään väärin. Jos painotetaan sitä, että Isä, Poika ja Pyhä Henki ovat *erillisiä yksilöitä*, vaikuttaa väistämättä siltä, että Golgatalla joko Jumala rankaisee viatonta Poikaa tai Jeesus suostuttelee vastahakoisen Isän osallistumaan suunnitelmiinsa. Toisen Korinttolaiskirjeen jakeet 5:18-19 tekevät kuitenkin selväksi, ettei uhria antanut yksin Kristus eikä yksin Jumala, vaan Jumala antoi sen Kristuksessa ja Kristuksen kautta, ja Kristus suostui siihen täysin.

Jos taas painotetaan Jumalan *absoluuttista yksettä*, voidaan vetää se väärä johtopäätös, että Jumala kuoli meidän puolestamme. Meidän täytyy kuitenkin ymmärtää, ettei Jumala olisi voinut kuolla, sillä hän on kuolematon. Tämän ongelman ratkaisemiseksi Jumala tuli ihmiseksi Kristuksen persoonassa, jotta hän voisi kuolla meidän sijastamme: jotta hän voisi panna toimeen ja ottaa vastaan oman rangaistuksensa sekä olla samaan aikaan sekä Tuomari että viaton uhri. Tämä todetaan selvästi kohdissa Hepr. 2:14-18 ja Fil. 2:6-8.

Elävä usko

Jumala, jota ei voi lähestyä ilman uhria

Kaikki tämä tarkoittaa, että meidän täytyy uskoa Jumalaan, jota ei voida lähestyä ilman veriuhria. Lisäksi meidän täytyy ymmärtää, ettei "veri" ole ainoastaan keskeistä juutalaisissa kirjoituksissa, vaan se on myös oleellinen osa Jumalan luontoa.

Hänen ristillä antamansa uhrin vuoksi olemme kertakaikkisesti pelastettuja, ja lisäksi tuo uhri myös todella näyttää maailmalle, kuka ja millainen Jumala on.

Ristin tähden voidaan sanoa, että "veri" on ylivertaisin ilmoitus ja vahvistus Jumalan:

- hyvyydestä
- laupeudesta
- armosta
- totuudesta
- kärsivällisyydestä
- anteeksiannosta
- vanhurskaudesta
- rauhasta
- itsehillinnästä
- säyseydestä
- vaatimattomuudesta
- luotettavuudesta
- uskosta
- oikeudenmukaisuudesta
- rakkaudesta.

Tämä havaitaan Roomalaiskirjeen jakeissa 3:24-26 sekä 5:8 ja voidaankin sanoa, että "veri" vahvistaa sen, millainen Jumalan luonto on. Se tekee meistä varmoja uskossamme

Uskon vahvistus

Jumalaan, joka verensä kautta ilmoitti äärettömän suuren rakkautensa ja armonsa.

Rakkaus määritellään Uudessa Testamentissa aina Jumalan ristillä antaman uhrin valossa, esimerkiksi kohdissa Room. 5:8; 1. Joh. 3:15-20 ja 4:7-21. Ristillä Jumala antoi kaiken, koska hän rakastaa niitä, jotka eivät ansaitse mitään. Isä antoi Poikansa niiden edestä, jotka mieluummin rukoilevat muita jumalia. Poika antoi itsensä niiden edestä, jotka päättäväisesti sivuuttavat hänet. Ja he molemmat luopuivat keskinäisestä suhteestaan sen äärettömän suuren rakkauden tähden, jolla he meitä kaikkia rakastavat.

Golgatan hirvittävän tuskallisen, jumalallisen eron aiheuttaneen veriuhrin jälkeen kukaan ei voi ristiä katsoessaan kyseenalaistaa Jumalan rakkautta – koska mikään ei todista Jumalan rakkaudesta selvemmin kuin "veri". Veri vahvistaa Jumalan rakkauden ja tekee meidät varmoiksi uskostamme Jumalan rakkauteen. Veri todistaa, että Jumala rakastaa meitä.

Tämän vuoksi voidaankin sanoa, että Kristuksen veri vahvistaa sen:

◆ kuka Jumala on

◆ mitä Jumala on tehnyt puolestamme.

Tässä kirjassa on toistuvasti havaittu, että uskomme liittyy olennaisesti sekä Jumalan itsestään antamaan ilmoitukseen että Jumalan meille puhumaan sanaan. Nyt opimme, että Kristuksen veri vahvistaa nämä molemmat olennaiset uskon puolet. Tämän vuoksi kykenemmekin varmasti käsittämään, miksi risti on niin keskeinen asia kristillisessä uskossa.

Veriliitto

Jotta voidaan ymmärtää, millainen raamatullinen yhteys uskon ja "veren" välillä on, meidän täytyy olla selvillä siitä, mitä Raamattu opettaa veriliitoista. Tähän saadaan varsin hyvin selvyyttä, kun tarkastellaan Jumalan kanssakäymistä Aabrahamin kanssa.

Elävä usko

Jumala puhui alkuperäisen *rhema*-sanansa Aabrahamille 1. Mooseksen kirjan jakeissa 12:1-3, ja Aabraham vastasi uskossa lähtemällä Harranista Kanaaninmaahan. Useita vuosia myöhemmin Jumala vahvisti sanansa Aabrahamille (1. Moos. 15:1), mutta tällä kertaa Aabraham kyseenalaisti sen, millä tavalla Jumala täyttäisi lupauksensa (j. 15:2-3). Herran sana vastasi Aabrahamille jakeissa 4-5, ja – nähdessään taivaan tähdet – Aabraham näki Jumalan hänelle antaman lupauksen ja uskoi. Jakeessa 6 kerrotaan, että Aabraham uskoi Jumalaan ja että Jumala katsoi hänet sen vuoksi vanhurskaaksi.

Jakeessa 8 Aabraham kuitenkin pyysi Jumalalta vahvistusta, jonkinlaista merkkiä, joka todistaisi Jumalan hänelle puhuman sanan. Hän pyysi Jumalaa tekemään sitovan sopimuksen kanssaan. Syntisyydessään Aabraham halusi olla varma siitä, että Jumalan lupaus täyttyisi.

Jumala vastasi tähän asettamalla veriliiton, josta kerrotaan jakeissa 9-21. Tuossa veriliitossa uhrattiin tavalla, joka muistutti Jeremian kirjassa (j. 34:18) kuvattuja muinaisia, liittoihin liittyviä rituaaleja. Niissä vastapuolten edustajat kulkivat uhratun eläimen puolikkaiden välistä ja julistivat itselleen tuon uhrieläimen kohtalon, jos rikkoisivat sopimuksen.

Jumalan ja Aabrahamin veriliitossa kuitenkin ainoastaan Jumala kulki eläimen puolikkaiden välistä, sillä hänen veriliittonsa oli yksipuolinen sopimus: se oli jumalallista alkuperää. Liekki on *Jahve*, kuten havaitaan myös kohdissa 2. Moos. 3:2, 13:21 ja 19:18. Pimeys ja tapahtumien kesto taas osoittavat Golgatalle, missä Jumala teki vastaavanlaisen liiton Jeesuksen vuodatetun veren ja särjetyn ruumiin kautta.

Aabrahamin kanssa solmimassaan veriliitossa Jumala ikään kuin sanoi: "Minusta tulee kuin nuo eläimen irralleen revityt osat, jos en täytä sinulle antamaani sanaa." Tämä liitto ennakoi valaa – ja valmisti tien tuolle valalle – jonka Jumala antoi 1. Mooseksen kirjan jakeissa 22:16-17, kun Aabrahamin usko tuli täydelliseksi. Jumala ei tietenkään milloinkaan jätä täyttämättä Sanaansa, vaan Uudessa testamentissa ilmenee, että Jeesus

Uskon vahvistus

kuoli uhrina meidän uskottomuutemme tähden, ei Jumalan uskottomuuden tähden.

Tämän vuoksi voidaankin sanoa, että Kristuksen veri on Jumalan juhlallinen lupaus siitä, että hän pitää Sanan, jonka on meille puhunut. Juuri tätä Jumalalalta tulevaa apua uskoa – hänen Sanansa vahvistusta – tarvitsemme oman syntisyytemme ja epäuskomme tähden. Kaikki tämä myös auttaa meitä havaitsemaan, kuinka veri valmistaa tien sille hedelmälle, joka on seurausta Jumalan meille antamasta sinetöivästi valasta, sydämessämme olevasta Hengen sinetistä.

Jumalan todistaja
Ensimmäisen Johanneksen kirjeen jakeissa 5:5-9 kerrotaan, että "vesi ja veri" ovat todistajia, jotka pitävät yhtä Hengen kanssa. (Vesi tarkoittaa sitä vettä, joka vuoti Jeesuksen kyljestä veren mukana, kun hänet ristillä lävistettiin keihäällä.) Kirjassa Hengen tunteminen opitaan, että Pyhä Henki todistaa Jeesuksesta ja että kaikki, mitä hän tekee, on tarkoitettu kääntämään huomiomme Jeesukseen ja että se myös "todistaa" Jeesuksen luonnosta tai on Jeesukselle "luonteenomaista".

Nyt opimme lisäksi, että veri ja vesi toimivat samankaltaisina todistajina kuin Henki. Nämä kolme todistajaa keskittävät huomiomme Kristukseen ja paljastavat hänen armontäyteisen luontonsa.

Jumalan armo
Veriliitto, jonka Jumala henkilökohtaisesti solmi Aabrahamin kanssa 1. Mooseksen kirjan luvussa 15, paljastaa Jumalan armon. Jumala ei siinä millään lailla vaadi kuuliaisuutta, eikä Aabraham lupaa millään lailla olevansa kuuliainen. Tällaisia vaatimuksia ja lupauksia liittyi kyllä myöhempiin tilanteisiin (j. 17:1 ja 22:12), joissa Jumala kutsui Aabrahamia vielä läheisempään suhteeseen kanssaan sekä elämään jumalallisemmalla tavalla, mutta itse veriliitossa oli kyse puhtaasta armosta.

Elävä usko

Raamatussa ei kerrota Aabrahamin erehdyksistä tai epäilyistä, eli ne eivät olleet liiton esteenä. Liitto solmittiin sen jälkeen, kun Aabraham osoitti uskoa, vaikka hän samalla myös epäili. Lisäksi se solmittiin ennen kuuliaisuuden vaatimista, koettelemista tai kestäväksi toteamista. Jumala noudattaa tätä samaa armon periaatetta myös Golgatalla.

Mooseksen kanssa solmittu veriliitto, josta kerrotaan kohdassa 2. Moos. 23:20-24:8, oli myös jumalallista armontäyteistä alkuperää, mutta siinä ihmisiltä vaadittiin kuuliaisuutta. Israelin kansan täytyi pitää Jumalan laki saadakseen Jumalan siunauksen.

Uuden testamentin ja erityisesti Galatalaiskirjeen luvun 3 mukaan kristillinen usko perustuu Aabrahamin kanssa solmittuun veriliittoon. Ristillä solmittu "uusi liitto" määritellään Aabrahamin liiton pohjalta – tuon liiton, jossa oli kyse puhtaasti armosta ja uskosta.

Kohdissa 1. Kor. 11:25 ja Hepr. 8:6-10 kuvataan risti uutena liittona, mikä tarkoittaa, että "veri" on Jumalan lopullinen vala ihmiskunnalle. Jumala ei koskaan ollut rikkonut 1. Mooseksen kirjan luvun 15 lupaustaan, mutta kuitenkin hän antoi sen, mitä tapahtui uhrieläimille, myös tapahtua Golgatalla itselleen.

Jeesus ei ristillä vaatinut meitä olemaan kuuliaisia, hän ainoastaan tarjosi anteeksiantoa. Meidän erehdyksemme tai epäilyksemme eivät estäneet liittoa, sillä siinäkin oli täysin kyse puhtaasta armosta. Ristillä solmitun veriliiton jälkeen ei ole enää mitään enempää, mitä Jumala vielä voisi tehdä. Hän antoi lupauksensa, ja hänen verensä todistaa Jumalan täydellisestä vilpittömyydestä ja uskollisuudesta. Voidaan itse asiassa sanoa, että veri sitoo Jumalan pitämään lupauksensa.

Veren kautta saavutettu voitto

Tiedämme nyt, että meillä on kaksinkertainen uskon vahvistus tai uskon vakuus – Jumalan Sana sekä liiton veri. Voidaan itse asiassa sanoa, että liiton veri on sinetöinyt liiton Sanan, ja Henki todistaa tämän sydämessämme. Jumalan Sana on nyt suojattu liittoon, joka sekä tehtiin Jeesuksen

Uskon vahvistus

veressä että tehtiin toimivaksi Jeesuksen veren kautta, kun Henki puhuu sitä sydämillemme. Tästä kerrotaan kohdissa Hepr. 9:20 ja Room. 8:32. Näiden kahden kohdan konteksti auttaa meitä myös ymmärtämään, että veri käsittelee epäonnistumistemme seuraukset ja tekee meistä voitokkaita suhteessa viholliseemme.

Heprealaiskirjeen jakeet 9:27-28 tekevät selväksi, että Kristuksen veri todellakin poistaa kaiken syyllisyytemme, kaikki syntimme, epäilyksemme, heikkoutemme ja epäonnistumisemme. Kristuksen ensimmäisessä tulemisessa oli kyse siitä, että hänen verensä hoiti syntiongelmamme, kuten voidaan havaita kohdissa Room. 8:3 ja 2. Kor. 5:21. Jeesuksen toinen tuleminen ei millään lailla liity syntiin, koska lunastus on jo täydellinen Jeesuksen veren tähden. Uskon kautta me odotamme tätä tuomion päivänä tapahtuvaa tulemista – Room. 2:6 ja 1. Kor. 1:8.

Roomalaiskirjeen jakeet 8:34-39, jotka ovat kenties koko Uuden testamentin huipentuma, osoittavat, että veri, Kristuksen kuolema, takaa meille voitokkaan aseman suhteessa kuolemaan ja pahoihin henkiin, suhteessa tähän hetkeen ja tulevaisuuteen sekä suhteessa kaikkiin taivallisiin voimiin. Veri – aivan kaikki, mitä Jeesus sai uhrikuolemallaan aikaan – takaa sen, ettei mikään voi koskaan erottaa meitä Jumalan rakkaudesta, jonka tunnemme Jeesuksessa.

Ymmärrämme, että uskomme nivoutuu tiukasti yhteen sen kanssa, kuka Jumala on, ja että tunnemme Jumalan armollisena ja rakkaudellisena Jumalana kaiken sen vuoksi, mitä hän on Jeesuksessa ilmoittanut nimestään ja luonnostaan. Kuitenkin, vaikka ymmärrämme ja tiedämme kaiken tämän, saatamme silti epäillä ja etsiä merkkejä siitä, että voimme luottaa Jumalan Sanaan. Sen tähden Jumala on antanut meille etsimämme merkin; sen todisteen, jonka tarvitsemme uskoaksemme; kaiken vahvistuksen, mitä tarvitsemme uskoaksemme; hänen Sanansa vakuuden.

Meidän uskon vahvistuksemme on Kristuksen veressä: se on vakuus siitä, että Jahve on, kuka hän sanoo olevansa ja että hän

133

Elävä usko

tuli ristillä kaikeksi, mitä tarvitsemme, jotta suurin tarpeemme voisi täyttyä. Kun todella sisäistämme veren armon ja voiman, alamme vihdoin ymmärtää sitä, miksi emme tarvitse suurta määrää uskoa – meille riittää, että uskomme on pikkuruisen siemenen kokoinen.

Osa 10

Elävän uskon kasvattaminen

Edellä on havaittu, että koetukset kuuluvat oleellisesti uskon prosessiin ja että Jeesus aina koetteli hänen luokseen tulleiden ihmisten uskoa varmistuakseen siitä, että he olivat valmiita ottamaan vastaan, mitä hän halusi heille antaa tai tehdä.

Tällainen koetteleminen vahvistaa osaltaan uskoamme ja tekee mahdolliseksi sen, että "siemen" voi kehittyä täysikasvuiseksi kasviksi. Emme saa Jumalalta täysin valmiiksi kehittynyttä uskon kasvia kuullessamme hänen sanansa, sillä usko ei toimi niin. Saamme sen sijaan siemenen hänen uskoaan, jonka sitten istutamme syvälle elämäämme ja jota kasvatamme. Kun lakkaamatta uskomme Jumalan sanan sydämessämme, tunnustamme sitä huulillamme ja sinnikkäästi toimimme sen pohjalta elämässämme, tuo siemen kehittyy täysikasvuiseksi kasviksi. Silloin kykenemme myös omistamaan lupauksen.

Jotkut siemenet tarvitsevat pienen pakkasenpureman itääkseen, toiset kasvit taas kovia tuulia kasvattaakseen vahvat juuret. Samoin myös Jeesus koettelee ihmisiä hyvällä tavalla vahvistaakseen heidän uskoaan. Hän esimerkiksi viivytteli mennessään Lasaruksen luo (Joh. 11:5-40), kyseenalaisti kanaanilaisen naisen pyynnön (Matt. 15:22-28) ja antoi epätavallisen määräyksen Kapernaumissa olevalle kuninkaan virkamiehelle (Joh. 4:46-53).

Usko ja rukous
Kasvit tarvitsevat kuitenkin muutakin kuin vain kylmää ilmaa tai kovia tuulia kasvaakseen siemenistä täysikasvuisiksi, hedelmällisiksi kasveiksi. Meidänkin kypsymätön uskomme tarvitsee ruokkimista ja hoivaamista, jotta se voisi kehittyä kunnolla.

Elävä usko

Tiedämme, että usko on suhde ja että se on astumista elävän Jumalan läsnäoloon ja pysymistä kiinni hänessä – että se on elävä suhde Sanan ja Hengen kanssa. Kirjassa *Toimiva rukous* opitaan, että rukous on erottamaton osa mitä tahansa suhdetta Jumalan kanssa, joten meidän tulisikin ymmärtää, että rukous on elintärkeää uskomme kehittymisen kannalta.

Kestävyys
Todellinen usko näkyy sellaisessa sinnikkäässä tavassa rukoilla, jota Jeesus kuvailee Luukkaan evankeliumin kohdassa 11:5-13 – tätä käsitellään toistuvasti kirjassa Toimiva rukous. Meidän täytyy olla kestäviä rukouksessamme, kunnes Jumalan lupauksen todellisuus tulee näkyviin tai kunnes Pyhä Henki todistaa meille, että asia on hoidettu loppuun.

Voidaan sanoa, että kestävä rukous sekä todistaa uskosta että kasvattaa uskoa. Ilman uskoa me emme kykene olemaan kestäviä, mutta kun olemme kestäviä, uskomme kasvaa ja kypsyy, niin että todella saamme omistaa lupauksen, jonka Jumala on meille antanut.

Läpimurto
Usein tarvitaan esirukousta, jotta Hengessä voi tapahtua sellainen läpimurto, että hänen uskonvarmuutensa vapautuu meissä.

Tämä tapahtuu silloin, kun tiedämme hengessämme, että pyyntöömme on vastattu ja että tilanne on hoidettu loppuun. Se ei mitenkään liity siihen, ovatko vaikutukset jo näkyvissä, sillä hengellinen läpimurto voi tulla kauan ennen kuin ulkoisessa tilanteessa on minkäänlaisia näkyviä muutoksia havaittavissa. Tätä käsitellään kirjan *Toimiva rukous* osassa 7.

Uskoa kasvattava prosessi toimii seuraavalla tavalla: ensin rukoilemme uskossa, kunnes saamme Hengen antaman vahvistuksen. Sen jälkeen omistamme tuon vahvistuksen, tunnustamme sen ja toimimme sen pohjalta. Emme ole enää huolissamme rukoilemastamme asiasta vaan sen sijaan, että

Elävän uskon kasvattaminen

vielä rukoilisimme sen puolesta, alammekin ylistää Jumalaa. Kuten edellä havaittiin, tällainen uskon prosessi sekä todistaa uskon siemenestämme että vahvistaa ja kasvattaa sitä.

Hengellinen sodankäynti
Usein tarvitaan hengellistä sodankäyntiä, kun harjoittaessamme uskoa Jumalaan joudumme odottamaan hänen meille antamansa lupauksen täyttymistä. Israelin kansankin täytyi selvitä monista taisteluista ennen kuin he saivat omakseen perintönsä Kanaaninmaassa. Tätä käsitellään kirjan *Toimiva rukous* osassa 7.

Koko uskon prosessi – kuulemisesta uskomiseen, tunnustamiseen, tekemiseen ja lopulta todeksi elämiseen – on hengellisen sodankäynnin aikaa. Vihollinen pyrkii aina tallomaan tai tukahduttamaan nuoret uskon versot. Tulisikin olla selvää, että hengelliseen sodankäyntiin liittyvä rukous auttaa uskoamme kasvamaan, sillä se vastustaa vihollisen pyrkimyksiä tuhota tai turmella uskomme.

Huomionarvoista on, että hengellinen sodankäynti on usein kiivaimmillaan juuri ennen hengellistä läpimurtoa tai lupauksen vapautumista.

Kiitosrukous
Myös ylistys ja kiitos ovat välttämättömiä uskomme kehittymisen kannalta. Osoitamme uskoa ja siten vahvistamme sitä aina, kun ylistämme Jumalaa pelkän uskon pohjalta – ilman mitään konkreettisia todisteita. Emme tarvitse uskoa ylistääksemme Jumalaa sellaisesta, minkä jo näemme. Pelkän uskon pohjalta ylistäminen sen sijaan korottaa Jumalaa ja vapauttaa hänen voimansa. Tätä käsitellään kirjan *Toimiva rukous* osassa 5.

Uskon rukous
Jaakobin kirjeen jakeet 5:13-18 ovat tärkeä rukousta ja uskoa käsittelevä raamatunkohta, ja jakeessa 15 viitataan "uskon rukoukseen" (v. 1938 käännös). Sitä käsitellään laajemmin

Elävä usko

kirjan *Toimiva rukous* osassa 10 sekä kirjan *Palveleminen Hengessä* osassa 5.

Uskon rukous tarkoittaa "rukoilla siinä varmuudessa, että meillä on pyytämämme asia jo ennen kuin omistamme sen". Havaitsemme tämän kohdissa 1. Joh. 5:14-15 ja Mark. 11:24. Jotta voimme rukoilla tällaisella tavalla, tarvitsemme:

♦ sisäisen varmuuden – Hepr. 11:1

♦ Hengen todistuksen – Room. 8:16

♦ uskon kautta omistettavan rauhan – Hepr. 4:3 ja 10.

Emme saa pitää "uskon rukousta" sellaisena rukoilemisen tasona, jolle yllämme vain silloin tällöin, sillä jokaisen rukouksen, joka pohjautuu Jumalalta saatuun *rhema*-sanaan, tulisi olla "uskon rukous".

Olemme varmasti jo ymmärtäneet, että Jumala antaa meille – Sanansa kautta – sen uskon, mitä tarvitsemme rukoillaksemme hänen sanansa täyttymiseksi, ja että "Sana", "Henki" ja "veri" antavat meille kaiken sen ylimääräisen vahvistuksen, mitä tarvitsemme rukoillaksemme tällaisella tavalla aina.

Usko ja ylistys

Jos todella haluamme kasvattaa elävää uskoa elämässämme, meidän tulisi lakkaamatta ylistää ja palvoa Jumalaa siitä, mitä hän on Sanassaan ja veressään itsestään ilmoittanut, sekä jo etukäteen kiittää lupauksen esiin tulemisesta tai täyttymisestä elämässämme. Tällaista asennetta kuvataan Psalmeissa, kohdissa 106:12 ja 130:5-7.

Kiitosrukousta tarkastellaan tarkemmin kirjan *Toimiva rukous* osassa 5. Siinä opitaan, että kiitosrukous on ensisijaisesti Jumalalle osoitettu rukous, jossa Jumalaa kiitetään siitä, mitä hän on tehnyt. Ylistys sen sijaan on pääasiassa Jumalan tekojen tai ominaisuuksien kehumista tai ylistämistä, ja se on osoitettu joko muille ihmisille tai muut ihmiset yhtyvät siihen, jos se on osoitettu Jumalalle.

Elävän uskon kasvattaminen

Kiittäessämme Jumalaa puhumme suoraan vain hänelle, mutta kun ylistämme Jumalaa, myös muita ihmisiä on yleensä osallisena. Psalmissa 100:4 on selvä järjestys: tulemme yksilöinä hänen porteilleen kiittäen, mutta astumme sitten yhdessä muiden kanssa sisään hänen esipihoilleen ylistäen. Jotta elävä usko voisi kehittyä, tarvitsemme näitä molempia puolia, sekä itsenäistä että yhteisöllistä – sekä kiitosta että ylistystä.

Jumala asuu kansansa ylistyksen keskellä
Psalmissa 22:1-3 kerrotaan, että Jumala asuu, tai hänen istuimensa on, kansansa ylistyksen keskellä (v. 1938 käännös). Hän tulee ja ottaa omakseen kansansa, kun se ylistää häntä muille ihmisille. Tämä Jumalan tuleminen ylistyksen kautta kasvattaa uskoa: ylistäessämme jumalasuhteemme vahvistuu.

Psalmin 89 jakeet 15-16 tekevät selväksi, että Jumalan ylistäminen on hänen kasvojensa valossa vaeltamista. Kun panostamme läheiseen jumalasuhteeseen, Jumalalta saamamme usko vahvistuu ja kasvaa väistämättä.

Ylistys kunnioittaa Jumalaa
Vahvistamme siis omaa uskoamme – sekä muiden ihmisten uskoa – kun kiitämme Jumalaa siitä, mitä hän on tehnyt. Vaikka tällainen kiittäminen ei olekaan uskon julistamista, se silti kasvattavat uskoa, sillä iloitsemalla siitä, mitä Jumala on tehnyt, saamme syvennettyä uskoamme siihen, että Jumala voi uudelleenkin tehdä samoja asioita – ja jopa suurempia.

Meidän ei kuitenkaan tulisi ylistää Jumalaa vain vahvistaaksemme omaa uskoamme. Pikemminkin meidän tulisi kiittää häntä saadaksemme huomiomme kiinnittymään häneen – kunnioittaaksemme ja korottaaksemme elävää Jumalaa. Psalmien kirjan kohdissa 50:14-15,23, 107:21-22, 116:12 ja 17 kuvataan tätä periaatetta.

Ylistys ulottuu kuitenkin pidemmälle kuin kiitos. Kun ylistämme, tuomme Jumalalle kunnian siitä, kuka hän on ja mitä hän vielä on tekevä. Tällainen ylistäminen sekä todistaa

Elävä usko

tunnustavasta uskosta että kehittää sitä. Kuten edelläkin jo todettiin, meidän tulisi ylistää Jumalaa ennen kaikkea kunnioittaaksemme ja korottaaksemme häntä, mutta meidän on myös hyvä ymmärtää, että tällaisen uskontäyteisen ylistyksen sivuvaikutuksena uskomme kasvaa.

Kun ylistämme Jahvea siitä, kuka hän on, ylistyksemme korostaa ja tehostaa uskoamme. Ja kun ylistämme häntä siitä, mitä hän vielä on tekevä – sen perusteella, mitä hän on sanonut ja kuka hän on, sekä antamansa vahvistuksen perusteella – tuomme kunniaa Jumalalle ja vahvistamme uskoamme.

Ylistys valmistaa tien voitolle

Raamatussa kerrotaan toistuvasti, että ylistys valmistaa tien voitolle, että se vauhdittaa lupauksen toteutumista. Tämä havaitaan esimerkiksi kohdissa 2. Moos. 15:1-3,9-13; Job 35:10-11; Ps. 2:8, 8:2, 42:5-6, 77:6, 149:6-9 ja Ap. t. 16:25-26.

Jälleen on tärkeää huomioida, etteivät Paavali ja Silas ylistäneet Jumalaa, jotta vankilan ovet lennähtäisivät auki. He ylistivät Jumalaa yksinkertaisesti siksi, koska hän ansaitsi ylistyksen.

Heidän tilanteessaan ylistys oli kuitenkin myös tapa ilmaista heidän uskoaan. Lisäksi ylistyksessä Jumala tuli syvemmin mukaan heidän tilanteeseensa, ja ylistys toimi myös epäsuorana hyökkäyksenä vihollista vastaan. Tätä ylistyksen puolta käsitellään tarkemmin kirjassa *Palvonta Hengessä* ja totuudessa.

Uskontäyteinen ylistys siis kunnioittaa Jumalaa ja ajaa paholaisen pois – valmistaen näin tien voitolle ja lupausten täyttymiselle.

Ylistys tuo kunniaa

Kirjan *Jumalan kirkkaus seurakunnassa* osassa 1 opitaan, että uhrit tuovat aina esiin Jumalan kunnian, siis myös ylistyksen uhrit. Vanhassa testamentissa käytetään ilmausta "Jumalan kunnia" kahdella eri tavalla:

Elävän uskon kasvattaminen

◆ rinnakkaisena terminä ilmaukselle "Jumalan nimi", jolloin se viittaa piirteeseen, jonka Jumala on itse ilmoittanut itsestään

◆ viitatessa Jumalan kansalle näytettyyn, näkyvään ilmestykseen Jumalan läsnäolosta.

Jumalan kunnia osoittaa ihmisille – sekä valloille ja voimille – tarkalleen, missä Jumala on ja millainen hän tarkalleen ottaen on. Tämä tarkoittaa sitä, että uhratessamme ylistystä Jumalan läsnäolo – hänen nimensä ja luontonsa – tulee tilanteeseemme. Se antaa uskollemme ihmeellistä lisäpotkua, sillä kuka voisikaan epäillä tietäessään, että Jumala on keskellämme!

Aabrahamin uskon kaltainen usko

Kuten edellä on todettu, Raamatun kertomus Aabrahamin kehittyvästä uskosta – 1. Mooseksen kirjan kohdasta 12:1 kohtaan 22:19 – on tärkeä, jos halutaan ymmärtää elävää uskoa. Uudessa testamentissa juuri Aabraham, ei Mooses, on uskon isä ja malliesimerkki siitä, kuinka pelastutaan.

Yleiskatsaus Aabrahamin uskon kehittymiseen auttaa tekemään yhteenvedon niistä eri uskon periaatteista, joita tässä kirjassa on tarkasteltu.

Ensimmäisen Mooseksen kirjan luku 12

Jumalan ja Aabrahamin välisestä suhteesta mainitaan ensimmäisen kerran 1. Mooseksen kirjan kohdassa 12:1-3, jossa Jumala ensimmäistä kertaa puhuu Aabrahamille ja antaa hänelle seuraavat kahdeksan lupausta (v. 1938 käännös):

◆ osoitan sinulle maan

◆ teen sinusta suuren kansan

◆ siunaan sinut

◆ teen sinun nimesi suureksi

◆ sinä olet tuleva siunaukseksi

Elävä usko

- minä siunaan niitä, jotka sinua siunaavat
- minä kiroan ne, jotka sinua kiroavat
- sinussa tulevat siunatuiksi kaikki sukukunnat maan päällä.

Tässä vaiheessa Jumala ei vaadi Aabrahamilta mitään. Hän yksinkertaisesti puhuu määrätyn *rhema*-sanansa Aabrahamille, ja Aabraham saa vastata siihen joko uskolla tai epäuskolla. Jakeessa 4 havaitaan, että Aabraham uskoi sanan, jonka Jumala hänelle puhui, ja toimi uskossa. Tätä uskon vastausta seuraa jakeessa 7 vielä yksi jumalallinen lupaus. Se varmasti vahvisti Aabrahamin uskoa erityisellä tavalla, sillä se vahvisti hänelle, että Jumala todella oli hänen kanssaan ja oli johtamassa häntä Kanaaninmaahan.

Tällä kertaa Aabraham vastaa (j. 7) Jumalan lupaukseen ylistyksellä. Hän rakentaa alttarin *Jahvelle*, joka oli ilmestynyt hänelle. Voimme havaita, että uskon prosessin jokaiseen vaiheeseen liittyi lupaus ja uskossa annettu vastaus, ja että jokainen näistä vaiheista veti Aabrahamia lähemmäs Jumalaa. Aabraham oli aidosti astumassa sisään Jumalan elämään, alkamassa tulla tietoiseksi Jumalan nimestä ja luonnosta ja alkamassa tarrautua kiinni Jumalaan.

Raamatussa ei annetta pienintäkään vihjettä siitä, miksi Jumala puhui juuri Aabrahamille. Se oli yksinkertaisesti Jumalan suvereeni valinta. Aabrahamin ei täytynyt täyttää minkäänlaista normia. Kyse oli pelkästään armosta Jumalan osalta sekä uskosta Aabrahamin osalta.

Ensimmäisen Mooseksen kirjan jakeissa 13:8-12 Aabraham eroaa Lootista sen käskyn mukaisesti, jonka Aabraham oli saanut jakeessa 12:1. Ja Jumala vastaa, jakeissa 13:14-17, Aabrahamin uskon tekoon toistamalla lupauksensa jälleen kerran.

Ensimmäisen Mooseksen kirjan luku 15
Ensimmäisen Mooseksen kirjan kuvussa 14 kerrotaan Aabrahamin erikoisesta – koetuksena toimineesta – kohtaamisesta

Elävän uskon kasvattaminen

Melkisedekin kanssa. Tuo kohtaaminen varmasti kasvatti hänen uskoaan. Heti sen jälkeen Jumala jälleen puhui Aabrahamille lupauksen sanoja jakeessa 15:1.

Edellä on havaittu, että Aabrahamilla oli niin aito suhde Jumalan kanssa, että hän kykeni kertomaan Jumalalle myös epäilyksistään. Jumala ei hylännyt Aabrahamia näiden epäilysten vuoksi, vaan kärsivällisesti vahvisti ja selitti sanansa hänelle.

Jakeessa 15:6 nostetaan esiin Aabrahamin uskollinen vastaus Jumalan sanaan ja kerrotaan, että hän "uskoi *Jahveen*" tai "laittoi uskonsa *Jahven* varaan". Tämän jälkeen Jumala ilmoittaa Aabrahamille jakeessa 7, kuka hän on, ja Aabraham vastaa siihen esittämällä lisää kysymyksiä – jolloin Jumala antaa hänelle jakeissa 9-17 kuvatun veriliiton vahvistukseksi lupauksestaan.

Tässä vaiheessa Aabrahamilla oli aitoa elävää uskoa *Jahveen* mutta vasta uskon "taimen" verran: hän uskoi, mutta hänellä oli myös epäilyksiä ja kysymyksiä. Kuitenkin aina, kun Aabraham vastasi uskon sanoilla ja teoilla, Jumala veti häntä syvemmälle elävään suhteeseen kanssaan. Voidaan havaita, että Jumala yhä uudelleen toisti sanansa Aabrahamille, jatkoi uskon "piikittämistä" Aabrahamiin, ja että Aabrahamin pieni mutta aito usko Jahveen riitti. Jumala luki sen hänelle vanhurskaudeksi (v. 1933 käännös).

Kaiken tämän tulisi täyttää meidät luottamuksella, sillä sama on totta myös meidän kohdallamme. Jumala on valinnut meidät ja puhunut meille – ja se perustuu täysin hänen armoonsa eikä millään lailla siihen, että me olisimme sen ansainneet. Jumala on antanut meille tiettyjä lupauksia, eikä hän hylkää meitä, vaikka epäilykset tai kysymykset värittäisivät uskoamme. Hän alati kutsuu meitä ylistämään itseään, vaeltamaan kanssaan, astumaan sisään läsnäoloonsa sekä nauttimaan elävästä suhteesta kanssaan. Ja aina, kun otamme haparoivan uskonaskeleen, hän palkitsee meidät vahvistamalla sanansa uudelleen ja paljastamalla vielä jotain suurempaa siitä, kuka hän on.

Elävä usko

Ensimmäisen Mooseksen kirjan luku 17

Ensimmäisen Mooseksen kirjan kuvussa 16 kerrotaan Aabrahamin synnillisestä olettamuksesta – joka johti epäuskoa osoittaviin tekoihin. Jumala ei kuitenkaan toru Ismaelia tai Hagaria, vaan puhuu heille pelkästään armon ja lupauksen sanoja. Luvussa 17 sitä vastoin kerrotaan merkittävästä käänteestä Aabrahamin uskossa.

Välissä on kulunut neljätoista vuotta, kun Jumala ilmestyy uudelleen Aabrahamille. Tällä kertaa hän ilmoittaa olevansa *El Shaddai* – Jumala, joka katsoo tai Jumala, joka pitää huolen. Nyt, ensimmäistä kertaa, Jumala vaatii jakeessa 17:1, että Aabrahamin tulisi vaeltaa Jumalan edessä ja olla nuhteeton (v. 1933 käännös). Jumala ei vaatinut synnittömyyttä, ainoastaan tavallista moitteettomuutta – jota Aabraham ei ollut kohtien 12:12-20 ja 16:1-4 käytöksellään osoittanut – joka perustui pysymiseen lähellä Jumalaa ja tarrautumiseen kiinni häneen.

Meidän on tärkeää ymmärtää tämä prosessi: ensin Jumala ilmoitti olevansa se, joka näkee kaiken ja pitää kaikesta huolen. Sen jälkeen hän ohjeisti Aabrahamia kulkemaan edessään – pysymään lähellä hänen kaiken kattavaa huolenpitoaan sekä turvautumaan siihen. Jumala ohjeisti Aabrahamia olemaan nuhteeton (tai englanninkielisen käännöksen mukaan "täydellinen", suom. huom.), ja jos hän olisi, niin Jumala olisi hänen kanssaan ja pitäisi hänestä huolen. Meidän täytyy ymmärtää, että armo edeltää aina uskoa ja antaa meille sen uskon, mitä tarvitsemme vastataksemme Jumalalle uskossa.

Aabrahamille annetaan tämän jälkeen lisää lupauksia – sekä uusi nimi – jakeissa 3-8, minkä jälkeen hänelle esitetään myös uusia vaatimuksia. Jälleen havaitaan, että lupaus edeltää aina vaatimuksia. Tämä on totta kaikkien niiden kohdalla, jotka elävät ylistävässä suhteessa Jumalan kanssa.

Uusi nimi, jonka Aabraham saa lahjaksi kaiken näkevältä ja kaikesta huolen pitävältä Jumalalta, kääntää huomion *El Shaddain* luontoon ja korostaa, että Aabraham saisi kaiken tarvitsemansa avun, jotta hän kykenisi olemaan, mitä Jumala oli lupauksessaan sanonut hänen olevan.

Elävän uskon kasvattaminen

Vakaata kehitystä
Ensimmäisen Mooseksen kirjan luvuissa 12-21 voidaan havaita, kuinka Aabrahamin usko vakaasti kehittyi. Esimerkiksi:

◆ Luvussa 12 - Aabrahamin ensimmäinen uskon vastaus Jumalan Sanaan hänen jättäessään kotinsa, sukunsa ja maansa.

◆ Luvussa 13 - Uskon mukainen eroaminen suvustaan sekä lankeaminen uskosta hänen matkatessaan Egyptiin, jonne häntä ei oltu lähetetty ja jossa hän myös lankesi tekemään syntiä. Jumala ei puhunut hänelle hänen siellä ollessaan.

◆ Luvussa 14 - Aabraham turvaa Jumalaan eikä omistamiinsa asioihin.

◆ Luvussa 15 - Aabraham uskoo - ja kysyy kysymyksiä. Hänelle annetaan veriliitto vakuudeksi.

◆ Luvussa 16 - Toinen lankeaminen uskosta, Aabraham luottaa "lihaan".

◆ Luvussa 17 - Jumala vaatii ensimmäisen kerran kuuliaisuutta ja läheistä vaeltamista kanssaan. Jumala antaa Aabrahamille uuden nimen ja luonnon.

◆ Luvuissa 18-19 - Aabraham kuvataan Jumalan miehenä. Hän johtaa perheensä vanhurskauden teille (19:19), hän jakaa Jumalan salaisuudet (19:17), hän toimii välimiehenä (19:23-33).

◆ Luvussa 20 - Jälleen yksi lankeaminen uskosta vanhan heikkouden muodossa. Siitä huolimatta Jumala käyttää Aabrahamia parantumisihmeessä.

Lopulta luvussa 21 Iisak syntyy, ja vaikuttaa siltä, että Aabrahamin usko vihdoinkin kantaa hedelmää.

Ensimmäisen Mooseksen kirjan luku 22
Ensimmäisen Mooseksen kirjan luvussa 22 Aabrahamin uskoa koetellaan ylivoimaisesti suurimmalla mahdollisella tavalla, ja

Elävä usko

hän saa vihdoin omistaa lupauksen, jonka Jumala niin useasti oli hänelle lausunut. Jumalan antama koetus vaati kypsää uskoa sekä kuuliaisuutta, joka ei kyseenalaistanut mitään. Jakeissa 1-10 kerrotaan, että Aabraham läpäisi koetuksen. Koska hän selvisi tästä jumalallisesta uskonkoetuksesta, voidaan jakeessa 12 lukea, että Aabraham astui sisään vielä syvempään ja läheisempään suhteeseen Jumalan kanssa. Jaakobin kirjeen jae 2:21 kertoo näiden tapahtumien suuresta merkityksestä.

Tällä uudella, rakastavan kuuliaisuuden tasolla Jumala antaa lupauksen ja vannoo itsensä kautta. Valalla Jumala sekä uudisti Aabrahamille antamansa lupaukset että tarjosi hänelle aivan uudentasoista vahvistusta. Jumalallinen vala oli veriliiton tavoin uskonvahvistus, jonka Jumala armossaan antoi Aabrahamille. Tällä kertaa vahvistusta ei kuitenkaan anneta Aabrahamin kyselemisen vuoksi, vaan se on armoon perustuva palkkio.

Voidaan sanoa, että valan vannomisen hetkellä Aabraham saa vihdoin omistaa lupauksen, sillä vala on täydellinen tae siitä, että lupaus täyttyy. Jumala on antanut sanansa, eikä hän enää peru puheitaan. Aabrahamilla ei vain enää "ole lupausta", vaan hän "omistaa lupauksen". Hänen uskonsa on kasvanut täyteen mittaansa.

Uskon kasvattaminen

Aabrahamin tarina on meidän tarinamme. Jumala puhuu meille, hän antaa meille pyhän Sanansa, ja me vastaamme hänelle epäkypsällä, haparoivalla, heikolla uskolla. Puskemme kuitenkin eteenpäin ja kasvatamme pikkuhiljaa vahvempaa elävää uskoa sekä kestävämpää aitoa suhdetta Jumalan kanssa.

Kuten Aabrahamin, Jumala kutsuu meidätkin uskomaan itseensä, vaeltamaan edessään ja turvaamaan siihen, että hän näkee kaiken ja pitää kaikesta huolen. Aabrahamin tavoin mekin lankeamme syntiin, toimimme puolestapuhujina, näemme Jumalan tekevän ihmeitä ja

Elävän uskon kasvattaminen

odotamme sitä, että Jumala täyttää meille antamansa sanan ja niin edelleen.

Välillämme on kuitenkin joitakin merkittäviä eroavaisuuksia. Aabrahamilla oli vain yksi lyhyt kohtaaminen leipää ja viiniä tarjoavan kuninkaan/papin kanssa. Meillä taas on elämänmittainen suhde ylipapin kanssa, jonka pappeus on Melkisedekin pappeutta (Hepr. 5:6-10) ja joka lakkaamatta päivästä toiseen ruokkii meidät leivällä ja viinillä.

Aabraham sai uskonsa vahvistukseksi yhden veriliiton, jossa eläimen ruumis jaettiin osiin. Meillä taas on lopullinen, kaiken kattava veriliitto, joka perustuu itse Jumalan vereen ja murrettuun ruumiiseen.

Ja kun Aabrahamilla oli Jumalan antama vala vakuutena Jumalan lupauksesta, meillä on Jumalan lahja, sinetti, Pyhä Henki, joka on täydellinen vala ja perintömme ensimmäinen osamaksu. Jumala ei vanno meille sellaista valaa, jonka hän Aabrahamille vannoi, vaan hän antaa meille itsensä merkkinä rikkoutumattomasta sitoutumisestaan ikuiseen siunaukseemme.

Uskomme voi kehittyä pienestä taimesta täyteen kypsyyteen, sillä Jumala on tehnyt kaiken, mikä tekee sen mahdolliseksi. Meidän täytyy vain yksinkertaisesti pysyä kiinni hänessä, rukoilla ja ylistää lakkaamatta sekä jatkaa elämistä uskon prosessissa uskomalla siihen, mitä Jumala on sanonut, puhumalla, mitä hän on sanonut sekä tekemällä, mitä hän on sanonut.

Veri, Sana ja Henki takaavat sen, että Aabrahamin tavoin mekään emme ainoastaan kuule, näe ja saa lupauksia, vaan saamme myös henkilökohtaisesti omistaa ne lahjana elävältä Jumalalta.

Yhteenveto
Luettuasi tämän kirjan ymmärrät nyt varmasti paljon paremmin, mitä elävässä uskossa vaeltaminen tarkoittaa. Kirjassa on tutkittu, kuinka elävä usko kehittyy pikkuruisesta siemenestä ja kasvaa terveeksi, hedelmää kantavaksi kasviksi.

Elävä usko

Tämän prosessin jokaista vaihetta ja osa-aluetta on käsitelty erikseen. Tässä kohtaa on hyödyllistä tehdä yhteenveto kaikesta, mitä elävästä uskosta on opittu.

Jumalan määritelmä siitä, mitä usko on
Jumala on määritellyt uskon erittäin hyödyllisellä tavalla Heprealaiskirjeen jakeessa 11:1: "Usko on sen todellisuutta, mitä toivotaan, sen näkemistä, mitä ei nähdä." Tämän jakeen mukaan uskossa on kyse "ei vielä"- ja "ei näkyvistä" -asioista. Juuri tässä asiassa suurin osa ihmisistä menee täysin harhaan. Maallinen ajattelutapa sanoo "uskon, kun näen", mutta Raamattu sanoo, että "uskominen on näkemistä". Jos jotain nähdään luonnollisilla silmillä, silloin ei tarvita uskoa ja luottamusta Jumalaan. Heprealaiskirjeen kirjoittaja myös kertoo meille, että usko on sen todellisuutta, mitä toivotaan. Toisin sanoen siinä on kyse tulevasta ei-vielä-näkyvästä todellisuudesta, jota emme vielä tunne tai ole eläneet todeksi.

Usko ja toivo
Mitä Raamatussa sitten tarkoitetaan toivolla? Se on tulevan tapahtuman luottavaista odottamista; se on varmuutta siitä, että tuo tuleva tapahtuma toteutuu. Itsestään selvä esimerkki on ruumiidemme ylösnousemus. Se ei ole vielä tapahtunut, mutta se tapahtuu. Voimme uskoa tämän lupauksen, koska noustessaan kuolleista Jeesus vapautti toivon ylösnousemuksesta – siitä, että eräänä päivänä meidät kaikki herätetään kuolleista. Tiituksen kirjeen jakeen 2:13 mukaan autuas toivomme todellakin toteutuu Kristuksen tullessa takaisin.

Apostoli Paavali puhuu toivosta Roomalaiskirjeen jakeessa 8:24. Meidät on pelastettu uskosta, mutta meidät on myös pelastettu toivosta (tai toivossa), koska emme vielä ole saaneet kaikkea, mikä meille Jeesukselta tulevan pelastuksen kautta kuuluu. Mutta toivo, jonka jo näkee täyttyneen, ei ole mikään toivo (v. 1938 käännös). Kukapa sellaista toivoisi, mitä hänellä jo on. Toisin sanoen niin kauan kuin Jumalan lupaus sijoittuu

Elävän uskon kasvattaminen

tulevaisuuteen, niin kauan kuin se ei vielä ole toteutunut, sitä voidaan kutsua "toivoksi".

Usko ja "todellisuus"

Edellä todettiin, että elävässä uskossa on kyse siitä, mikä on "ei vielä" ja "mitä ei nähdä". Juuri sen vuoksi uskominen onkin niin vaikeaa. Raamatussa sanotaan, että meidät on kutsuttu elämään uskosta, ei näkemisestä. Useimpia ihmisiä hallitsee se maailma, jonka he havaitsevat fyysisillä aisteillaan. He haluavat nähdä välittömiä konkreettisia tuloksia sen sijaan, että keskittyisivät siihen, mitä Jumala sanoo. Mutta Jumalan lupaus täytyy uskoa silloin, kun se ei näy – muuten se ei koskaan voi tulla todelliseksi näkyvässä muodossaan. Ensin uskotaan, sitten vasta omistetaan.

Aabraham oli niiden tosiasioiden edessä, että hänen ruumiinsa oli lähes kuollut ja Saara oli hedelmätön, mutta siitä huolimatta hän oli vahva uskossaan Jumalan lupaukseen ja täysin vakuuttunut siitä, että sen, minkä Jumala oli luvannut, hän myös kykenisi tekemään. Hän kohtasi tosiasiat, mutta hän kohtasi ne siinä varmuudessa, etteivät ne olleet ainoa totuus kyseisessä tilanteessa. Uskon kautta Aabraham ymmärsi, että hengellinen totuus ulottuu kauas fyysisiä, aistittavissa olevia tosiasioita pidemmälle. Jumala oli antanut hänelle nimen Aabraham, "kansojen paljouden isä", ja hän pysyi kiinni sen nimen totuudessa, vaikka vuodet kuluivat ilman, että mitään näytti tapahtuvan. Hän uskoi Jumalaan, joka puhuu asioista, jotka eivät vielä ole, ikään kuin ne jo olisivat.

Jotkut ihmiset kutsuvat "uskon itämisen ajaksi" sitä aikaa, joka alkaa siitä, kun tiedämme uskossa saaneemme Jumalalta jotain, ja joka päättyy siihen hetkeen, kun lupaus tulee näkyväksi fyysisessä todellisuudessa. Heprealaiskirjeessä sanotaan, että meillä voi uskossa olla varmuus jonkun asian omistamisesta jopa jo ennen kuin lupauksen "todellisuus" tulee näkyväksi. Elävä usko kohdistuu "todellisuuteen", koska se saadaan ilmestyksessä ja se pohjautuu vankkaan varmuuteen.

Elävä usko

"Todellisuuden" kolme merkitystä

Kuten osassa 1 todettiin, sanalla "todellisuus", kreikaksi *hupostasis*, on useita eri merkityksiä. Tässä osiossa käsitellään niistä kolmea.

Ensimmäinen niistä on lainattu kreikkalaisesta filosofiasta, ja se kuuluu "asiat sellaisina kuin ne todellisuudessa ovat, ei sellaisina, mitä ne vaikuttavat olevan". Jos keskitytään ainoastaan siihen, mitä asiat vaikuttavat olevan, ei uskossa vaeltamisesta tule mitään.

Toinen merkitys kuuluu "vankka perustus, jolla voidaan seistä ja jolle voidaan rakentaa". Koska se on todellisuutta, sen päällä voidaan kävellä. Sen vuoksi Pietari kykeni kulkemaan vetten päällä. Hän uskoi Jeesuksen sanat ja käveli uskonsa todellisuuden päällä. Uskon kautta voimme tehdä mahdottomilta tuntuvia asioita. Saatamme pettyä kaikkeen muuhun, mutta todellinen usko ei koskaan petä meitä. Se on järkähtämätön perustus elämässämme.

Sanan "todellisuus" kolmas merkitys on "kauppasopimus". Sanaa *hupostasis* käytettiin kaupan alalla ja kiinteistöjä ostettaessa viittaamaan julkiseen, omistusoikeuden määrittelevään kauppakirjaan. Kiinteistön kauppasopimus todisti sen, että kyseinen talo kuului sopimuksen omistajalle. Se ei kuitenkaan todistanut sitä, että tuo henkilö olisi asunut kyseisessä talossa. Joku muu saattoi asua siinä. Vaikka tuo henkilö ei olisikaan asunut siellä, hänellä oli omistajana laillinen oikeus ottaa kyseinen kiinteistö haltuunsa. Kun toimimme elävässä uskossa, me otamme lupauksemme "kauppasopimuksen" käsiimme eli meistä tulee tuon lupauksen omistajia. Tämän jälkeen voimme muuttua omistajista haltijoiksi.

Usko on todiste

Heprealaiskirjeen jakeessa 11:1 näkemisen yhteydessä käytetty sana "todiste" tai "varmuus" on lainattu sen ajan lakijärjestelmän sanastosta. (V. 1992 käännöksessä kyseistä sanaa ei ole käännetty lainkaan ja v. 1938 käännöksessä se on käännetty sanalla "ojentautuminen", suom. huom.) Se

Elävän uskon kasvattaminen

tarkoitti niin vahvoja todisteita, että syytteessä oleva ihminen tuomittiin ilman pienintäkään epäilystä syylliseksi. Se viittaa siis kiistattomiin todisteisiin, joita ei voida kumota. Sen sukulaissana on "varmuus". Usko on siis todiste tai varmuus niistä asioista, joita ei nähdä. Monet ihmiset yhteiskunnassamme sanovat: "Jos Raamattu on totta, todista se." Jumala kuitenkin sanoo: "Usko todistaa sen."

Uskossa on siis kyse jo aikaansaaduista tosiseikoista, ilmoitetuista totuuksista ja elävistä todellisuuksista. Elävä usko on Jumalan jo aikaansaamien asioiden todellisuutta tässä hetkessä, "sen todellisuutta, mitä toivotaan".

Näkeminen on uskomista

Kuten on havaittu, elävä usko on tarttumista kiinni Jumalan aikaansaamiin totuuksiin, hänen Sanaansa. Sillä ei ole mitään tekemistä inhimillisen mielikuvituksemme, tahdonvoimamme, toiveidemme, halujemme tai unelmiemme kanssa. Heprealaiskirjeen jakeesta 11:27 voidaan kuitenkin lukea, että uskon kautta kykenemme "näkemään näkymättömän". Tämä paljastaa näyn voiman. Voimme ymmärtää Jumalan salaisuuksia uskon kautta, voimme tarttua kiinni Jumalan lupauksiin uskon kautta ja uskon kautta voimme totisesti nähdä Jumalan lupauksen todellisuuden jo ennen kuin se on toteutunut. Jumalan Henki todistaa sydämen silmillemme antamalla meille visuaalista ymmärrystä asioista, joita uskomme Jumalan tekevän.

Näyn voima on elintärkeä osa uskoa. Meidän täytyy oppia toimimaan yhteistyössä tämän Pyhän Hengen visiointiprosessin kanssa. Uskon kautta voimme saada näyn siitä asiasta, josta Jumala on puhunut, ja sitten pitää tuota näkyä silmiemme edessä, kunnes se toteutuu elämässämme.

Elävän uskon sovelluksia

Jumalan Sanan pohjalta tiedämme, että meille on luvattu kaikki, mitä elämään ja jumalisuuteen tarvitaan – syntien anteeksiannosta kaikkeen muuhun maalliseen huolenpitoon.

Elävä usko

Uskon kautta jokainen Raamatun lupaus näyttäytyy meille jo aikaansaatuna totuutena. Tämä tarkoittaa sitä, että uskon kautta voimme kurottaa kohti näkymätöntä todellisuutta ja tarttua kiinni Jumalan hengellisiin todellisuuksiin, hänen toteuttamiinsa totuuksiin meidän elämäämme koskien. Uskon kautta otamme niistä kiinni ja siirrämme ne näkyvään todellisuuteen – omaan inhimilliseen kokemusmaailmaamme.

Jeesus on jo ristillä toteuttanut jokaisen maanpäällisen siunauksen, joka Jumalalla on meitä varten. Tämä on se totuus, joka löytyy esimerkiksi 1. Pietarin kirjeen jakeen 2:24 taustalta sen sanoessa, että "hänen haavansa ovat teidät parantaneet". Vaikeudet parantua eivät johdu Jumalasta, Isästämme. Isän tahto on parantaa. Jeesus maksoi ristillä koko hinnan. Uskon kautta voimme kurottaa kohti näkymätöntä maailmaa ja tarttua kiinni Jumalan jo toteuttamaan todellisuuteen parantumistamme koskien. Tätä samaa periaatetta voidaan soveltaa kaikkiin Jumalan Sanan lupauksiin.

Elävä usko on jännittävä seikkailu. Jumala kutsuu sinut kulkemaan kanssaan, näkemään näkymättömän, tekemään mahdottoman ja toteuttamaan hänen ilmoitetun tahtonsa maan päällä.

www.ingramcontent.com/pod-product-compliance
Lightning Source LLC
Chambersburg PA
CBHW031116080526
44587CB00011B/1000

Soccer Analytics

Chest Dugger

Soccer Coaching Bundle:

3 Books in 1

Contents

ABOUT THE AUTHOR 6

DISCLAIMER 7

Introduction 8

How Analytics Are Used In Soccer 9

Team Formation Analytics 16

Attacking Set Play Analytics 26

Defensive Set Set Play Analytics 37

Player Performance Analytics 43

Player Injury Analytics 52

Player Combination Analytics 57

Conclusion 62

Table Of Contents 66

Free Gift Included 68

ABOUT THE AUTHOR 69

DISCLAIMER 70

Introduction 71

Most Important Aspects of Soccer for the Individual 75

Most Important Aspects of Soccer for the Team 83

Keeping Possession 88

Short Passing Skills 99

Shooting 108

Long Passes 117

Dribbling 126

Fitness 130

Communication 137

Team Passing 144

Team Interceptions 152

Possession 161

Final Words 168

Free Gift Included 172

ABOUT THE AUTHOR 173

DISCLAIMER 174

Introduction 175

Why Offensive Plays Are the Beating Heart of Soccer 177

The Transition Stage 180

Set Pieces 191

Open Play Offensive Tactics – Creating Space As A Team 204

Conclusion 221

ABOUT THE AUTHOR

Chest Dugger is a soccer fan, former professional and coach, looking to share his knowledge. Enjoy this book and several others that he has written.

DISCLAIMER

Copyright © 2018

All Rights Reserved

No part of this eBook can be transmitted or reproduced in any form including print, electronic, photocopying, scanning, mechanical, or recording without prior written permission from the author.

While the author has taken the utmost effort to ensure the accuracy of the written content, all readers are advised to follow information mentioned herein at their own risk. The author cannot be held responsible for any personal or commercial damage caused by information. All readers are encouraged to seek professional advice when needed.

Introduction

Thank you for purchasing this book. Analytics are playing an increasing role in the world of soccer. The days of gut instinct representing the main tactic in a game are passing, and a more calculated approach is being applied to coaching and playing.

This has the advantage of providing a secure base on which coaches and players can apply their bits of skill, their touches of magic that can turn a game. This book will explain what soccer analytics are, and how they work in a game.

It will analyse different parts of play during a game and provide ideas and details around how analytics can improve a team during various passages of play. It will show that it is possible to carry out analytics without recourse to expensive software and the kind of backroom team that is only possible in the higher levels of the professional game.

We hope that you find it interesting, and informative. And that it makes your team, your coaching or your own play more effective.

How Analytics Are Used In Soccer

The former England manager, Sam Allardyce, was the ground breaker when it came to using analytics in English soccer. His use of the programme 'Prozone' when manager of Bolton Wanderers in the early part of the century led the way for the extensive use we have today.

Poor Sam, as fans will know, was the England manager England didn't really have. Following his one game in charge, he was caught in a press sting, when he was recorded having a conversation with a journalist acting as a fake agent. The recordings exposed the most tenuous of links to under hand payments during which Sam promised nothing, said nothing wrong and offered nothing untoward.

But the English FA is the English FA, stuck in the past and notoriously duplicitous – Sam had to go. Indeed, if the FA had its way, England would probably be playing the game with a leather ball and long shorts using a tape as the bar on the goal.

A Bit Of History

But Big Sam, as he is known across the Atlantic (now doing an amazing job taking an under performing team, Everton, up the Premier League where they belong), was not the originator of analytics. For that we can probably head back to the 1950s and Charles Reep. He had been a Wing Commander in the air force and, on leaving that, became a consultant for a number of soccer teams. In the days pre-computer, he would track matches, recording various details of passing moves, dribbles, tackles, combinations that led goal attempts and so forth.

His conclusion was that most goals came after a set of three passes or fewer and were often the result of a counterattack. That last point is as true today as it was over sixty years ago. If we look at the best and most successful teams in the world's leading leagues we will see that one of the tactics they use is the ability to turn defence quickly into attack. These teams have the ability to be effective in the transition parts of the game and turn a quick break into a goal creating opportunity.

However, there is more to these teams than this. Getting the ball forward quickly is not effective in terms of the overall result unless defence is strong, because a team playing 'on the break' will spend long periods without the ball. Charles Hughes was technical director of the English FA for a period which encompassed 'the golden generation' of English footballers. But the team, which was filled with attacking talent, creative midfielders and dogged defenders, achieved nothing beyond the odd World Cup quarter final. Many today lay the problem at Hughes' door, because he advocated an approach that relied on getting the ball forward quickly. His evidence was analytics from a single World Cup, France 98, where he saw that a majority of goals came from few passes and getting the ball forward quickly.

The result was a team that tried to get the ball forward fast, through a long, direct ball. This often meant missing out the talented midfield. Consequently, possession was lost too easily, and England were defeated by teams able to keep the ball and create spaces for goal attempts.

Hughes should be praised for being prepared to use data to underpin his technical theories, but that data was not complete, and this is a good example of using analytics out of context of the game as a whole.

Clearly, these days the theory that more passes equal increased chances of losing the ball is no longer as relevant. Playing surfaces are better, improved training – not least because of the growth of analytics – means that players are technically more adept and therefore pass and control the ball better.

So, having taken a brief glance at the history of soccer analytics, let us now move on to see how they are employed in the modern game.

What, Exactly, Are Analytics?

Firstly, we need to define what exactly is meant by the term, Analytics. When applied in a sporting context, including soccer, we are talking about the processes through which a player's or players' impact on a game can be determined taking into account a variety of data. This data relates to training, team match play and individual performances. The idea is to use that data to maximize the performance of a time, often through raising the quality and effectiveness of performance of individual players.

It can also be applied to opposing teams and players, to work out their strengths and identify weaknesses that could be exploited.

Soccer analytics can be used in many ways. It can allow us to:

- Work out the likely outcome of a game
- Predict the performances of teams
- Predict the performances of individual players
- Build strategies to maximize the chances of winning a match or tournament.

What Can Be Analyzed?

We can broadly divide the scope of analytics in three areas. These are:

Game Modeling

Here, analytics will have identified a number of tactical moves that can be applied to a game situation to turn the outcome in to our team's favor. It can be as significant a change as the 'Plan B' so beloved of soccer commentators. In this situation, there is a complete alteration of tactics to deal with a problematic situation – for example, a speedy winger is causing all kinds of difficulties for our full back. Our analytics carried out in training will have considered tactical changes for dealing with this situation. It might include switching from a 4-4-2 line up to a 5-3-2 formation to allow an extra defender to support the full back. It may involve a substitution to allow a more defensive player on the pitch.

However, while it provides useful tactical information for a coach to consider during the game, the analytics will have identified the set up a team plans to use. For example, an opponent that likes to utilize a tall set of players from set pieces might lead a coach to set up his own team in a way that restricts the number of corners and attacking free kicks conceded.

Game modeling analytics are also useful for post-match consideration. The analysis of the game post-match can identify key points for a team to build on. For example, a simple phone camera could be used to film every attacking corner. From there, the footage can be analyzed to assess the effectiveness of the corners, and to identify why they are working, or why they fall apart.

Player Ratings

We will look at this factor in more detail a little later. However, in this section we analyze the performance, skills and attributes of individual players. This happens both in the match situation and in training. Many players produce their best during the competitiveness of the game; equally, some feel more able to express themselves on the training pitch and can underperform when it comes to a competitive game.

Because the analytics are based on data, the analysis for player ratings are divided into many specific areas. Such areas could be acceleration, speed over 20 metres, quality of first touch, ability to pass with either foot, ability to control swerve, aerial competence under pressure, aerial ability with time and so forth. What emerges is a detailed build up of the strengths and weaknesses of a player. This information can then be used both in team planning and also to help to improve a player by addressing those weaknesses. It is simply applying a scientific approach to what used to be a gut instinct.

'He's no good in the air,' might have been an old-time judgement, based on seeing the player mis-time some clearances. But proper analysis might help a coach to see that the player is very effective at stopping his opponent from winning headed balls. Thus, the defender would work on the quality of his heading when not under direct pressure, while the coach would keep him in the side because he sees that the defender does his job well when up against a forward.

Performance Analytics

Here, the tool helps players and coaches analyze their performance during matches. It is based on hard data, rather than impressions. For example, the number of touches, the number of successful short passes, successful long passes; the accuracy of shots on goal with the left foot, right foot, under pressure and so forth.

That data both helps a coach and his team to develop tactics to utilize their strengths and also will tell individual players the areas on which they need to work.

In this chapter we have considered what soccer analytics actually are, examined their historical context and explored some of the ways the data can be used by players and coaches. We have also considered some of the forms that the analytics can take. Now we will look at the individual elements of soccer that can be enhanced but the use of analytics, beginning with team formation.

Team Formation Analytics

The range of team formations is wide, and their employment is often a cause of huge discussion. At the end of the day, there are ten players (excluding the goalkeeper, although this player will contribute much to the general team play in the modern game) and they can be utilized in only so many ways.

Primarily, teams tend to adopt one of the following – for beginners to soccer, the numbers start with the defence, move on to midfield and end with attack.

Four – Four – Two: Considered old fashioned these days, it is quite a defensive arrangement with the defence and midfield as two secure units. By having four defenders, the opportunities for these players to move forward is limited in open play, since to do so leave the defence short.

Five – Three – Two: Very much in vogue, and more attacking than the numbers suggest. The five defenders mean that two full backs can bomb forward to support midfield and attack, leaving enough defenders to cope if the attack breaks down. The formation, with eight or nine players behind the ball also means that breaking up attacks is easier, and then the team can break with speed during the transition of possession. It is a system often played by teams who are effective on the break.

Five – One – Three – One or *Four – Two – Three – One*: Very attacking. The three advanced midfielders support the attack, and the single (or double) midfielder sits, protecting a back three and allowing the wide defenders to get forward.

Four – Five – One: This formation will suit a team with two good wingers who can both get forward and provide midfield cover.

Four – Three – Three: Very attacking, but rarely used these days. The system sees two wingers and a centre-forward. However, it does not allow for a natural Number 10, widely seen as the most creative player in modern formations. Also, having just three midfielders means that teams can be over run in this department, meaning that getting the ball to the attackers happens less often than would be wanted.

From these standard formations, coaches can tinker to try to gain an advantage over the opposition, perhaps keeping a speedy winger at bay, or denying attacking possession to an outstanding passer of the ball.

But the questions remain as to which formation to choose, and how much that should be tinkered about? This is where soccer analytics can come into play.

How To Use Analytics To Decide On The Best Formation

The starting point for any match must be our own team. We can use the analytics we have carried out to identify the strengths and weaknesses of our players. Then, we can build our formation around that.

Let us spend a short time looking at the characteristics we would look for from the various positions on the park. We will exclude the goalkeeper from this analysis. In the paragraphs below, the elements of play that can be assessed using analytics are in bold.

Full Backs

The modern game requires a full back to have excellent **stamina**. We need the player to be a wide attacking outlet, unless we are going to play with out and out wingers. The full back needs to an effective **crosser** of the ball. He or she needs excellent **pace** to out flank defenders and midfielders and the ability to **cross early**, before the opposing defence can get into position. Finally, the ability to **dribble** or **run with the ball** at pace are also crucial to get speed into counter attacks.

Those are some of the attacking qualities needed from this player. Defensively, the position requires **bravery** along with the **determination** to win the one on one contests that will take place with their opposing wide midfielder or winger. The full back needs to be a competent **header** of the ball, or the opposition will seek to isolate them on the far post and send in high, swinging crosses. The player needs to be a good **tackler**.

Central Defenders

Again, it is fair to say that this is a different position in the modern game than it used to be. The old idea of a big, aggressive stopper has been refined. Now the player needs to be more skilled on the ball.

Defensively, a central defender needs excellent **positional sense**, and good **communication**, as this position is usually the one from where the defence is organized. Just as the full back, good **tackling**, remains a good attribute to have. Strong all-round **heading** ability is also necessary.

It is an advantage to have a centre half who possesses some or all of the following attributes, although because the player has one or two colleagues, they are less essential if other team mates do have them. **Comfort on the ball, good passing** and **speed** are all beneficial.

Central Defensive Midfielders

Some might say this is the least glamourous position on the pitch, but whether or not that is true, it is certainly one of the most important. A good central defensive midfielder can allow more creative players to feel confident in their play. It can make defenders feel comfortable about moving forward.

There are two or three essentials in the role. Good **stamina** is a must, as the player will be covering and tackling regularly, plus always making themselves available for the pass. Good **discipline** is a must. It is probably the position in professional football that receives most yellow cards, because it is the key **tackling** position on the park. The ability to **read** the game is also crucial.

Still important, but not absolutely vital, a good **short passing** ability is very useful, and it is no harm to be able to put in **floated** or **weighted** passes. The CDM often arrives late into attacks, perhaps picking up the ball as it is cleared, and therefore the ability to **shoot from distance** is an important weapon in a player's armoury.

Finally, as we said at the outset, it can be seen as an unglamorous position, the destructive player who shields and shepherds and hustles. A **commitment** to undertaking that task is therefore very necessary.

Central Midfielder

Stamina is a must. Old school managers refer to this as a 'good engine'; it is that ability to keep moving, supporting the attack one minute, tracking a run the next and then winning a 50/50 tackle. **Self-discipline** to make those covering runs is important, as is an **eye for a goal.** Central midfielders will often be the player who arrives let into a goal scoring position and is therefore not picked up. The full gamut of **passing** skills are crucial, since plays will often gather pace as a result of a central midfielder's pass or run.

Wide Midfielder

This position has evolved from the traditional winger these days. The **speed** of a winger is required, but also a **defensive discipline** to get back into shape when possession is lost. Making **runs** during a transition to regaining possession is important, because the ball will often be switched to a wide player, as that is where the space is. **Crossing ability, shooting skills and dribbling skills and techniques** are essential factors, An **eye for a goal** is important, to take some of the pressure off of the centre forward. **Passing** is also a skill much in demand from this position.

Winger

Sometimes seen as a luxury these days, nevertheless a winger can win matches. All of the attacking qualities listed above are required, but because the job of a winger is almost exclusively attacking, extra **pace**, better **shooting** and so on is expected.

Number Ten

In the old days, this player would be known as the second striker; in the present game the number ten is the playmaker, the maestro, the glamour player – even more so than the centre forward. A number ten possesses outstanding **close control**, because the ball is often received in tight situations. Superb short and long **passing** is needed. This position is expected to produce goals as well as assists, and therefore strong **shooting** is needed, as well as the ability to make great **runs** and have an **eye for a goal**.

Reading of the game is vital, as the number ten is the player who often 'sees' the pass that opens a defence.

Still important, but perhaps not crucial to possess all, the attributes of **speed, heading, defensive discipline** when possession is lost and **tracking back** are all useful.

Centre forward

There are broadly two kinds of centre forward. The Olivier Giroud type – the French striker is a colossus who can **hold up the ball** well, **head** with excellence, score goals and also bring in other players with his **reading** of the game. Giroud is phenomenally **strong** and **brave**, giving nothing in his tussles with defenders. He is also a useful **defender** in set plays, using his physique and **defensive heading** ability to great effect.

The other kind is best characterised by Lionel Messi. The goal scoring wonder has **explosive** pace, great **dribbling** ability and superb **balance**.

On top of this, any centre forward needs **an eye for a goal**, great **shooting** ability and excellent **close** control.

Putting It Together

Once the analytics have been completed, a coach can see the picture of his squad. He or she can select their preferred formation based on the strengths of the players they have available. A lot of skilful centre backs? Play three and give them the licence to get forward. Struggling to find a quality central defensive midfielder? Choose a formation that negates the need for such a player, such as going for 4-5-1 or even 4-4-2.

But we all know that the best eleven technical players do not always make the best team. In making the final decision, the coach needs to consider the way players work together. He will consider their **communication**, their **resilience** and **fighting spirit**.

It will be these factors that are the final piece in the jigsaw of formation. Next comes the tinkering, the adaptation of a formation to tackle the threats of the opposition. If they play a ball on the deck, fast passing type of game, then stamina in our own team becomes even more important because the ball will move around more quickly. If they play a high pressing game then better **first touch** and **control** is required from every player, since there will be constant pressure, rather than just in the final third as would be the case with a side that stands off.

With the information of every player's abilities, choosing that formation is more informed, more objective and therefore, in all likelihood, more effective.

Attacking Set Play Analytics

In this chapter we look at set plays from attacking perspectives. We will consider corners, free kicks in direct shooting positions, free kicks from wide angles, attacking throw ins and penalties. Overall, more than one in three goals scored are from set plays, a very significant number, and therefore preparing for these situations is definitely worthwhile. Or is it?

Corners

We know the scene. A goal down and desperately searching for the equalizer. Our side wins a corner. The crowd goes wild, the players' adrenaline flows. But it shouldn't really. Because, in fact, the chances of a goal are pretty remote. In fact, only one in two hundred goals in professional football results from a corner. That information comes from analytics in action. A reason for this low scoring rate is that nearly nine out of ten shots from corners (which includes headers) miss the target. That is a far higher percentage than in open play.

But the reason is quite logical if one considers it. Teams defend corners with numbers, so getting the ball through a crowd of players is tricky enough on its own, but the team attacking are also under pressure. The ball comes to the attacker with defenders close in attendance. There is little time to get into position, let alone get the ball under control.

Analytical data shows that the best corner, statistically, is the short corner. This is because defences will send out a second player to deal with these. The consequence is that there are two less players struggling to compete in the box – one from each side. That leaves more space and so increases the likelihood of any shot or header being accurate. If a long corner is to be taken, then an in swinger (a cross that starts on a curve away from goal, then swings back towards it) is more likely to result in a goal than an out swinger. This data runs against the traditional view that an out swinger is a better option because it makes it harder for the keeper to claim the ball.

However, there is not yet sufficient data to know whether the in swinger is more dangerous because defences are expecting the ball to swing outwards and so are less prepared.

The implications for the coach, or individual player, is to carry out their own analytics on their team to see which players are the most accurate in swingers of the ball. The second task is to see which set of movements lead to the box becoming least crowded, increasing the chances for a clean header or shot for the attacking side.

Direct Shot Free Kicks

If over a third of goals result from set plays, then the majority of those goals are a result of a direct free kicks. A higher percentage of penalties are converted, but there are far fewer of these compared to direct free kicks in shooting positions.

We can use analytics to both identify the best position for a kick and the best type of kick to perform. We can then use the study of our own players to identify who is the best person to take the kicks, depending on where they are.

Starting with the analysis of the kick itself, the most successful are those struck with a 'curve' kick. Our analytics are therefore looking to identify our players who can best perform this technique. Players themselves can work on this. A curve kick is created with a wide run up, the non-kicking foot planted firmly on the angle of the run and the ball struck with a firm strike across the face, imparting spin. The leg should continue through the action and end in a high position. This way, both side spin and top spin are applied, and the ball is most likely to avoid the wall while either moving away from the keeper or finding the corner of the goal.

But analytical studies further give us details of where the best free kicks entered the goal. The most successful area is the top corner, perhaps that is unsurprising. Low down in the corner was second. Few free kicks are scored, at elite level at least, unless the shot is in the corner, and mid-height is the easiest area for a keeper to make a save.

The faster the velocity of the ball the more likely it is to end in a goal. Instep shots are more accurate, but is it found that the velocity they impart is much less than with a curve free kick, and so goalkeepers can more easily save them, even though they are more likely to be on target.

Therefore, our player analytics are seeking a player who can perform the kick, generate power and provide accuracy. Simple! Most goals come from free kicks in line with the D of the penalty area. Where wider kicks are still taken with a shot, most goals came at the near post. Far post goals from wide areas were most often scored with a shot/cross that bounces in front of the keeper. Because of the trajectory of this kind of delivery keepers leave it late to dive, in case a striker or defender gets a touch goalwards on the ball.

It was found that the optimum distance from goal for a shot to be converted is 27 metres. A high percentage of goals from free kicks which are taken as shots come from deflections. Less than might be expected are from rebounds, perhaps because shots are often high and where a keeper makes a save, it is likely to go out for a corner.

Nearly all goals scored from a shot directly taken at the free kick entered the goal within a metre of the post.

Now we know what to tell our free kick takers to do. And we can assess, using our analytics, the best players to deliver those requirements.

Wide Angle Free Kicks

When John Henry took over the running of Liverpool Football Club, one of the most famous and successful of all time, but one that had slipped from the highest echelons of the sport, he thought that the use of analytics could drive the team back to the head of the world game. As owner of the Boston Red Sox team, he had employed a system called 'Moneyball' to deliver good results in the world of Baseball. This system identified the most effective play and sought to use it as often as practicable.

Using statistical data, he identified the two best crossers of the ball in the game, and the best converter of crosses, and spent a lot of money buying them. These were Jordan Henderson, Stewart Downing and, in the middle, Andy Carroll. All were internationals, but none would merit the accolade of being 'world class'. The experiment failed miserably; yes, they did their jobs well, but the job they were doing was, in footballing terms, not very effective. Crosses are not a productive way of increasing the flow of goals. Henry had learned that there were far more variables in the more fluid game of soccer.

Statistically, this raises the question of wide area free kicks. These are most dangerous where they are in line with the edge of the penalty area and the attacking team possesses both strong and effective headers of the ball, and players who can deliver fast, in swinging crosses. The closer to the corner flag the free kick is, the more like a corner it becomes – and we know that these are not effective. The deeper it is, the longer the ball takes to get into the box and so the more time defences have to get in position to deal with it, and the more time the keeper has to come and collect or clear the ball.

Using analytics derived from analysis of many, many matches we can see therefore that the only time to hit the free kick directly into the box is if we have both (a) the kinds of players to deliver a good ball, and others able to get on the end of the cross, and (b) when the ball is in a narrow field of between around twelves and twenty-five yards from the by line. Other wide free kicks, statistically, are more effective played short and fast, utilizing the fact that a defence will be trying to get organized, and therefore not necessarily expecting a quick pass.

Throw Ins

Attacking throw ins can lead to goal scoring possibilities because they can be rehearsed. Our own analysis of our players can determine whether the long throw is likely to be a significant weapon. Note, there are three factors which need to be performed by the thrower to make this kind of weapon effective. Firstly, the player must be able to throw the ball with considerable accuracy. The ball needs to enter the area the team has rehearsed to ensure that the right player is there to meet it, and the runs off the ball by the second and third receivers end up with the flicked-on throw reaching them.

Secondly, the throw needs to be long. It needs to arrive in a position where the recipient can flick the ball into a goal scoring area. Finally, the thrower needs to be able to generate speed. A flat, fast throw is far harder to defend against than a loopy long throw.

The next consideration to make is whether the team has players tall enough and strong enough in the air to win that throw. Finally, the opposition needs to be considered. If they have a keeper who is strong at coming out and clearing long throws, then they will be less effective that with a keeper who prefers to stay on their line. Equally, a big defensive set up with lots of players who are good in the air will see less positive results than against a smaller (even if more mobile) set up.

However, throw ins do not just have to be long to create a goal scoring chance. The other type of attacking throw, analytics demonstrate, that can cause problems to a defence is the quick throw. This is because the defending team is less organized, and if the ball can be back in play before that organization is restored, then there will be more spaces into which attackers can run.

Penalties

Of all set plays, the penalty is the easiest to analyze, because of the fewest number of variables. But there is an interesting twist to this aspect of the game. It is the only point in a game where the striker is expected to score, and the maneuver is planned and happens with time for the striker to think. With free kicks, the expectation is that the striker will not score, it is a bonus when he does. In normal play, there are more variables and less time to think so instinct (that 'eye for a goal') becomes of greater importance.

Therefore, with a penalty, it is not just the best striker of a ball who should become the nominated taker, but one who is calm, or even more effective, striking under pressure. While we know that practice makes some difference to a player's ability to score penalties, the pressure of a match cannot be replicated in a training situation.

Therefore, the coach could use his or her analytical data to try to determine the player who is most adept at striking the ball combined with a cool head. Yet penalties are even more complicated than that. To be awarded a spot kick when already 3-0 up puts far less pressure on the taker than when the scores are level, or the team is a goal behind.

The penalty shoot-out provides a wholly different level of pressure, and although they happen rarely in the entire gamut of matches played, coaches need to use their data on 'coolness under pressure' and 'clean striking of the ball' to help them determine the order of players to take their spot kick.

The best player should not be saved until last. Firstly, there is the risk that the shoot-out could be decided prior to that, and therefore the team's best taker misses out on a chance to score. Secondly, the pressure ratchets up to maximum level from usually the third kick, because this is the point at which scoring becomes essential to keep a side in the game.

Depending on the level at which a team plays, and the resources available to it, two further sets of data can be used to maximize the chances of converting a penalty kick into a goal.

Firstly, is data from one's own side. Assuming the psychological factors have already been assessed, it is easy enough to measure the accuracy, power and scoring percentages of players in a team. That can be done with pen and paper. On top of that, the data of where a penalty taker prefers to place the ball can also be used.

Where clubs have access to such details, the opposition's strengths and preferences can be taken into account. Particularly where the opposition goalkeeper likes to dive. Thus, if two players on our team have reasonably even sets of data, but one player prefers putting the ball to a keeper's left, but that is where that particular keeper favors his dive, then it makes sense to promote the other member of our team, the one who likes hitting it to the right, to penalty taker for that match. Players themselves can also use the data, working on hitting their penalties to the side not favored by the keeper they are facing.

It is these tiny percentage factors that can combine to produce a winning formula using data.

Defending penalties can also be improved through study by goalkeepers. If they know where strikers prefer to hit their shots, they increase their chance of saving them. Statistically, it is also a reasonable idea for a goalkeeper to sometimes remain upright for a penalty. More are hit straight down the middle than is often given credit for, and once the keeper dives, he is beaten.

There was very clear evidence of the use of data in a positive way by a keeper in the 2012 Champions' League Cup Final. Chelsea were victorious over Bayern Munich in a shoot-out. Their outstanding goalkeeper had spent many hours studying a video of five years of Bayern Munich penalties (a fine piece of data gathering by somebody!). He knew the favored strike angle of every player in their team who took a penalty. He used this data to guess where the penalties would be placed. He guessed the angle correctly every time, suggesting that the word 'guessed' is a little disparaging to the science that had gone into his own preparation. In going the right way, he saved two of the penalties, enough to win the shoot-out.

Having looked at the important role of set plays from an attacking perspective, we will now look at what analytics can tell us about defending these aspects of the game.

Defensive Set Play Analytics

In looking at defending set plays, we will focus on the same aspects as in the chapter just read. However, we included a look at penalties from the goalkeeper's viewpoint and so that element is already covered.

Shots From Direct Free Kicks

The fact is, that if the shot is good enough, there is nothing that can be done to prevent the goal. However, we can use analytics to reduce the chance of a score by doing all we can to stop the imperfect attempt.

Don't Concede The Free Kick In the First Place

When selecting our defence and defensive midfield, this is a factor we can consider. Since a high percentage of goals come from set plays, we can choose players who statistically give away fewer free kicks in dangerous positions. We are looking for defensive players with good self-discipline, who are not going to dive into tackles unless it is absolutely necessary. Pep Guardiola, former Barcelona manager and one of the world's most successful team leaders, rarely advocates tackling at all, more harrying for the ball, and putting on pressure to make the opposition lose the ball. The only time he would advocate a full-on tackle is when it is to prevent a goal scoring opportunity. We are looking for players with good balance and agility, and fair pace, so that it is less likely that they can be drawn into committing a foul.

Organize The Wall

Walls do a good job in preventing the ball reaching the target. Ideally, tall players should be in the wall to prevent them having to jump (thus leaving the risk of the shot underneath the wall).

Stay Alert For Rebounds

A couple of players should be allocated the role of making sure that they are first to rebounds. These cannot be too deep or attacking players will be able to legitimately block the keeper's view.

Wide Angle Free Kicks And Corners

There are two main schools of thought with regards to defending corners and set play balls into the box from wide positions. The first advocates man marking. The second is zonal marking.

Man Marking

This works on the basis of each defender taking responsibility for an attacker. It is a risky ploy because attackers can combine prior to the ball being struck to protect the 'target' player from marking. It has the advantage of meaning that the defender is moving and can therefore jump higher than were he taking a standing start.

Zonal Marking

Under this system, each defender is responsible for an area of the penalty box and seeks to ensure that if the ball is reachable in their zone, then they will get their heads on it. The main problem with this system is that the defenders are starting from a stationary position, whereas the attacker has a run on the ball, therefore getting height into the jump is harder.

Those who enjoy watching elite football on television and then listening to the pundits at their end will frequently hear criticism of the zonal marking system. This is perhaps because when it is successful, it is less dramatic than a man marked clearance. The ball simply fails to reach its target. Perhaps also, when goals are scored against a zonal defence, the defender may appear weak because the striker has simply got above them.

The statistics, revealed by the analytics, tell a different story. Zonal marking is more successful. The difference is marginal, but it is there.

The Best Approach

If they are using the evidence of analytics, teams should employ a zonal defence. However, the evidence also shows the risks of the system, as described above. Therefore, particular targets for the attack should also be man marked. It does not have to be the best header of a ball but should be somebody mobile and strong. The presence of such a player should limit the leap of the striker, thus allowing the zonal defence to do its job.

Other Positions To Secure

One of the big debates is whether or not to put a defender on the line. Statistics suggest that this is advisable on the far post; the near post should only be covered if the ball is hit beyond this position, when a defender should drop back onto the post until the ball is cleared.

It is important to place a player outside the near post to cut off the near post corner, or the low driven cross, or even the mis hit corner. This player is often the one who makes the clearance.

The same applies with the delivery of a wide free kick.

Throw Ins

Long Throws

This is a situation where in play analytics come to the fore. It is likely that the attacking team will have a set play. They are relying on their target man winning the ball, then scoring off the second ball. The target man is therefore likely to make the same run each time.

The coach and defenders need to learn the move that the opponents are making and ensure that their best header of the ball is the one who challenges the target man, and players are there to pick up and clear the second ball.

Analytics will tell us that a throw is more accurate than a kick. Therefore, where there is a player on the opposition side who can deliver a fast, flat throw, it is something very hard to defend against. The player on the defence with the biggest advantage is the goalkeeper, as this is the player who can get the extra height from using hands. Therefore, the goalkeeper should be the player to come for the ball and look to clear unless this draws him or her too far from their goal.

Quick Throws

Other than training a team to get organized quickly, there is little to do to defend this. Encouraging decision making is the best way, so players are prepared to slot into gaps, even if it is not their position, to neutralize the threat of a quick throw.

Player Performance Analytics

We can build up profiles of our players very effectively. This data can then be put into software programmes – the market is growing – which will analyse the results and show graphically individual, group and team strengths and weaknesses. This data can be used, if the circumstances allow, to inform tactical play, the best ways to counter opponents' strengths: where clubs operate in this way, it can help with recruitment policy.

However, for small club sides, or individual players in small clubs, the data can be analysed without recourse to specialist software. Conclusions from data may be less accurate, and mistakes are more likely to be made, but the information found will still be useful for players and coaches to identify the strengths, weaknesses and contribution to the team a player can make.

We should look at performance both in matches and training, and that data can be used to analyse the relationship between to two for a player. It will also demonstrate the roles pressure and competition play in influencing a team member's performance.

In the match situation, assessing data where complex tracking equipment is not available is still possible. A good way can be to allocate a club operative, injured player, assistant coach – even a reliable supporter – to follow the performance of his or her player, looking out for and recording the criteria to be assessed.

Questions For Consideration When Collecting Player Data

It is important to be as objective as possible when collecting data. These are the kinds of questions that should be considered when taking, and analysing, that information. We have referred to human observed data below as 'expert' data, since the person taking the information is using their expertise to make judgements.

- How comparable and reliable is expert data compared to electronically generated data?
- How are experts making their judgements?
- What attributes of a player seem to be most influential in their performance?
- Do different positions on the park require different attributes, and if so, what are they?
- Does combining individual rating enable a team rating to be achieved?

- Do the experts consider the outcome of the game when evaluating individual performances?

Once these questions have been answered, the conclusions can be added to the evaluations carried out, making them a more accurate indicator of a player's ability.

What Do We Look For When Assessing A Player?

This is an important question, and the answer is straightforward. A lot! It is important to get a rounded picture of the player, and therefore all of the following could be considered as important. However, coaches may choose to concentrate on certain aspects of a player's performance and ability (as might the player themselves) to develop this, or because that is something that needs addressing in the team or because positionally it is most important.

The full range of considerations are below:

Basic Characteristics

These are the non-soccer specific factors which may play a part in a player's performance.

- Nationality/language for communication
- Age
- Height
- Stronger foot
- Playing positions

Attacking Skills

- Ball control
- Dribbling control
- Dribbling speed
- Low/Ground level pass
- Lofted Passing
- Attacking headers
- Turning speed
- Turning Skills (this could be sub divided to include different types of turn such as a Cruyff turn)
- Dribbling skills (for example, a scissors, nutmeg or feint)
- Close range finishing
- Penalty area shooting
- Long distance shooting
- Ability to impart swerve on the ball
- Shooting with weaker foot accuracy
- Shooting with weaker foot power

- Shooting with weaker foot confidence
- Dead ball shooting
- Dead ball delivery
- Explosive power
- Acceleration
- Speed
- Quality of runs
- Willingness to run off the ball
- Ability to cross early
- Ability to pass early
- One touch passing
- First time shooting (this can be sub divided into the shooting categories above)

Defensive Characteristics

- Positioning
- Reading and anticipation
- Defensive prowess
- Ball winning
- Kick power
- Heading distance
- Jump

- Heading under pressure
- Strength
- Man Marking

Goalkeeping

- Handling
- Punching
- Anticipation
- Reactions
- Communication
- Speed
- Recovery from dive
- Strength diving each side
- Bravery
- Kicking distance
- Kicking accuracy
- Kicking confidence
- Throwing distance
- Throwing accuracy

General Characteristics (soccer)

- Form

- How prone to injury?
- Recovery from injury
- Long throw
- Ability to track back
- Balance
- Stamina
- Weighted passing

General Characteristics (nonspecific)

- Fighting spirit
- Resilience
- Disciplinary control
- Captaincy strengths
- Impact as a substitute
- Communication

Clearly, a coach may wish to weigh these characteristics depending on the needs of his team and the way he wishes to play. A good example occurred with the manager Pep Guardiola. The former Barcelona and Bayern Munich manager, widely regarded to be the world's best currently, took over the immensely wealthy club Manchester City. His goalkeeper was the well-regarded England international 'keeper Joe Hart. However, he decided that he needed another man between the posts. The crucial factor was that Guardiola likes to play a possession-based game with play starting from the back. He also likes to push his defenders forwards. Therefore, he needed a footballing goalkeeper. One who could receive a pass back with confidence, could pass well himself, could even beat an on-rushing attacker. It was vital to Guardiola's playing plan that the ball was never booted forward in hope rather than specific intent.

Unfortunately for Hart, although he is a fine goalkeeper with excellent handling and shot stopping skills, his football skills are middling at best.

Equally, at any level, a coach might decide that his team needs a big centre half capable of dominating at set plays. He may be prepared to sacrifice another attribute to get this, such as speed or passing ability. Where his team already has height, he will want other skills from this position.

We can see that it is very clear that such a detailed analysis of a player's abilities will lead to a clear plan for his or her own improvement. It will also show clearly what the player can offer to the team. By combining the data of the entire team, overall strengths and weaknesses can be better detected. Software will do this quickly and effectively. Many of the programmes are now affordable, and sufficiently straightforward to be used by those in the amateur game, even in the lower echelons of the sport.

Indeed, those who undertake analytics, apply the findings intelligently and invest the time (plus, perhaps, money) needed to gain effective results may well find themselves leaving the lower echelons behind.

Player Injury Analytics

The four biggest leagues in the soccer world are all in Europe. The English Premier League is the strongest, at least when it comes to money; La Liga tends to return the best teams, although that is down to Barcelona and Real Madrid. The Bundesliga in Germany is very strong, as is Serie A, the Italian league that pulsates success with periods of dominance and spells when it is much less strong. In the 2015 season the cost of injuries in each of those leagues averaged nearly $70 million.

Better pitches and more understanding of training regimes and external factors such as diet and psychology have seen injury situations improve, but the increased competitiveness, number of matches and speed of players has countered this.

Into the world of player injuries now comes big data from analytics – and it is making a difference. Across the sporting world, we are seeing a reduction in injury rates of up to a third, with soft tissue type injuries falling by close to 90%.

The systems are still in their infancy, and sports scientists are still learning how best to interpret data. However, the basic idea is that by collecting extensive data, large software companies are able to identify the patterns which lead to injury. All clubs can make use of that data to best protect their own players.

Durability

Injuries occur most when players become physically and mentally tired. Muscles are more likely to strain, or tear, when players reach the end of their stamina. This has two implications for the player and coach. Firstly, they need to develop their stamina through a fitness programme that means they can last for ninety minutes. At a professional level, this is relatively easy since trackers can be applied in training to identify the point at which a player is tiring. At an amateur level, there is more instinct involved, but benefits will still be gained.

Mental exhaustion is also a contributor to injury, in two ways. Firstly, when mentally tired judgement suffers, and players can over stretch or mis time tackles. Secondly, a fit player is more likely to be injured by a tired opponent. This is best avoided by ensuring that players can mentally stay focussed throughout the game, helping them to avoid the mis timed tackle or lunge.

Technique

Good technique is crucial. Without this, players run a greater risk of pulling muscles or causing strains. But even more than this, poor technique can lead to long term wear and tear injuries, some of which can be career threatening. A good case in point can be applied to the former striker Michael Owen. The England, Liverpool, Real Madrid, Newcastle and Manchester United striker promised to turn into perhaps the best in the world.

His game was built around explosive pace, but this was lost after an injury. He remained a fine player, but that edge was gone from his game. Eventually, the problem was traced to poor posture which has placed long term strain on muscles, from which he never fully recovered.

Poor technique also leads a player to expose themselves more to injury in the tackle. Analytics can really help here. The player's technique in various skills can be analysed, and where there are faults, these can be addressed with practice.

Flexibility

The role of stretching is much better known now. Effective stretching can be added to training routines and adapted to the particular needs of individual players and positions, identified through the analysis of their attributes and the demands of the position.

Predictive Injury Prevention

Sometimes, when teams are announced, fans can be very frustrated. Their best player is left out or, even more frustratingly, left on the bench. 'Why?' they wonder 'If he's fit enough for the bench, he's fit enough to play.'

High level analytics, as are gained through tracking devices used in training, can in fact identify that a player may only be fit enough for half a game, so he is saved in case he is needed. The analytics may have identified an increased risk of long term injury following a minor knock or strain.

No team likes to be without its best players, and no player likes to sit out six matches because they took a risk on a dodgy knee or minor hamstring problem. Therefore, the use of analytics can help to prevent injury in the first place and help to stop it returning when a recovery appears to be in place.

It provides a detailed analysis for the individual regarding fitness, technique and flexibility. In addition, empirical (big data) evidence can be applied in a more general sense to understand likely full recovery times.

Player Combination Analytics

Barcelona do not win every match, even ones that are not against Real Madrid. The team at the bottom of the English Premier League sometimes beat the league leaders. There are shocks in cups when lower league teams beat their more talented top division opponents. A couple of years ago, Leicester City won the Premier league with a team that had only just escaped relegation the year before.

How? The answer is, as we know, that soccer is a team game, and the team is stronger than eleven individuals.

Therefore, player combinations can add significantly to a team's success. We can use soccer analytics to identify the best player combinations from the talent at our disposal.

Which Data Matters?

This is very important. Data is of little use if it just describes what has happened. It only becomes useful when it identifies the causes of decisive actions on the pitch.

As old school pundits are keen on telling us, there is only one statistic that matters – goals scored against goals conceded.

In some ways they are right, in others their view is too simplistic. We need to go back to see what leads to those goals, and the answer is usually team play. Similarly, if we look at what prevents those chances from happening, it is usually team play. Certainly, there are occasions when a player will pick up the ball from the half way line, beat three players and bury the ball in the bottom corner. Or, will hit a 30-yard volley into the roof of the net direct from a headed clearance. On rare occasions a goalkeeper will make a simply unbelievable reaction save. But mostly, it is about teamwork.

It is passes and dribbles that lead to the goal scoring opportunities, it is solid defending and covering that stops those chances from occurring.

That means getting the combination of players right is very important. We need to look at passing accuracy, dribbling skills and how runs off the ball supports these. We need to look at players who pass to each other regularly, reading each other's plans. Defensively, we need to look again at pairs and blocks of players that cover well for each other. A part of that will be communication. We should analyse the spaces between midfielders, midfielders and defenders, and between defenders themselves. These are the factors which will lead to goal scoring opportunities, and conversely stop them from occurring.

How To Judge Player Combinations

There is some theory involved here, and also use of the data gathered from team mates playing together, both in practice and in matches. The theory element requires us to consider the best distances between players for optimal defensive capability; and when attacking, the best positions to get into to make a decisive pass that creates a goal scoring opportunity.

Mesut Ozil has topped the number of chance creating passes for most of the last six or seven seasons across all of Europe's top leagues. It is not therefore surprising that he has just secured a pay structure breaking pay rise from his current club, Arsenal.

From analysing the data, we collect from different groups of players working together we can assess, statistically at least, the best combinations for our team. However, there is also a psychological factor in choosing player combinations. A team does not have to be made up of best mates, but there does need to be trust between team mates. A part of that comes from quality; we are more likely to pass to a player who is going to do something with that pass. Another element comes from work rate – we are going to be more comfortable sharing defensive midfield with a partner who works hard to cover runs, make tackles, shepherds and harasses than with one who leaves the bulk of the work to ourselves, however good they are on the ball. And finally, there is the undefinable element, the way that certain players naturally understand what their partners will do. That skill improves with playing together, and from training together.

The message to the coach here is that once partnerships are established, it is a good idea to stick with them.

The Use of Substitutions to Change A Game

We can employ substitutes to replace tired and injured players, or to make a tactical change to protect a lead or recover a deficit. There has been a good deal of research into this area, and we now know the times to make statistically the most impact.

Bearing in mind that there is a less than even chance that the game will change as the result of a substitution, if it is going to then statistics suggest the first one cannot be later than the 58th minute. The second needs to follow by the 73rd minute mark – it can be earlier, but not later. Then the final substitution happens in the 79th minute or before.

Conclusion

We hope that you have enjoyed this book and gained some valuable knowledge about the value of soccer analytics can offer to a team and to an individual player.

We can use analytics at any level. From a pen and paper analysis, recording what we can, to the sort of systems used at the highest levels of the professional game, where cameras track every player during a match, where trackers follow every move in training, and teams of highly paid analysts report back from their findings.

Of course, analytics in themselves are not too useful. We might see that a player can run twelve kilometres in a match; but that is only useful when we apply that information to improve the player and the team. In fact, when the data is turned into metrics, that is using analytics to raise quality and standards, then it becomes of considerable help to a team and its individual players.

There is a degree of resistance to the use of analytics in soccer. For many years, it fell behind other sports such as baseball, cricket and rugby. Partly, this is the fluid nature of the game – those other sports contain far more set plays and breaks in action. But also, was the feeling that soccer is a gut instinct game, a game of innovation and magic moments rather than something that can be pre-planned.

However, over time, it has been understood that analytics help to improve performance, help to improve recruitment, helps players to develop skills and reduce their chances of getting injured. That indefinable spark must still be there, or the benefits of attacking metrics will easily be countered by defensive organisation and the game will become a stale, barren sport, devoid of excitement. It happened to some extent in Rugby Union twenty-five years ago, when early data collection demonstrated the importance of territory. The game became a boring series of exchanged kicks, end to end but with no thrills. Soccer, though, has too many variables to allow that to spoil the game.

That's the great thing (one of them) about the sport. If we had a perfectly scientific match, with every side performing as the analytics suggest, then we would lose the spontaneity, the individual genius of the best players in a team. But even the million or more analytics Opta cameras take in a typical top-level league match cannot tell us everything.

So, let us keep the maverick, the genius, the player who lifts the crowds to their feet. But, at any level, we can enhance other elements of the sport through applying the data we now know can shape the game.

Soccer Drills

A 100 Soccer Drills, Strategies and Skills to Improve your Game

Chest Dugger

Table Of Contents

Table Of Contents

ABOUT THE AUTHOR

DISCLAIMER

Introduction

Most Important Aspects of Soccer for the Individual

Most Important Aspects of Soccer for the Team

Keeping Possession

Short Passing Skills

Shooting

Long Passes

Dribbling

Fitness

Communication

Team Passing

Team Interceptions

Possession

Final Words

Free Gift Included

As part of our dedication to help you succeed in your career, we have sent you a free soccer drills tutorial. This is the "Injecting Pace into Soccer" drill sheet. This is a list of drills that you can use to get pace into your team's game.

Click on the link below to get your free drills.

https://injectingpaceintosoccer.gr8.com/

ABOUT THE AUTHOR

Chest Dugger is a soccer fan, former professional and coach, looking to share his knowledge. Enjoy this book and several others that he has written.

DISCLAIMER

Copyright © 2017

All Rights Reserved

No part of this eBook can be transmitted or reproduced in any form including print, electronic, photocopying, scanning, mechanical, or recording without prior written permission from the author.

While the author has taken the utmost effort to ensure the accuracy of the written content, all readers are advised to follow information mentioned herein at their own risk. The author cannot be held responsible for any personal or commercial damage caused by information. All readers are encouraged to seek professional advice when needed.

Introduction

Whether known as football or, as in the US, soccer; the 'beautiful game' is the most popular sport in the world. The best players earn millions of dollars per year, and the greatest clubs are icons in their regions. Children love putting down a couple of jerseys and having a kick around. It is, globally, the team sport that has the greatest public participation and, at the highest level such as the World Cup, top leagues and cup finals, matches are watched live by tens of thousands of cheering fans. Support is only limited by stadium size, with tens or even hundreds of millions following their team on TV.

It is therefore no surprise that so many people love to play the game, and want to become better at it. Youngsters dream of becoming the next Pele, Messi, Maradona or Ronaldo. This book offers coaches and players an insight into how to become a better soccer player. There are chapters on the role of the individual in this team game, and the role of the team in a sport lit up by the brilliance of individuals. There are drills listed to help the player and his side. Indeed, it is drills that lead to players becoming experts, as good as they can be. Drills take the individual components of soccer and allow practice in a pressure free, or pressure controlled, environment.

Imagine that a game of soccer is like an English Literature examination. For that test, you get taught the information you need to know; you practice using that learning in tests, discussions and essays. You work on it on your own, making sure that your mind is fit enough to tackle the challenge of the final exam.

What you very much do not want is to be learning new concepts under the pressure of the examination hall. That is the place to show what you can do, not try out risky ideas.

In many ways, sport is the same. For soccer, the examination is the match; learning the skills is like gaining your understanding of Shakespeare; applying those skills is automatic in the chaos of the game. Those exercises you worked on in training ensure that you are fit enough to survive the game at your best.

And just like a piece of great literature, so a great soccer performance is made up of separate elements, which combine to produce the art form that is the 'beautiful game.' Just as you could examine character, plot, language and metaphor when studying 'Macbeth', a great performance in soccer is made up of control, passing, shooting, defending and teamwork.

Those elements can be broken down, practiced and perfected during drills. The drill allows for experimentation; failure and error does not matter. Indeed, we learn through our mistakes. There is less pressure during a drill, so time can be spent getting the individual skills and movements right. A good coach can help a player focus on areas of weakness. Pressure can be introduced slowly, and in a controlled way, ratcheted up to recreate conditions more like those in the match situation.

During practice sessions, often younger (and probably older!) players long for the 'game.' 'Can we play a match now?' is the sort of request coaches of younger players will recognize readily. And that is fine, a little match — perhaps one that reinforces the skills on which the session focuses on, makes a fun and useful end to a coaching session. But drills are crucial in helping players to become the best they can be.

These skill sessions can be focused on the individual, working on technique perhaps in groups of two to four; they can also be larger group drills, or whole team activities which help mutual understanding and coordination.

Most Important Aspects of Soccer for the Individual

There are many individual elements that go together to make the up the best players. Here we look at several of them.

One: Attitude and Commitment

Perhaps most important of all, the best players want to get better, they want to show what they can do, and they want to win. They will place the team above themselves as individuals. They will work on the parts of their game that are weakest, and seek to improve them.

They will be leaders on the pitch and in the changing room, challenging negativity and encouraging their team mates, especially younger ones, or newer members, of their squad.

These attributes will combine to mean that they get an enormous enjoyment from playing the game. Every game, every friendly, every practice session will be important to them, and from their commitment to these, they will become the very best that they can be. And during the game, the players with the best attitude and commitment are the ones who do not let their heads drop when things go against them, do not blame their team mates or the referee, but who continue to fight on, hoping to turn around a score line.

These are the kinds of players who often end up as captain. As many managers have said, the very best teams have eleven captains.

Two: Physical and Mental Attributes

These are elements in which players can only work to improve within the limits of their physiology. The physical elements needed for a footballer can be broken down into several parts.

1. *Physical fitness*: Children tend to be naturally fit; if they are enthusiastic enough to be coming to training, play in the

team, then they are likely to be active in other parts of their life. Sadly, when we reach adulthood, other demands on our time can see that fitness dissipate. Regular training will help to maintain it, such as finding time to go for a thirty minute jog, or spend an hour in the gym. Along with football training and playing matches, this will help the amateur to maintain sufficient fitness for a reasonable standard of soccer.

2. *Height and strength*: There is not much that can be done regarding the first of these attributes, but training and, if the standard is high enough, some work in the weights' room of the gym will help to improve the second element. While very top players do possess strength, even those of smaller stature, it is also true that soccer is a sport that accommodates different heights, body shapes and various levels of strength. After all, Lionel Messi, generally considered the greatest player of the last five or so years, needed growth hormone treatment when he was a boy because he was so small. Even now, playing for Barcelona and Argentina, he makes up for his diminutive stature with his speed and reading of the game.

3. *Speed*: This can be worked on with sprinting practice, but as players improve they can accommodate a lack of

pace with their reading of the game. In defence, dropping off a striker and ensuring that you are in the best position to intercept protects a lack of pure speed. Up front, similar tricks can be applied. The Arsenal and France striker, Olivier Giroud, is blessed with only average speed for a forward, but still scores regularly for club and country through his aerial strength, excellent footwork and ability to be in the right place at the right time.

4. *Touch:* Probably the most important technical part of a player's make up, the ability to control the ball quickly creates the opportunity to make better decisions, and use the ball under less pressure. The Dutch maestro Dennis Bergkamp was an example of a player for whom the ball appeared stuck to his feet; similarly, his older countryman Johann Cruyff appeared to own magnetic boots, so attached to them was the ball. For these two greats, playing the game was easier because the ball was always there, under their control. We have a chapter of drills coming up which will help players develop their touch.

5. *Reading of the Game*: This is quite a difficult concept to define. Perhaps it is best explained as, that quality of predicting where the ball we end up, and the runs that players – colleagues and opponents – will make. As an ability, it is partly innate, partly learned through experience, partly drilled through

practice. Defensively, it allows players to pop up at the right time; offensively it lets strikers pick up rebounds and deflections, or arrive late into the box to finish off a great move. Creatively, it leads to the sort of wonder-passing which opens up a defence. The great German midfielder, Mesut Ozil, is an example of player who 'sees' the pass, and thus creates many opportunities for his team mates.

Three: The Skills to Play their Position.

Clearly, the skills of the goalkeeper are often different to the talents of the centre forward, although these days most goalkeepers at the highest level are expected to be comfortable with passing the ball, able to start attacks with a precise delivery out wide. However, even within the outfield positions, there are differences.

As a coach, it is important not to pigeon-hole young players too early. The big lad who can kick it miles might seem like an ideal centre half, but within a year, his friends might have overtaken him height wise, and he may have lost that opportunity to develop the skills of an attacking midfielder.

However, as players grow, many will tend to drift to certain playing roles. Those who can operate in a number of positions offer more to the team, but, still bearing this in mind, these are the typical skills that are often looked for in particular positions:

Goalkeeper: Some size, once playing at adult level, is important. Good athleticism and strong handling are other requirements. A goalkeeper needs to be naturally brave, and should also kick well.

Centre Half: A good reading of the game is vital, to anticipate attacking runs and passes. Some pace is an advantage; being good in the air and physically strong are often pre-requisites; an ability to bring the ball out of defence to launch an attack can turn a good stopper into a player able to offer more to the team.

Wing Backs: A growing role in modern football, and perhaps one of the hardest to master. A good wing back is strong going forward but also knows how to defend. Speed is crucial, as is a good level of overall fitness. The ability to cross well is an advantage.

Full Backs: See wing back, but with more emphasis on defence.

CDM (Central Defensive Midfielder): Many teams play with one or two of these players. A 'good engine', that is the ability to keep running, is crucial. A clear understanding of the game – when to protect the defence, when to launch forward into attack, is also very important.

Central Midfield: Skills and attributes should be similar to a CDM, but a good central midfielder will be expected to add goals to his repertoire as well. A good shot, two footedness and an ability to arrive late in the box to pounce on a loose ball are all vital qualities.

Wide Midfield/Wing: Pace is needed here, the ability to knock the ball past the defender and beat them with speed. Also, the ability to cross well – after all, there is little point getting into a strong position then not being able to deliver a good ball. Wingers are expected to score goals.

Number 10: Today, often where the most creative footballers play. Two good feet, an eye for a pass (and the ability to deliver it), combined with regular goal scoring are the expectations for such a player. Good dribbling skills can add an extra dimension, causing uncertainty in defenders' minds.

Centre Forward: Two distinct kinds of player remain in this position. There is the strong, powerful player who is good with his or her back to goal, can bring in team mates with clever short passes and who is strong in the air. Perhaps more so, today, centre forwards are skilful, two footed players with a burst of speed and coolness in front of goal. Whichever type of player you are, as a centre forward you are expected to score goals.

Most Important Aspects of Soccer for the Team

The definition of what makes a great soccer team could lead to endless arguments. It is the topic of conversation in many a bar. If we briefly look at some of the greats, in terms of teams, then it is clear that a number of factors emerge to help us identify the characteristics of the best teams.

Tactical Brilliance:

The great Dutch teams of the 1970s – they reached two consecutive World Cup finals, both of which they should have won; the Spanish national side of the 2010s, and the Barcelona team of that era – each of these sides played in a way that others could not counter. The Dutch, of course, invented total football, where every player was capable of performing every role. Whoever was there did the required job. The Spanish sides and their tika-taka play moved the ball so quickly that their opponents could not get near it. That these teams benefited from the likes of Cruyff, Messi and Iniesta certainly added a further advantage.

Amazing Front Line:

Some teams have been so strong up front that they have simply outscored the opposition. The Mighty Magyars of Hungary, who would surely have won the world cup had not their great player, Ferenc Puskas, been 'assassinated' by a German defender in an earlier round; the amazing Real Madrid of the 1960s (also featuring Puskas, alongside Di Stefano) the Brazilians of 1970, Pele and Jairzinho to the fore. However, although strong going forward, these teams were no weaklings defensively, and that the opposition hardly touched the ball was also a factor in their success.

Great All-Round Sides:

The English Premier League is unique in major competitions in that every team is capable of beating any other. Because of the enormous amounts of television money in the English Premier League, even teams who eventually end up relegated regularly defeat sides in the top six. This is untrue of Germany, Italy (to a lesser extent) and Spain, where there are perhaps two or three strong contenders, and maybe three or so others who spring the odd surprise; for the remainder, they simply do not compete with the best. The Arsenal 'Invincibles' team of 2004, undefeated throughout the campaign, was built from strength in all positions. The speed of Thierry Henry, the guile of Dennis Bergkamp, the power of Gilberto Silva and Patrick Viera and the defensive quality of Sol Campbell and Ashley Cole.

Therefore, we can see that all the best teams were strong throughout the side, although they may have been better in certain departments. They kept possession well, and had players of particular brilliance.

For most of us, of course, as coaches and players, we will not ascend anywhere close to the levels listed above. But we still look to develop our play to the highest level it can be. But although we will not have the pleasure of working with players of such technical ability, there are other factors which are possessed by all great sides, and on which we can certainly work with our own players.

They are:

Communication

Attitude

Flexibility

(Plus the best skill level the group can achieve.)

Communication is crucial; sport is by its nature competitive, soccer adds to this competitiveness physical challenge and speed. Communication adds another aspect to a player's ability to read the game, to know whether they have time on the ball, or whether to lay it off quickly. It helps them to know what their team mates are doing.

Attitude, as we saw with individual characteristics, is crucial. There needs to be a team mind set to compete as hard as possible, to keep heads up when things go against you, to keep playing until the end. Many games that have seemed lost have changed in the last ten minutes, sometimes even in injury time itself.

Finally, *flexibility*. Playing soccer is not just about what you do as a team, but also how the opposition play. That ability to adapt formation, close down more quickly or look to play on the break marks out the most successful sides from the also rans.

Keeping Possession

General Information on Diagrams

Most of the drills described over the next chapters include a simple explanatory diagram. For these, the dots (and occasionally squares) represent players and the lines refer to the movement of the ball (white) and movement of players (grey/blue). Sometimes, a square is used to show the need for grid (painted, or made of cones) and lines are added to divide up areas of the pitch.

Possession

Control of the ball is the fundamental skill without which no player can be an effective part of their team. Indeed, at the highest levels, the first thing at which a scout will look is their subject's ball control, often referred to as their 'first touch'. The best examples of this will demonstrate the following:

- Keeping the ball close to the body, adapting to the proximity of the nearest opponent.
- Positioning the ball so that it can be laid off to an opponent easily
- Using the body to protect the ball from an opponent's tackle

When coaching there are certain key points to emphasise to your students:

- Get your body in line with the passage of the ball as quickly as possible
- Whichever part of the body you are going to use to control the ball should relax slightly on impact, cushioning the ball, but preventing from becoming stuck under, for example, the foot
- Make sure that as much as your body as possible is behind the ball as you control it.

An individual practice not displayed below is to juggle the ball. This helps to develop dexterity, and can be either as a solo activity, or group challenge. For example, younger players love to be challenged to juggle the ball ten times without it touching the ground, while six players can try to work as a team to keep the ball off the floor for ten touches.

Practice Drills

Drill One: Square Pass

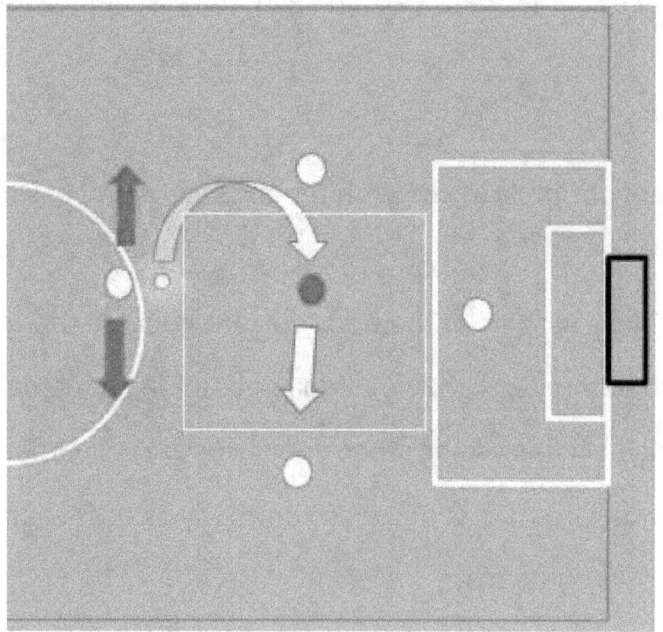

Using grids (these can be marked out with cones laid, for example, eight metres apart, or can be ready painted onto a pitch):

- Position a player (shown below in white) on each side of the grid. These players can move laterally along their line of the grid and up to one metre behind it.
  - A fifth player (blue/grey) is in the middle of the grid.
  - A white player passes the ball to blue/grey.
  - Blue/Grey must control the ball, and pass the ball to any of the four whites.
  - The control and pass it back to blue/grey.
  - After a couple of minutes, the players rotate.

Emphasise the three key skills bullet pointed above.

Development

- Start the drill with a throw from white, to help practice control with different parts of the body. With more able players, the grid can be extended, and lofted passes introduced to challenge grey even more. However, here grey should still be encouraged to return the pass on the ground.
- Set a number of touches for the grey player; for example, start with three, reduce to two, and then one.

• Encourage the whites to be on the move along their lines. This develops communication and also helps with passing as well as encouraging grey to get his/her body position right as early as possible

Drill Two: Square Pass with opponents

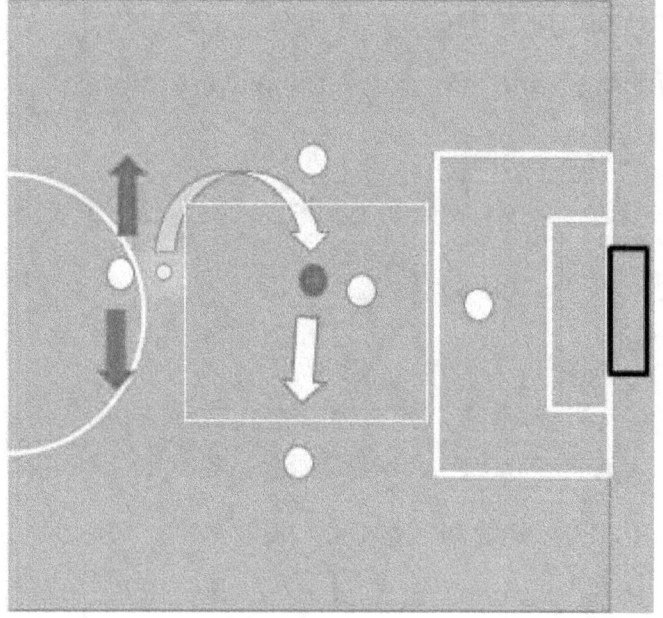

The drill is the same as above, but a sixth player is added. This player is inside the grid with grey, and aims to pressure the ball.

Initially, start with just a presence, then allow the player to jockey to help blue/grey develop balance and ensure his body is protecting the ball. Finally, allow the opponent to try to win the ball.

Although it seems similar, this is a much more challenging drill.

Drill Three: Using the whole body

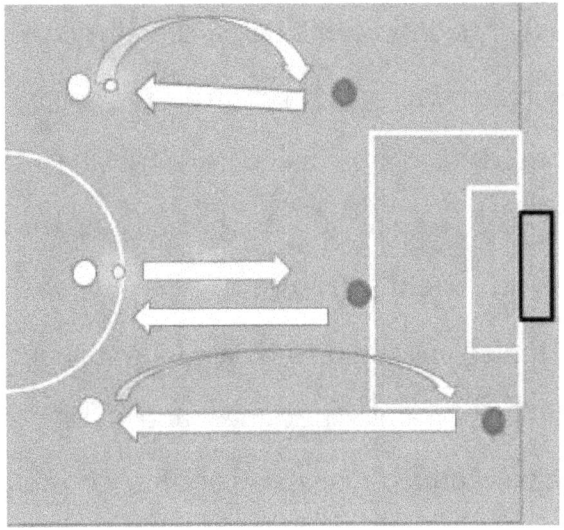

- The top white player is throwing the ball for control using the chest, thigh and raised foot.

- The middle white player is driving passes firmly along the floor, using their laces is a good enough player.
- The bottom white player is lofting and chipping long passes. If you are working with younger players who struggle to do this, they can throw the ball.
- The blue/grey players are working on controlling the ball, and returning it with a sharp pass to their white player.
- In each case, the grey players must employ the skills mentioned earlier to control the ball successfully.
- In the first example, when chesting the ball, players should make their chest as big a possible, before relaxing it slightly at the last minute to keep the ball close to them. Using the arms for balance is very important with control
- While controlling the driven pass, players need to watch the path of the ball carefully, tracking it and getting their body in line, since the ball could bounce, and accuracy is likely to be lost from the passer.
- In the third example, where the pass has been lifted, the grey player needs to develop the ability to make decisions, learning which part of their body works best for them, if their feet are ruled out of the equation.

Development

Increasing distance can add extra challenge, plus the drill can be developed to emphasise practice on the weakest part of their control. Pressure can be increased by whites having a supply of balls, and firing off the next delivery as soon as the previous one has been dealt with.

Drill Four - Whole Body Under Pressure

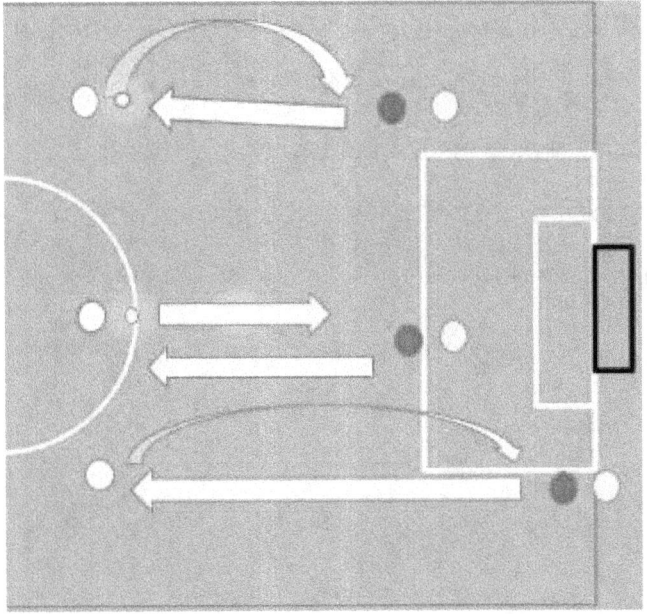

Once again, we add to the straightforward drill by adding an opponent. This is especially useful as it adds the dimension of decision making to the grey player. He must judge how far he can move to the ball, and which part of the body to use for control while ensuring that he prevents his opponent from intercepting the ball or getting in a tackle before the ball can be laid off.

Drill Five – Segments

This is a brilliant drill which develops many aspects of an individual's game. It brings in communications, decision making, passing and interception. It works superbly with group training as well as team work is crucial in playing it successfully. Segments is a great way to finish any session of drills. It can be played with four, five or six players in each 'team'.

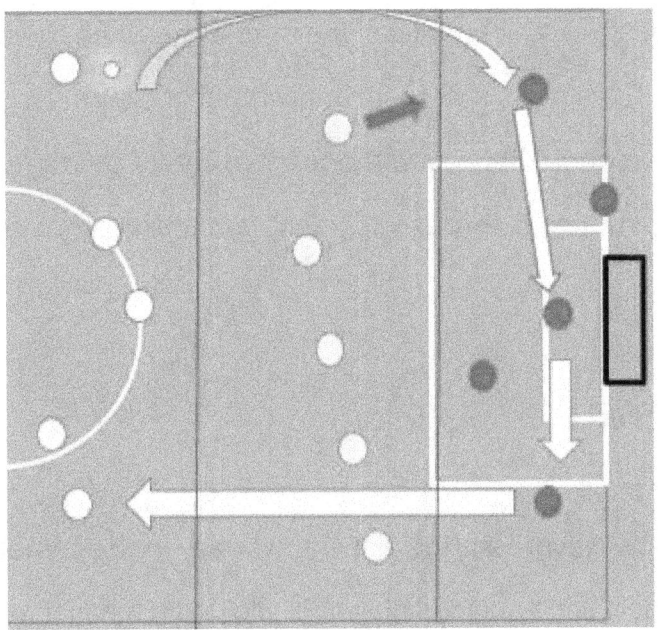

- Half a pitch is divided into three equal segments as below.
- The aim is to get the ball from segment one (white) to segment 3 (blue/grey) without the yellow/pale greys in segment two interception.
- The ball must then be passed back from segment three to segment one.
- If the ball is intercepted or goes out of play, then the team at fault swap with the 'defensive' team occupying segment 2.
- One player only from segment two is allowed to pressure ball when it is in segment one or segment three.

- Control of the initial ball is essential, as when the drill works well, the defensive team apply rapid pressure.
- From there, it is up to the team to create the time and space to play a pass-through segment two to the other end of the pitch.

Development

- Allow the pressuring players to swap, so the comes back and another, better placed player, is allowed to challenge as the team attempt to create space for the pass
- Allow a second player to pressure the ball.
- Shrink the playing area
- Impose restrictions to develop the skill being practiced, e.g. if the drill is to work on chest control, only allow lofted passes.

Short Passing Skills

For best accuracy, short passing should be played with the instep. A great tip for coaches and players is to always practice passing using both feet, so working on the left foot, then the right.

Key Points

- Approach the ball from an angle of about 30 degrees.
- Get your non-kicking foot close to the ball.
- Make sure that your weight is planted forwards, with your head over the ball. This way, the pass will stay on the ground, which makes control for your team mate easier.
- Get to know your team mates, so that you can pass to their favoured foot (if they have one).

Drill One: Simple Grid Passing

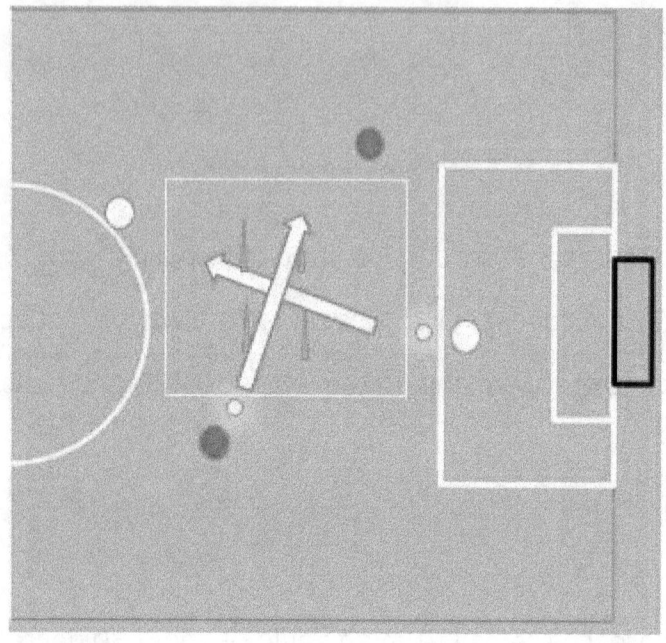

- Use the grid with a smaller square in the middle.
- Two players (grey, below) pass across the grid, making sure that the ball goes through the middle square
- Once this is mastered, two more players practice across the grid (yellow/pale grey, below). This means that timing of the pass becomes important, to stop the balls hitting each other.
- To make the drill realistic, the players should always be on the move.

Drill Two: Passing Square

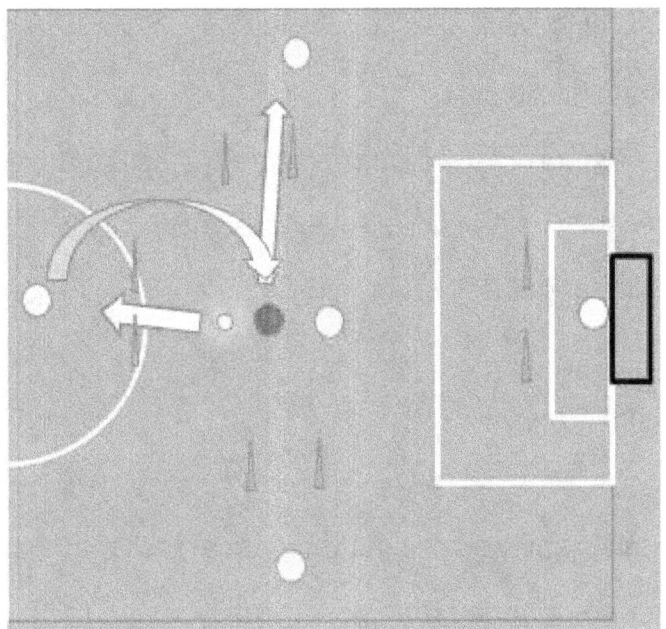

This drill is good for getting player to vary their passing.

- Mark out a rough square with four sets of two cones. The drill is for the blue/grey player in the centre.
- This player must pass the ball through the cones to a team mate, but in a different way for each.
- In this example, the two white players will receive a straight forward pass to feet, one player passed to with his left foot, the other with his right.

- The yellow/pale grey players can be one a pass to run on to, the other a lifted pass.
- The support players simply return the ball to the grey player after they have received their pass.
- Rotate periodically.

Development

- Receiving players call out the type of pass they want.
- Pressure is added to the central player with the ball played to him in a variety of ways.
- The addition of an opponent to add further pressure helps to recreate the match situation.

Drill Three: One In, One Out

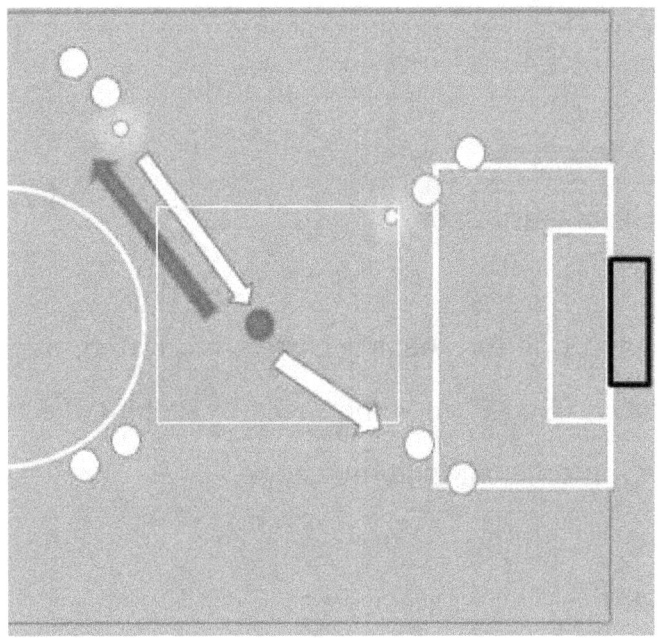

- This uses a grid, it can be made larger for less skilled players, to give more time on the ball.
- A player from one corner (white) plays the ball into the central player (grey/blue). He jogs after the ball into the centre.
- The central player turns 180 degrees with the ball and passes to corner he is now facing. He follows the ball to that corner.
- The player from the next corner (yellow/pale grey) plays the ball in for the skill to be repeated.
- The play continues.

This is a very effective warm up drill as well as good for passing, as it can start gently with pace increased as the players loosen up.

Drill Four: Pass, Pass, Shoot

This is a good drill for keeping players motivated, as everybody loves to shoot. Stress the importance of keeping the ball on the ground for this drill, until the shot stage.

(Remember to coach your players to shoot low across the body of the keeper – this is both the hardest position for the keeper to reach, and also creates the opportunity for rebounds if the shot is partially saved.)

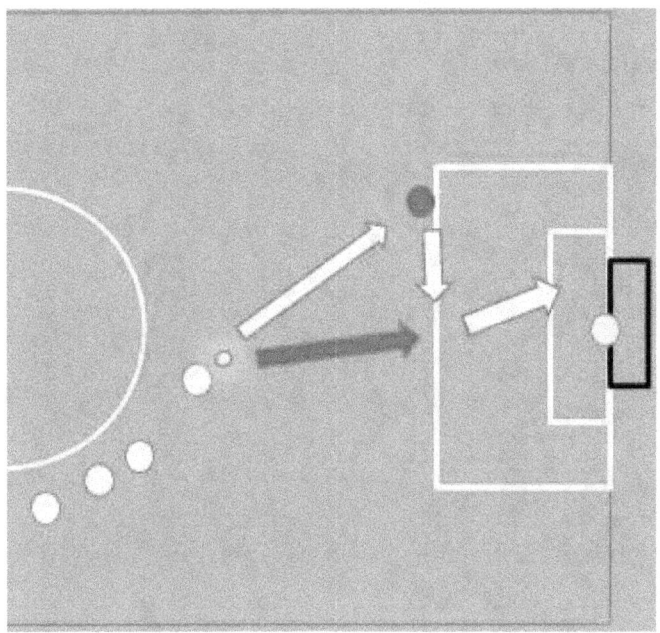

- White player passes to blue/grey and runs on (blue/grey arrow) for the return.
- Blue/Grey player passes with a simple one-two.
- White player ends with a shot.

Development

Start with two touches, then move on to one touch play.

Drill Five: Obstacle Course

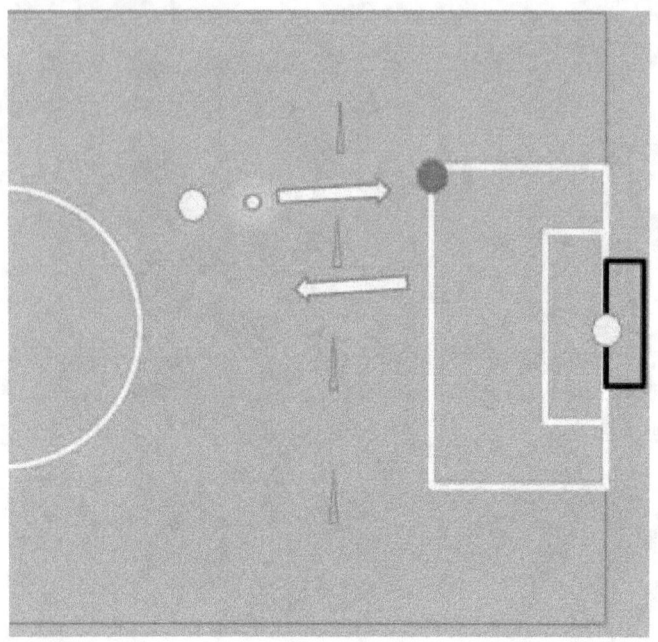

This is a good, fast action drill, also great for a warm up. The drill can be made simpler or more difficult by placing the cones further apart or closer together.

- White player passes through the cones to grey.
- Grey controls, changes the angle, and passes back between two different cones.

Development

The drill can be developed by the addition of a defender running parallel with the cones, who aims to intercept the passes. In this case, the other players must work together to make angles which allow passes to bypass the defender.

Shooting

Key points (for developing this skill) are as follows:

- Shoot through the ball, striking with the laces for extra power.
- Keep the head forward and over the ball to ensure that the shot keeps low.
- Practice with both feet; the best strikers score with either foot.
- Aim to shoot across the goal, aiming towards the far post.

Drill One – Rapid Fire

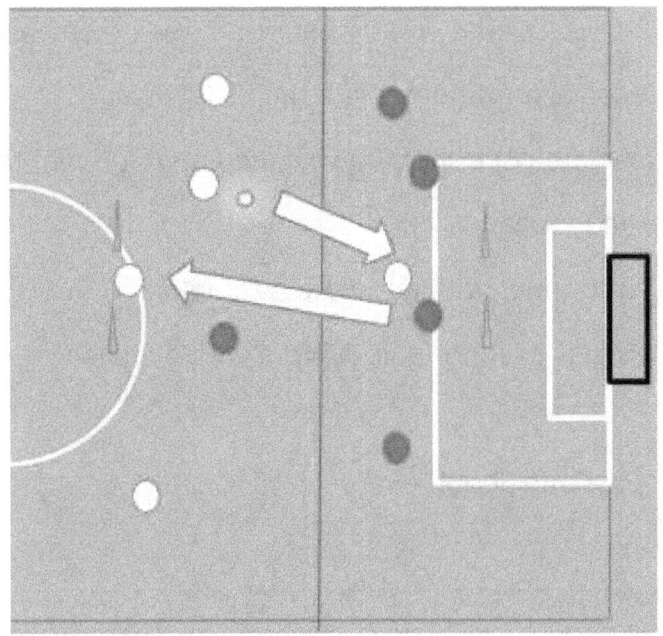

This fast action shooting drill requires a lot of balls. It is very popular, but needs careful watching as balls fly quickly.

- Set up a mini pitch with two goals approximately 30m apart. Make sure that there are two clear halves to the pitch.
- Place ten balls behind each goal.
- Each time they set up with their team in their half. One player from each side is allowed in the opponent's half. That player is there for rebounds and deflections. He or she can also pressure the passing of their opponents.

- Whites start. They must shoot from their own half. They have ten seconds maximum to get their shot away.
- Immediately the shot is away, the grey/blues get their first ball ready, and repeat.
- This continues with alternate attempts.
- The aim is to shoot quickly from your own half.

Drill Two: Pass and Shoot

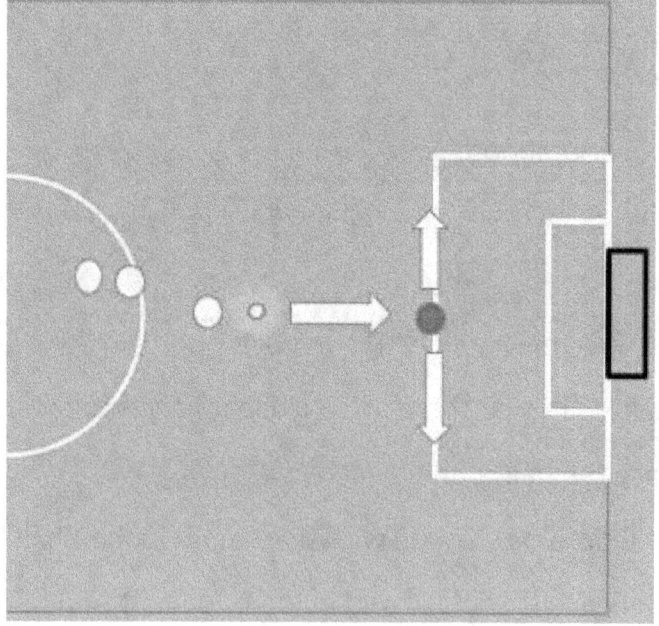

A simple but effective drill. Really encourage the player to shoot across the goal, aiming for the far post. The drill can be used with a support player chasing in the shot, looking for the rebound.

- White player passes into the feet of the blue/grey player, and sets off on run in the direction of one of the arrows, indicating with a call, or point of the arm, where he or she wants the return pass.
- The blue/grey player lays off a short pass.
- The white runs on and shoots.
- One touch can be allowed, and this can be developed by aiming for first time shooting.
- Make sure that players practice using both feet.

Drill Three: First Time Finish

Players love this drill. As coach, be aware of risk to the goalkeeper, if you use one.

Focus on the following skills.

- Striker must change the angle of his run to create space.
- Finish must be first time
- Cross needs to be pulled back, taking the keeper out of play.

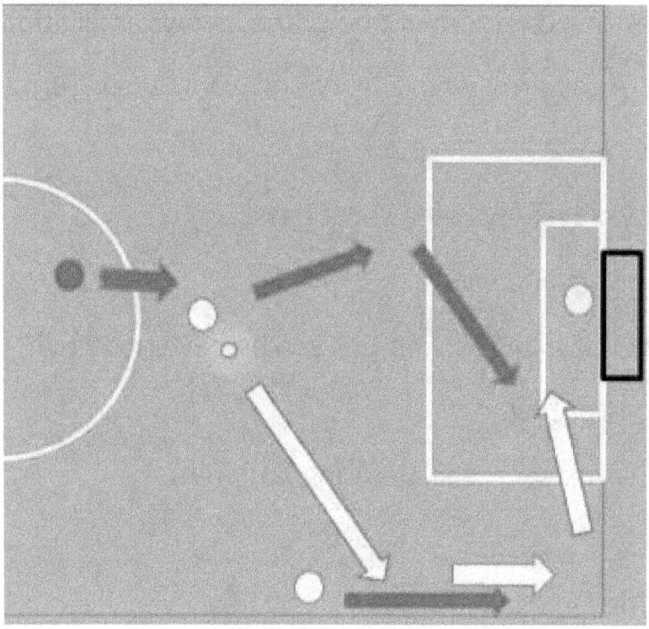

- White player passes to his colleague on the wing
- White runs to far post, then cuts at speed to the near post anticipating the cross.
- Meanwhile the white winger dribbles down the wing and pulls the ball back along the ground to the near post.

- White striker finishes first time.

Development

A defender can be added to test the striker's run. The defender should play with restraint as he knows the run the attacker will make. He is there to add pressure, not win the ball.

Drill Four: Turn and Shoot

This drill utilises the striker's first touch to create space for the shot. Shooting on the turn is more difficult than when running on to the ball, but players must still aim to keep their weight forward, their head over the ball and to strike with the laces to generate power.

The use of the defender (blue/grey player) is optional. Depending on the skill level of the players, the player can be passive or fully aiming to stop the shot.

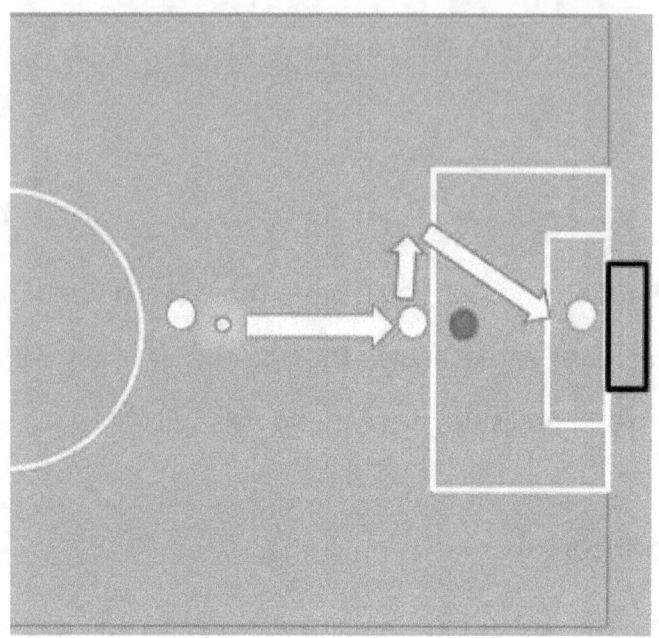

- White player feeds the ball into his striker.
- The striker controls, swivels at speed, creating a little bit of space, and shoots first time.

Drill Five: Volleys

This drill can be adapted by the feeder (grey, below) taking up different positions. For accuracy, it is best for the feeder to throw the ball rather than cross it with her feet.

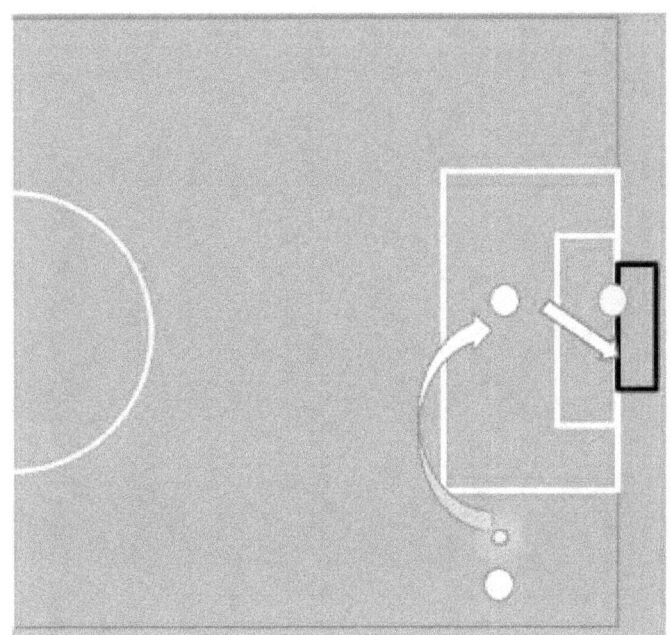

- Striker (white) points their opposite shoulder to their striking foot towards the ball, swivelling their hips.
- The body unlocks like a corkscrew, the shooting foot coming around, and the arms out for balance.
- The pace on the ball means that it is not necessary to shoot hard. Indeed, the instep can be used if the ball is at a particularly challenging height.
- The aim is to hit the target, pace will naturally be generated.

Long Passes

Fortunately, most purists would say, coaches have recognised that keeping possession is the key to success on the pitch. It preserves energy, while tiring out the opposition as they have to change position to deal with differing angles of attack. Passing on the ground is also more pleasing on the eye. For example, under the legendary Charles Hughes, the FA's former technical director in the England, the theory was to get the ball forward as quickly as possible. As England's results demonstrated, it was not the best tactic, marking one of England's less successful spells internationally.

However, the long pass does have its place. Tactically, it can turn defences, allowing speedy strikers to get in behind. Played to a skilled target man, capable of holding the ball up, it can relieve pressure and allow a quick break. Played crossfield, it can change the direction of attack quickly, causing opponents to reshape their defensive formation.

Key Coaching Points

- The pass will often have to be lifted
- Strike with the laces, leaning back slightly to achieve height (if there is plenty of space, keeping your head over the ball will stop it from rising).
- Kick slightly under the ball, also to help with lift.
- Approach from around 30 degrees
- Plant the non-kicking foot firmly beside the ball.
- Keep your eyes on the ball.
- Have a follow through with the kicking foot; this will generate distance.

Drill One: Short Pass/Long Pass

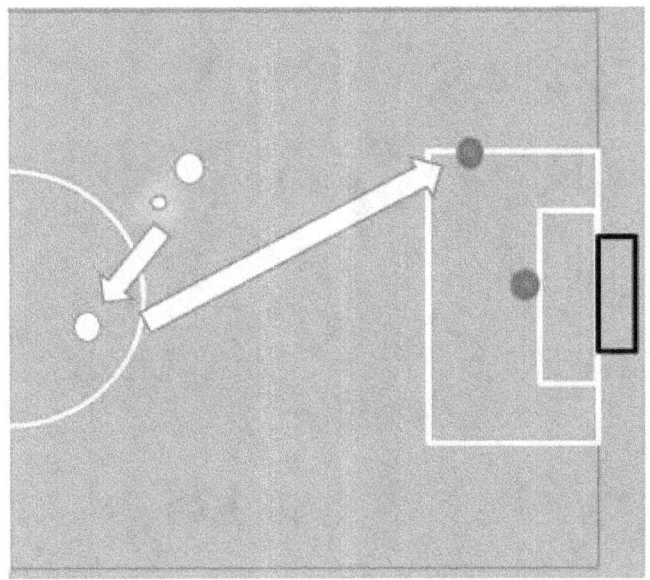

- White player hits a short pass to white
- White strikes a long diagonal pass to the blue/gray
- The drill is repeated

Development

The addition of a defender can add challenge to the exercise.

Drill Two: Long Pass and Control

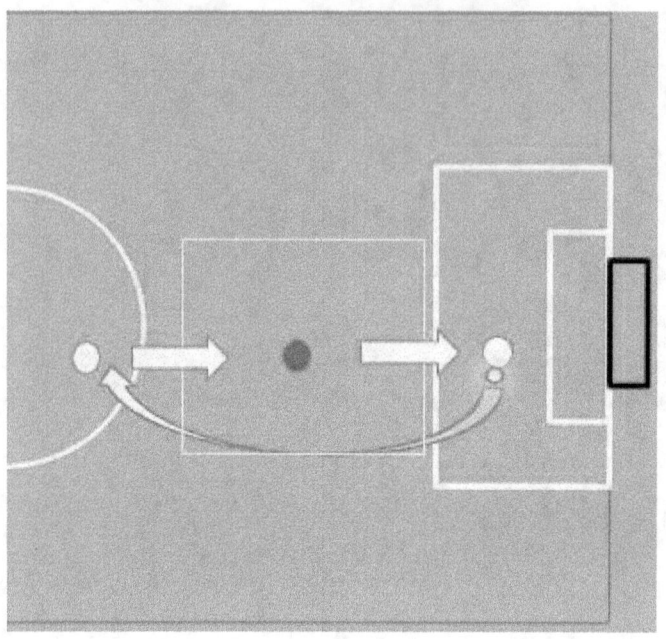

A key problem with the long pass to a team mate is that it is harder to control. This drill covers both ends of the delivery. Depending on speed and ability, the two end players need to be around 20-25 metres apart.

- Ball is played long by the first white, over the blue/grey player in the grid (or between the cones).
- Second white gets in position to receive the ball, as per the 'control' drills earlier.

- He chooses whether to lay off first time to the grey player (via head, chest or foot) or whether to control the ball and lay it off to grey.
  - Grey passes to the first white player.
  - Rotate periodically.

Drill Three: Into Space

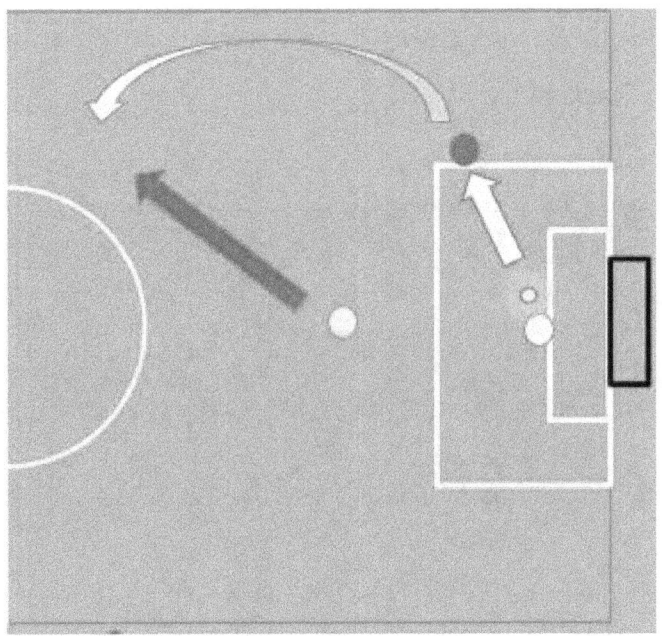

A useful drill for getting the ball away from defence to launch an attacking opportunity. This drill can be used in other parts of the pitch, and also as a cross-field pass.

- White plays a short square pass to blue/grey.
- Blue/Grey hits a long ball down the line into space.
- Meanwhile, yellow/pale grey has anticipated a set of on an angled run. He should set off as white begins his pass.

Drill Four: Backspin

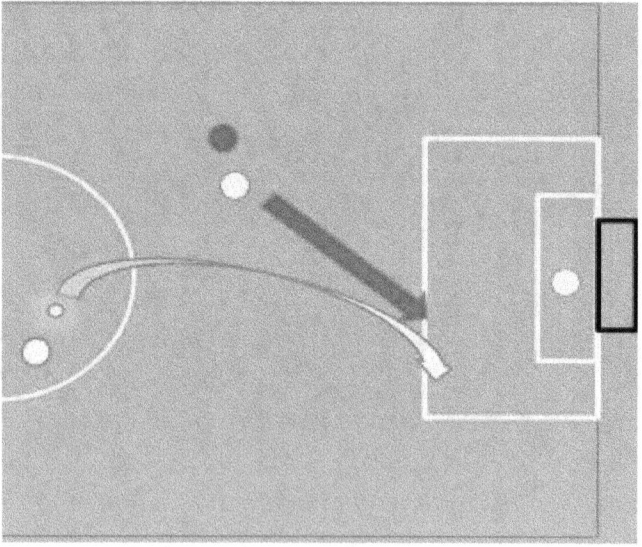

A difficult pass to play, but a good weapon to hold in the armoury. It can be played over a defender, then hold up as it bounces, giving a quick striker a chance to get behind the defence before the ball can be collected by another defender or keeper, or goes out of play. The pass tends to be lofted and can lack pace, allowing defenders to cut it out if they position in time.

Key Skills

- Lean back slightly when passing to give height.
- Strike with the toe
- Not too much follow through
- Hit the ball quite centrally

The Drill:

- White floats the pass
- His team mate and blue/grey move towards the ball
- The keeper makes a decision as to whether he can collect the ball.

It is best to limit the movement of the defensive players so that the passer develops confidence with this tricky skill.

Drill Five; Outside of the boot

Using the outside of the boot will induce curve on the ball.

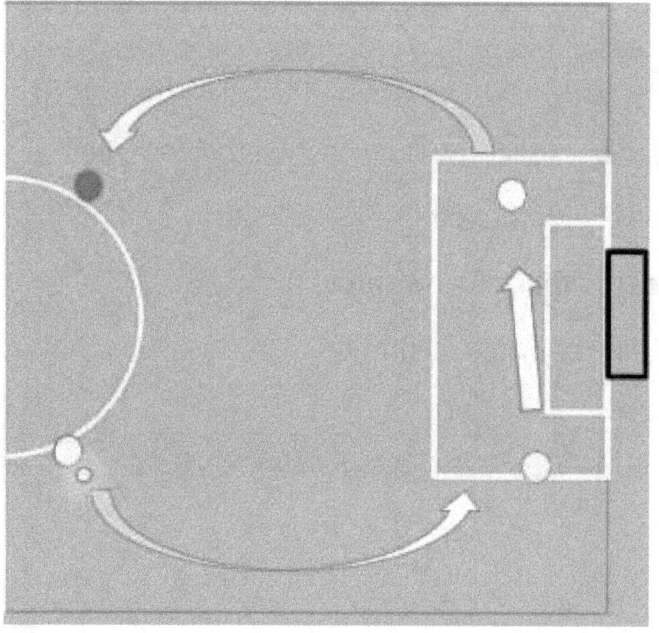

Diagram shows ball hit with outside of left foot

Key Skills:

- Hit the ball firmly with the side of the laces.
- Aim slightly wider than where you want the pass to end up — the ball will curl back.

The Drill:

- White strikes the ball with the outside of her foot, curving it to yellow/pale grey.
- Yellow/pale grey plays a short pass to white.
- White repeats long pass to grey.
- And so on, rotating as necessary.

Note, if the ball is hit with the right foot, it will curve the opposite way.

This drill can be adapted to work with a curve pass with the instep. Here, the ball will curve less dramatically. The ball should be struck with front instep, firmly, leaning back and kicking with a sweeping motion under the South East of the ball as you face it.

Dribbling

Is there anything more thrilling than watch a player beat his opponent with a moment of divine skill, or to see a striker bearing down on goal, ball under perfect control?

The drills below are very simple to set up. They require just cones to dribble around; the wider they are spaced; the faster player can travel.

The key skill when dribbling is to move the ball with the laces, so that stride pattern is not interrupted. The closer an opponent, the tighter the ball must be to the boots.

It is handy to use lines, such as grid lines or touch lines, to help players run in a straight line.

Drill One – Simple close dribbling

- Set the cones an appropriate distance apart, perhaps 1-2 metres.
- Player dribbles through the cones.
- Either, pass on to a player to dribble back, or turn and pass back to another player.
- Work on both feet.

Drill Two – Stepover

This manoeuvre creates space for a pass or to trick a defender allowing the player to dribble past.

- Create a space in the cones to allow room for the step over
- Player drops shoulder on side (e.g., right) where stepover will occur.
- Player steps (e.g., with right leg) over ball from inside to out.
- With other foot (e.g. left), player shifts the ball to the left and accelerates away.

Drill Three – Cruyff Turn

The trick, made famous by the Dutch master of the 1970s, allows a complete change of direction in play.

- Dribble through cones.
- At line, step over ball, then drag it back through your legs with the toe of the foot that completed the step over.
- Dribble back.

Drill Four – Dribbling at the keeper

This drill give practice of 1-1 against the keeper. The drill can be developed by the introduction of a defender, who starts behind the striker. To make the drill appropriate for developing dribbling skills, the defender should start far enough behind the striker to ensure that he can only catch the striker if the striker miscontrols the ball.

- Dribble directly at the keeper, pushing the ball forwards with the laces to cover the ground quickly.
- As the keeper approaches either:
    - Shoot low, close to the body OR
    - Wait until the keeper dives at your feet and chip the ball over him.

o Dribble the ball past, using a skill such as a turn or stepover, and shoot into the empty net.

Drill Five – Running with the ball

For this drill, either space cones widely apart, at least 8-10m, or practice without cones.

Since in a match, this skill would be employed only when there is a lot of space in front of the player, for the drill to be realistic, it should be as simple as possible.

- Ensure that the players use their laces to propel the ball forward.
- They need to ensure that their stride pattern is not broken when propelling the ball.
- Work across a pitch, or from half way to the touchline. Dribble, then a partner dribbles back.

Fitness

Fitness drills are best combined with football drills, any play with the ball is beneficial. These drills all feature the ball to some extent.

Drill One: Soccer Pursuit

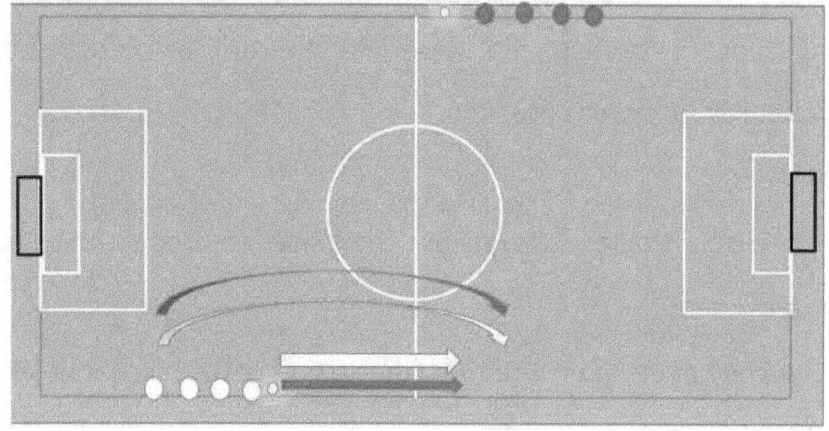

- Players line up on a touchline about 2 metres apart.
- The front player has a ball.
- The players jog continuously making their way around the pitch, while doing the following:

- The lead player dribbles for 5 metres, then steps over the ball for the team mate behind to dribble for the same distance. He too then steps over the ball.

- This continues until the ball reaches the player at the back. He next dribbles around his team mates until he reaches the front of the line, where the drill is repeated.

- A degree of competition can be added by having another team starting opposite, with the winning side being the first to catch the rear most player of the other side. Rather like a Pursuit race in cycling.

Drill Two: Tough for Defenders

A really hard drill which will help to develop physical and mental fitness.

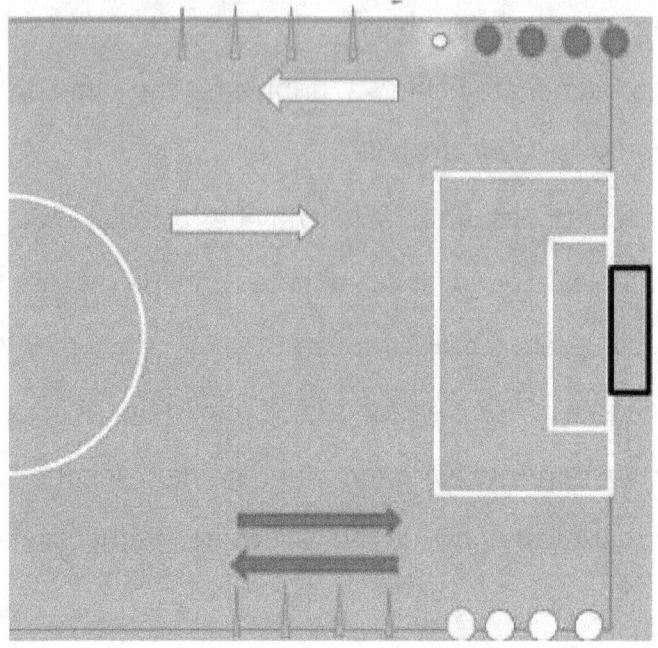

- Two teams line up as per the diagram. The whites are attacking and have a ball.
- The goalkeeper (yellow/pale grey) is leading the defence (white) line.
- On the whistle the attackers dribble through the posts then organise themselves.
- Each player must touch the ball then the dribbler must end with a shot.
- Meanwhile the defenders must go up then back down the posts, before organising themselves defensively.

- A good attack should score before the keeper is in position and set.
  - Teams then swap roles.

Drill Three: Circuit

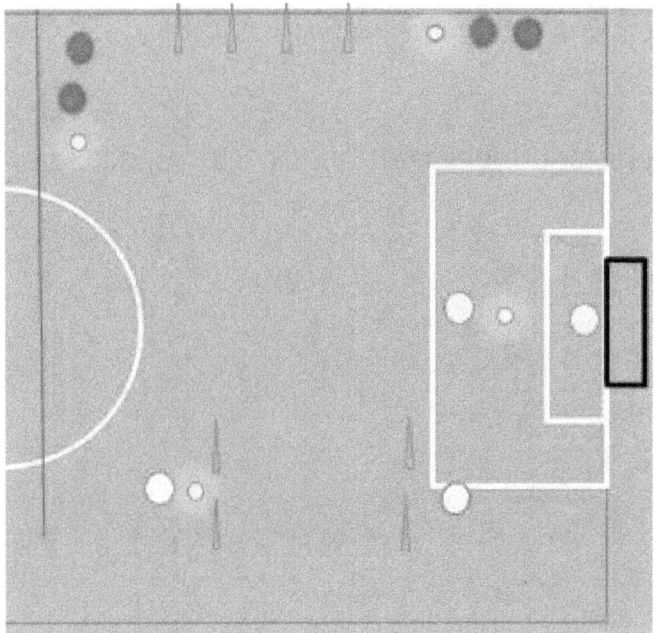

Complete the circuit with two minutes of sport, then thirty seconds of recovery, rotating through the drills.

Drills could include:

- Dribbling through posts, non-stop.
- Diving practice – player feeds the ball side to side. Keeper dives, catches and returns. Swap after one minutes.
- Individual 'keep uppy' work.
- Non-stop one touch passing.
- Running with the ball, controlling with laces. Run the width of the pitch, Cruyff turn, then repeat.

Drill Four: Distant Dribbling

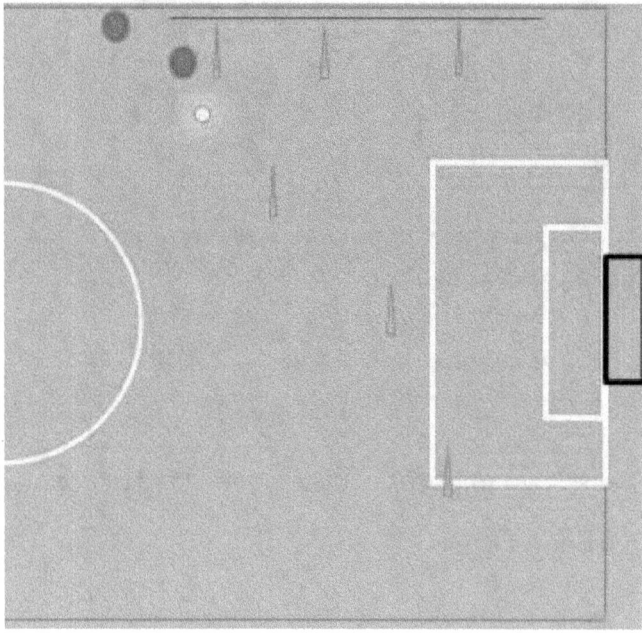

Player dribbles to the cone, turns, dribbles back to next cone, turn, dribbles once more. All to be done at speed.

Drill Five: Non-Stop

Work this drill for three minutes, then rest, then repeat. Rotate positions after each rest.

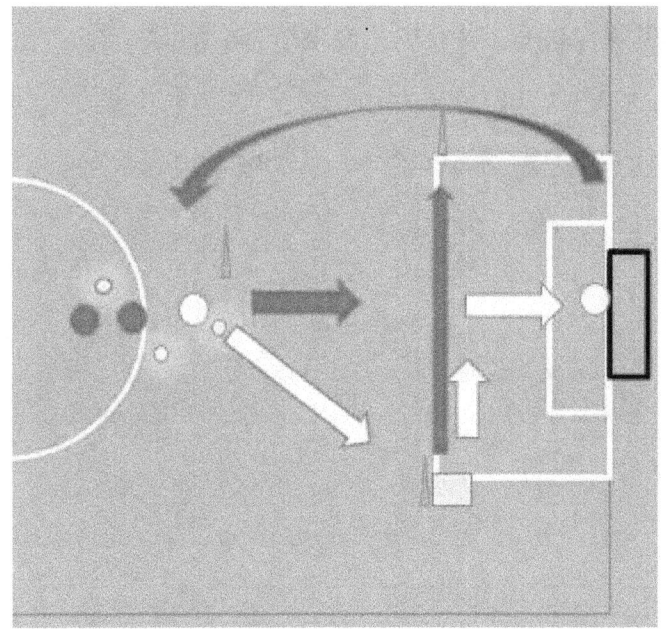

- The first player (white) passes and moves.

- He gets the return pass and shoots, or dribbles at the keeper, then collects his ball and runs to the start position.
- Player two (square) returns the pass then returns to the opposite side of the pitch ready for the next delivery.
- Players three and four (dark grey/blue) works the same as player one.
- Work out the distances so that the movement is continuous for all. Even the goalkeeper will be facing constant shots or dribbles. At any one point, the goalkeeper will be recovering her position, player one, returning with their ball, player two crossing the pitch, player three passing and running and player four getting back to position.

Communication

A team of great individuals will not often defeat a team of lesser players who combine effectively. Therefore, communication is key. The drills that follow will encourage players to communicate on the pitch, so that it becomes second nature.

Drill One: Simple Circle

This is a very simple drill, ideal for young players, or for a new group.

- Simply arrange the team in a large circle.
- One ball is used, but the drill is then made more complicated by the addition of a second and then third ball.
- Players call for the ball with 'To John, here.'
- Passers identify their target with 'John'

Drill Two: Talking Circle

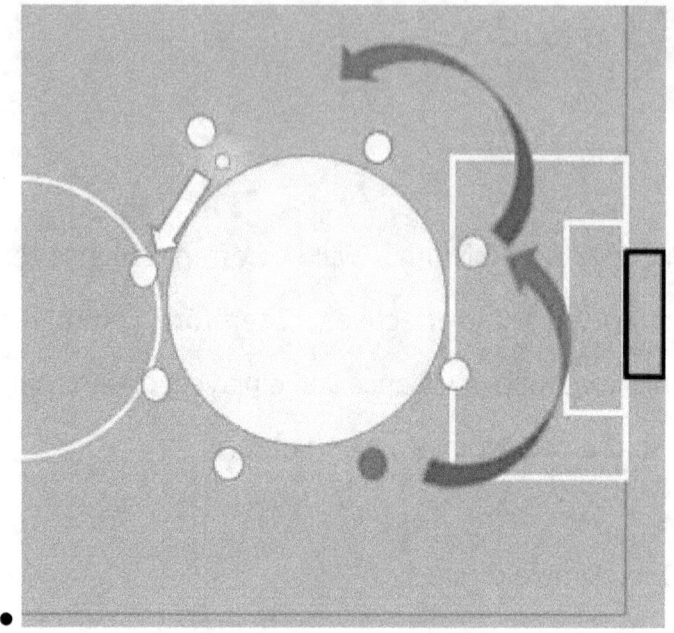

This is quite a complex drill and it is important that the coach understands it, so that the idea can be explained to players. It is, however, an excellent way to get your team working together.

- The players form into a large circle, around 15m in diameter. At least eight are needed to make the drill work.
- The players are numbered consecutively.
- Two balls are used; these start with any two players.
- The balls are passed. Number one passes to number two and so forth.

- The coach calls two numbers. For example, four and seven. These are shown by the yellow/pale grey and blue/grey circles above.
- Number four sprints to number seven's slot, and number seven to number four's space.
- The balls are passed continuously, only stopping if the target is one of the players involved in the sprint.
- As soon as the two runners are in position, two more numbers are called.
- Quite quickly, the numbers will be mixed up in the circle, and the team will need to communicate to know where each pass should be headed.

Drill Three: Prove the Point

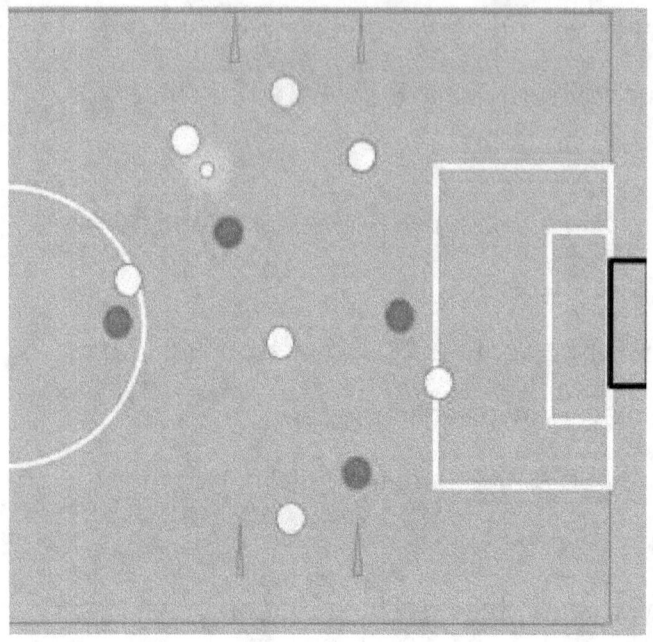

This drill works by demonstrating the importance of communication by taking it away. It is a drill that should only be used once or twice with a particular set of players.

- Set up a small sided pitch
- Play a normal game but ban any talking. Any words result in a free kick to the opposition.
- Play for a short time only, then review together the impact of no talking.

Drill Four: Spare Man

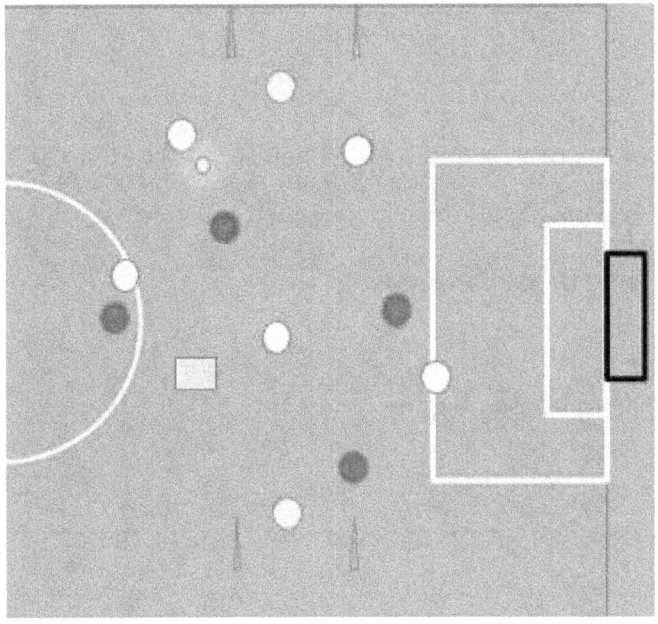

For this drill, a game is played with one spare player, shown in square symbol above. This player plays for whichever side is in possession of the ball. After a time, this can be changed to the player always being on the side of whichever team does not have possession.

The game is simple. Just a normal match but the extra player can only move and participate when given instruction, such as 'down the line' 'man on' and such like.

This drill can be developed by having a second or even a third spare player. This can really make a quick difference to a team if the players can be utilised effectively.

Drill Five: Man Management

Not a drill as such, man management is nevertheless a key skill a coach must possess to get the most out of his players, and to develop them as far as they can go.

Since we are talking about communication in this section, the coach should recognise that whilst some of his or her team are natural leaders on the pitch, directing, advising and instructing, others are more reticent. It is important to establish why. This could be just a natural shyness, or perhaps a sense of inferiority. It could be as simple as that the player is concentrating hard on the game, and does this quietly rather than with lots of chat.

Good man management identifies the reasons for lack of communication, and then helps to eradicate it. This is an individual matter, working with players one to one to ensure that they communicate. Tricks can include simple explanations of why communication is important, to creating artificial situations, such as allowing only one or two players on a team to talk.

Team Passing

Earlier in the book we looked at individual passing drills. Now we can use those skills to create more realistic match type situations. Remember, also, the 'Segments', drill, which is an excellent team passing activity.

Drill One: Squares

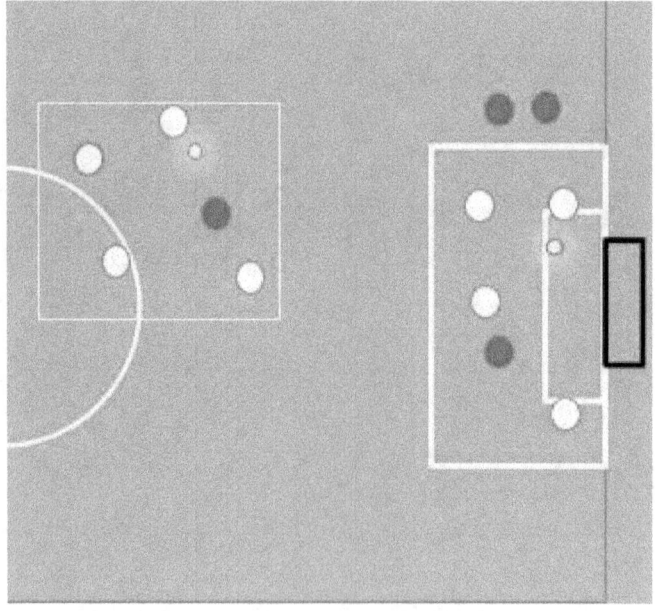

This simple drill is active and demonstrates the effectiveness of crisp passing and sharp movement.

- Create a large grid, about the size of a penalty area.
- Start with 4 v 1, but make the challenge increasingly difficult by adding in an extra defender, 4 v 2, then 4 v 3.
- The aim is to pass and move to keep the ball away from the opposition. If a pass is intercepted, then the passes becomes a defender, and the defender who made the interception joins the attacking group.

Drill Two: Pass and Shoot

Another simple to organise drill. This uses passing to create a shooting opportunity for a team.

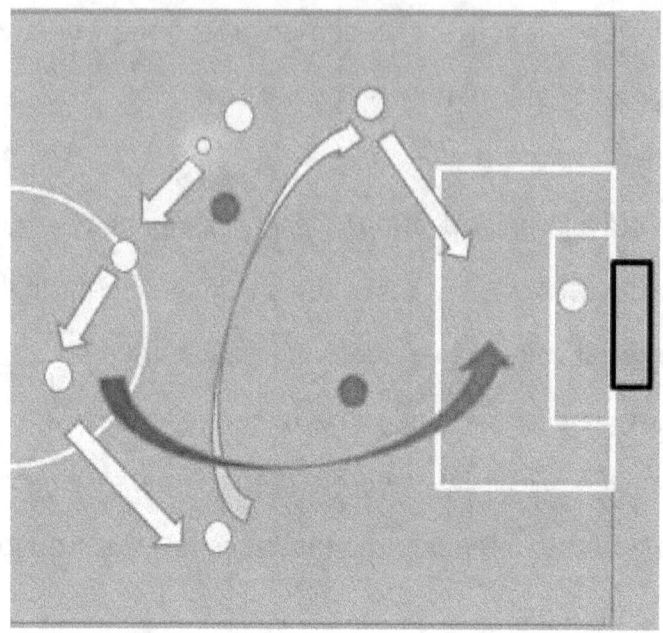

- Set up a 5 v 3 (one being a goalkeeper) drill.

- The whites must make at least four passes, then pass into the box for their team mate to shoot.

- Greys try to defend. They are not allowed in the penalty box.

Drill Three: Triangles

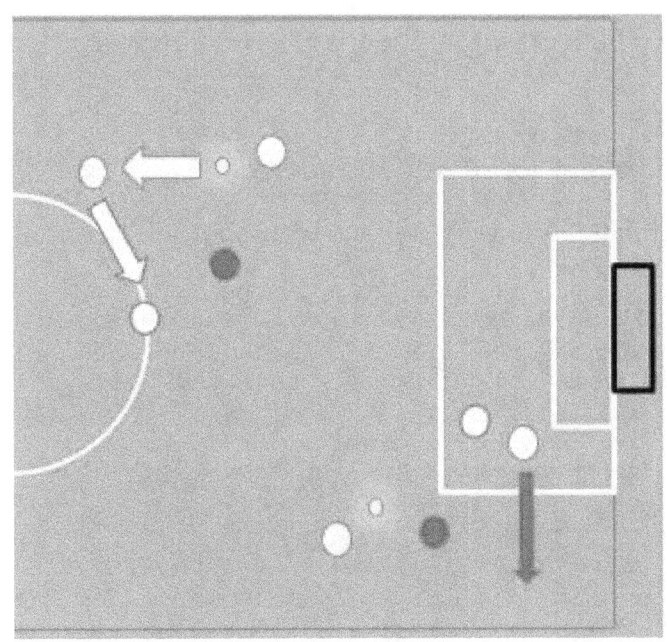

Passing triangles are a key way to create space and retain possession. Remember, in the diagram, the white lines represent the direction of the ball, and the blue/grey lines the direction of the players' movements.

- This drill uses 6 v 2, sub divided into two lots of 3 v 1.
- The drill is easy. Each group of three move to create a triangle, thus always giving a simple pass around the one opponent.

• Passes should happen within the triangle, and between triangles.

• The drill can be developed with the addition of a goalkeeper and a challenge to create space for a shot.

Drill Four: Two Touch Game

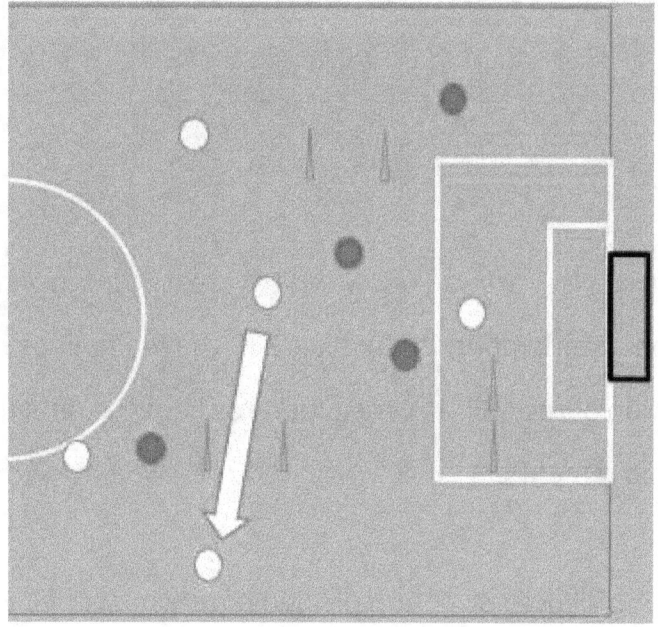

A great drill to get players thinking as well as working on their passing.

- Set up three or four pairs to goals randomly on the pitch to represent goals.
- Allow two touch passing.
- Goals as scored by passing the ball through a goal, in any direction, to a team mate.
- Make the drill harder still by introducing one touch passing.

Drill Five: Complex Team Move

Remember, the darker lines show movement of players, the lighter ones movement of the ball.

This is a complex drill, but one from which other team passing moves can be developed.

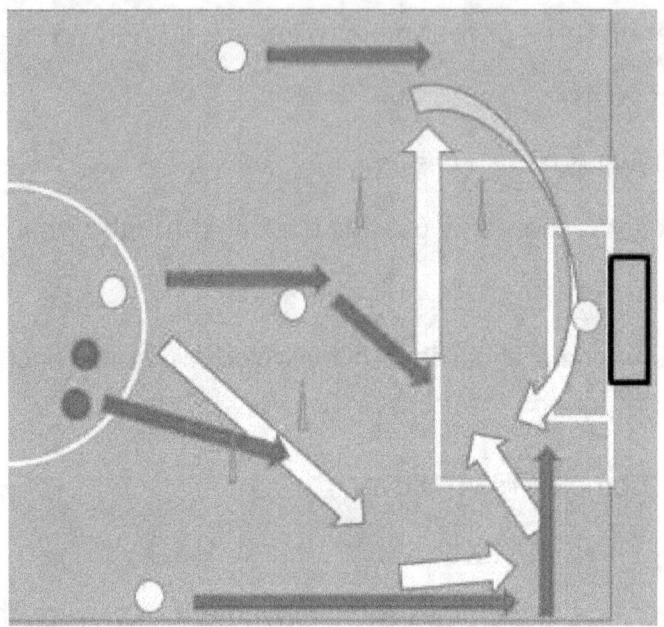

The aim is to switch play to create space for a cross or pass into the box.

- The centre circle contains three players. Two defenders (dark) and one attacker who has the ball. There is also a keeper, and three other attacking players, wide right, central and wide left. We will look at the roles of each attacking player in turn.
- Passer lays the ball wide right through the cones. He then advances to the edge of the box. His next job will be to pass the ball wide left when he receives it, then to get into the box for the cross.

- Wide right winger dribbles, pulls the ball back to the edge of the box then waits for the cross on the far post.
- Central attacker will move to the right-hand edge of the box, ready for his winger's pull back. He will then feed the ball, first time square to the original passer, who will by then be in position.
- Wide left attacker edges forward, picks up the ball that is played to him and hits a first time or second touch cross or pass into the box.
- When it works well, timing is good, and the defenders are too stretched to stop the attack. A goal often results.

Team Interceptions

The modern game sees good coaching and fit players able to defend very effectively when in formation. This means intercepting passes can often be the most effective way to launch an attack, since the defence will be out of position, having just been in attack themselves.

This phase of the game is called transition, and top coaches see it as the most important, and difficult, aspect of modern soccer. A team that can intercept, then launch an attack from that position is often one that will eventually win the game.

Interceptions usually come about from a misplaced pass, and that misplaced pass will result from pressure on the ball leading to those in possession hitting increasingly inaccurate passes.

Drill One: Applying Pressure

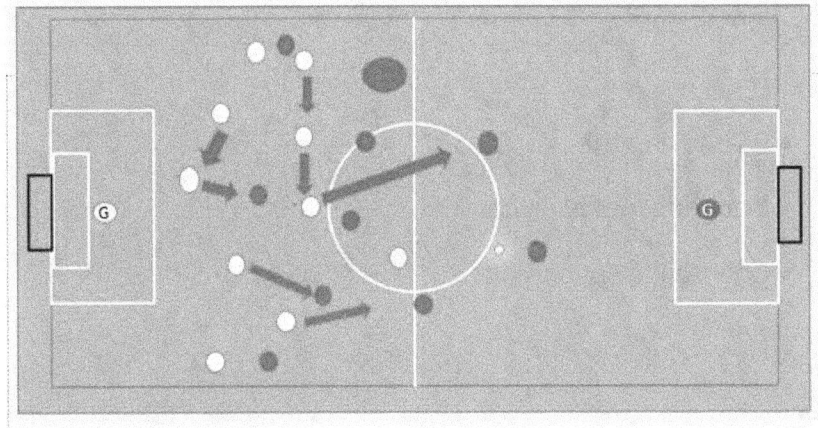

The defensive formation above is strong. The White team has a bank of four, plus a sweeper, with another bank of four in front of them. A lone striker is pressuring the defence. The arrows show movement of players. Note, the closest player pressures the ball. By working as a team, the whites will create the situation where the only two passes are back to the keeper, which is acceptable defensively, or first or second pass to the wide right midfields (blown up larger in the diagram). Firstly, that pass will have been made under pressure, so there is a risk of it being misplaced; secondly, if successful, the ball is not in a dangerous position.

The key coaching points to drill into your defence are the following:

Every player must be:

- Pressuring the ball, or
- Covering a player, or
- Covering a space.

Drill:

- Have lots of balls
- Get the attackers to set up a realistic position
- Allow the defence to organise two banks of four, or one of five and one of four
- Play the sequence
- Stress the importance of moving as a team
- As soon as possession is lost, a new sequence begins.

Drill Two: Intercepting

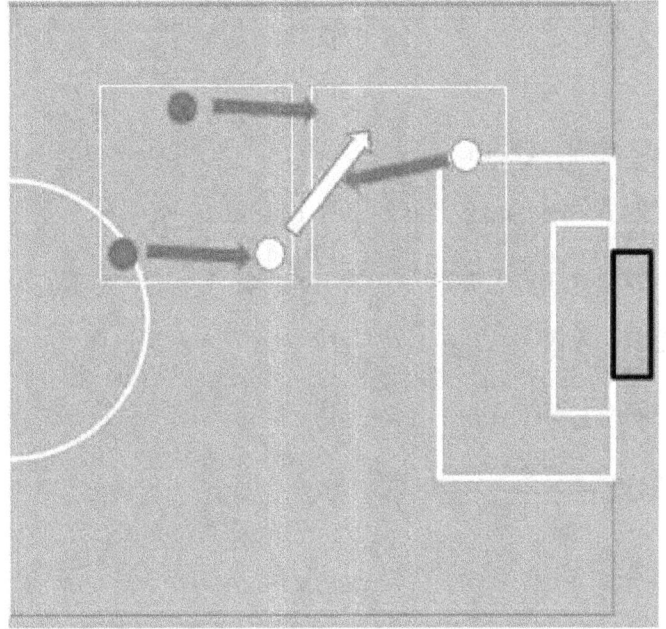

A lot of time needs to be spent allowing players to practice intercepting the pass. If their timing is out, they are temporarily lost from the defence, and space has been created for the attacking player, so judgement is crucial.

The simple drill above helps players to judge whether they can make the interception.

- Use two grids as above.
- The most defensive white will decide whether they can intercept the cross-field ball played by the darker player driving forward.
- Indicators will be whether the dark player has good control, whether his or her pass looks controlled and so on.
- The deep defensive white makes the decision whether to intercept or simply jockey the dark receiver.
- Rotate positions.

Drill Three: Small Sided Game

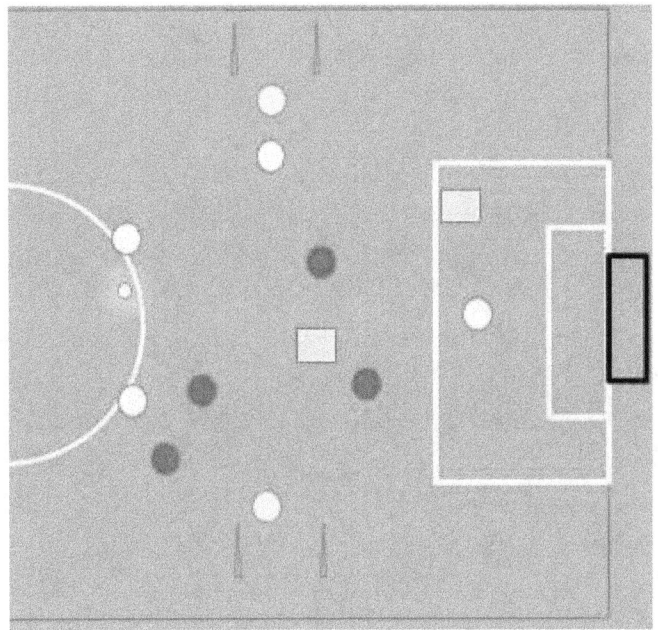

Here, the smaller sides allow for more touches of the ball. Transition is also less frequent, so play can develop more fully.

- Five v Five with two spare players (square) who represent the team in possession. (At other times, they can represent the team in defence).
- Play the game, stopping to highlight effective transition movements from both teams.

Drill Four: Transition Unopposed

This should be a short drill as it is unrealistic for the match situation.

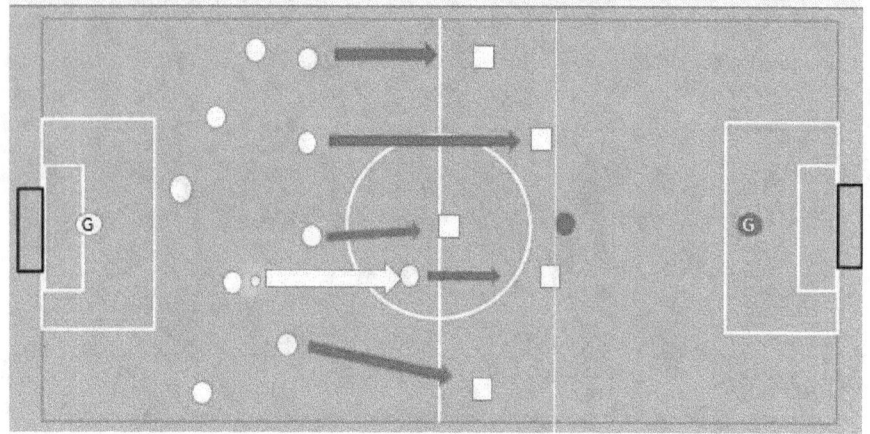

- Firstly, transition to attack.
- Set up a defensive formation.
- The coach, or one opposing player, misplaces a pass.
- The interception is made, and the team move quickly into an attacking formation.
- The 'opposition' player creates a retreating offside line where this rule is played.
- Secondly, transition to defence.

- Set up an attacking play.
- Misplace a pass to the only opponent.
- Move quickly into a defensive formation.
- Allow a time for this, for example, three seconds.
- Play stops and positions are analysed.
- In either transition phase, it is essential that all players know their roles, remembering that transition to attack can break down, and then the transition to defence is again necessary. Where teams send too many players forward at transition, this is known as 'over committing'.
- In the diagram above, the centre half intercepts and feeds in to the centre forwards. Four runners break forward, the number nine passes into one of the attackers and then also supports. The remaining outfield players move up, but keep their shape in case the attack breaks down.

Drill Five: Match Play

This is the most realistic form of drill. Play a normal game, but each time the ball is lost the coach examines the actions of team mates.

If their movement is not right, the game is stopped, and the coaching point made.

Possession

Keeping possession involves using the passing and control skills we have explored earlier in the book. It means creating triangles so that there is always a simple pass on for the person in possession. It means the keeper coming into play to become a spare man, and it involves making runs and finding space.

These drills employ and refine many of the tactics mentioned above.

Drill One: Using the Keeper

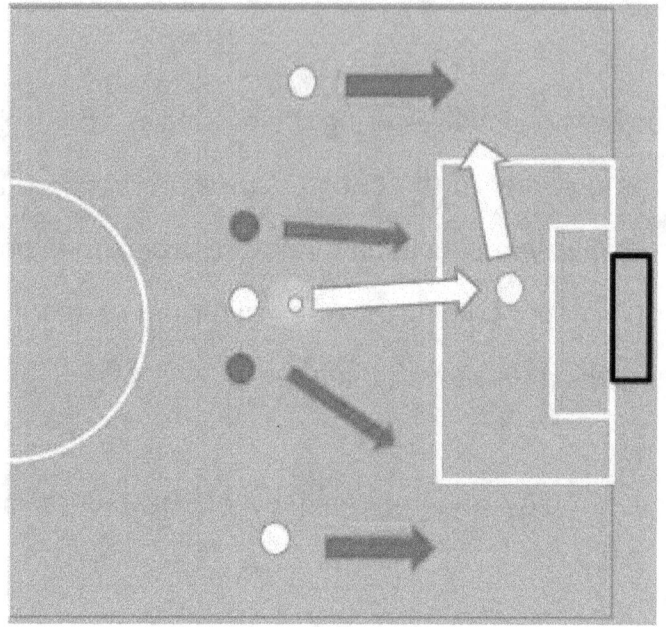

- 4 v 2.

- The player in possession passes to the keeper. Note: work on a particular foot; the keeper needs to be two footed, but he wants a pass he can also hit long first time if necessary.

- The two wide players drop back to receive the pass.

- The two opponents split, one closes the keeper, the other chooses an outfield player to mark.

- Once the ball is played out, the opponents drop off (unless they can win the ball), and the sequence begins again.

Drill Two: Making a run

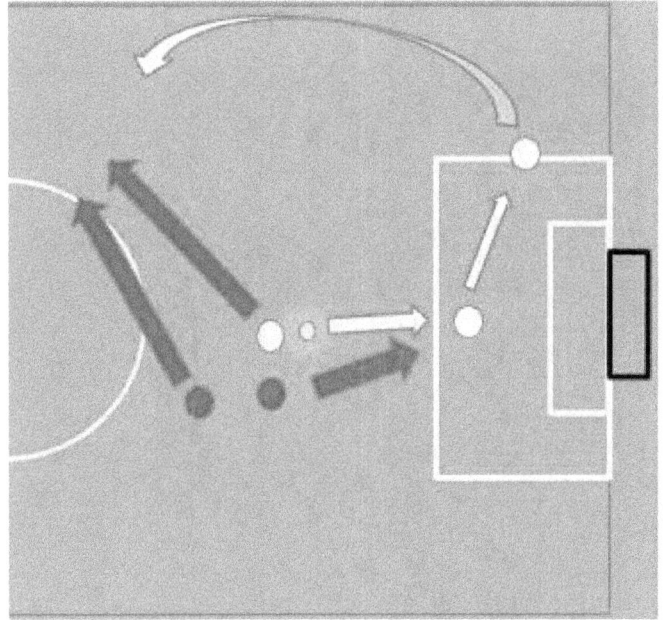

- 3 v 2.

- The ball is laid back with a pass from the striker.

- The striker bends a run into space.

- The recipient of the pass lays a short pass wide.

- A long pass 'in the channel' (i.e., long into space down the wing) is made.

- Opponents start from where indicated, then one tries to pressure the ball, the other marks the attacker making the run

Drill Three: Overlapping Full Backs

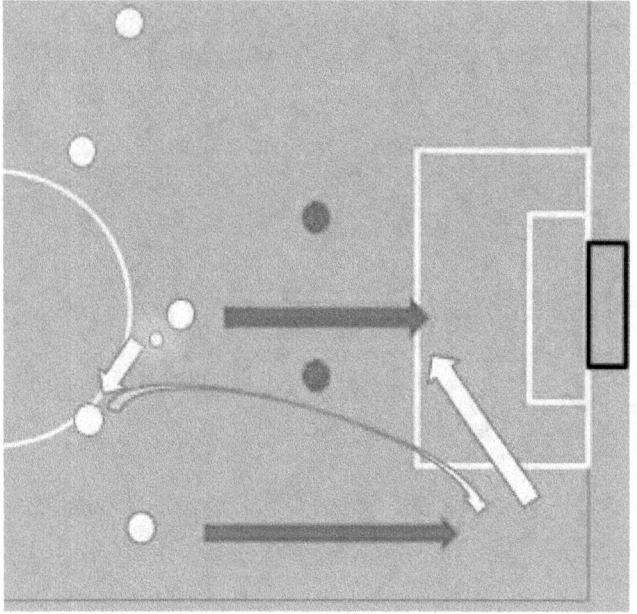

- 5 v 2
- Ball is laid back from one of the advanced midfielders.
- Then it is knocked wide for the full back to run on to.
- The opponents pressure the ball and the nearest players, as they would in a match.
- This creates space for the full backs.

- The two wide defenders alternate making a run forward.
- The side in possession aims to keep possession as long as possible, by restarting the drill from the overlapping position. This helps with practice for transition work.

Drill Four: 5 v 5 + 2

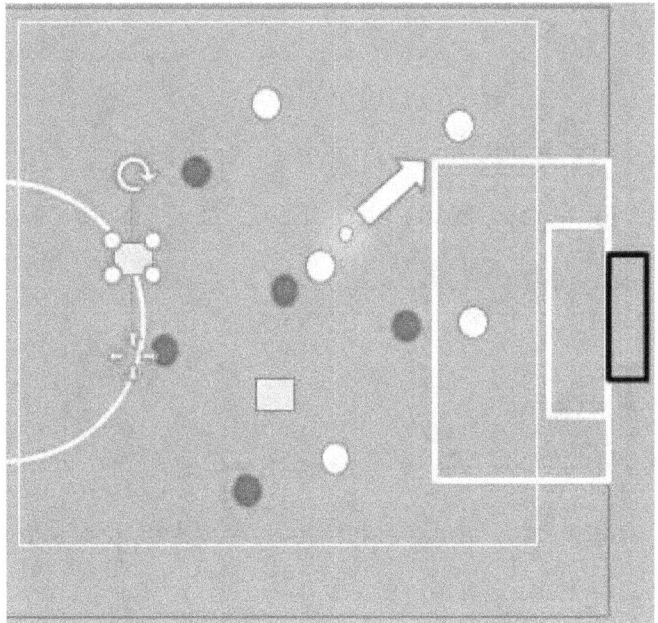

- Another drill involving two spare players.
- There are no goals.
- The aim is to maintain possession for a long as possible.

- Possession switches if an interception is made, or the ball goes out of play.
- The spare players are always on the side of the team in possession.
- The coach looks for movement, good control and a strong, open body position when receiving the ball.

Development

The drill can be made more challenging by reducing the space in which the team plays, or by introducing rules such as two touches maximum or one touch passing.

Drill Five: Full Game

The final drill in this book encompasses all of the exercises and techniques we have covered.

- It is a full sided game.
- Normal rules apply.
- It should be a match situation. The coach or coaches ensure that every player knows their role.

- They ensure that each player has two to three targets to help to improve their own play. They could be tactical, such as telling a wing back to concentrate more on getting forward; they could be technical such as ensuring a striker has his or her body and arms correctly positioned when receiving the ball with back to goal. (Body mass behind, shoulder leading from direction of play, low centre of gravity to withstand physical pressure form behind). Targets could apply to the whole team, or a large group of players, such as the importance of communication.
- Particularly good individual or team play, and particularly weak collective work should result in the game being stopped as soon as appropriate, and the point emphasised. Don't stop the game to pick on an individual negatively; that should be done in private later.
- Remember, even at the highest levels, playing sport should be about enjoyment before anything else.

Final Words

This book of drills and tips will help any individual player or team to improve. The very best coaches, and the players with the most potential, go a step even further.

They are the ones who take the standard types of drill covered in this book, and adapt them to meet the needs of their own sides, or their own individual requirements. So, do look at these drills and see how they can best address those skill and technical shortfalls most apparent in your charges.

Use them as starting points, and make the subtle changes that make them bespoke for your teams' needs; even better, get your players to adapt them themselves, perhaps identifying how a team drill can even more closely focus on a weakness to help the side improve.

Most of all, remember that soccer is about enjoyment, about improving your individual and team skills in the context of a simple, popular sport.

Once the fun stops, so does the point of the game. That, above all, is the key message to every coach, every player and, indeed, every fan of this 'beautiful game.'

Offensive Plays In Soccer

Chest Dugger

Contents

ABOUT THE AUTHOR

DISCLAIMER

Introduction

Why Offensive Plays Are the Beating Heart of Soccer

The Transition Stage

Set Pieces

Open Play Offensive Tactics – Creating Space As A Team

Conclusion

Free Gift Included

As part of our dedication to help you succeed in your career, we have sent you a free soccer drills tutorial. This is the "Injecting Pace into Soccer" drill sheet. This is a list of drills that you can use to get pace into your team's game.

Click on the link below to get your free drills.

https://injectingpaceintosoccer.gr8.com/

ABOUT THE AUTHOR

Chest Dugger is a soccer fan, former professional and coach, looking to share his knowledge. Enjoy this book and several others that he has written.

DISCLAIMER

Copyright © 2018

All Rights Reserved

No part of this eBook can be transmitted or reproduced in any form including print, electronic, photocopying, scanning, mechanical, or recording without prior written permission from the author.

While the author has taken the utmost effort to ensure the accuracy of the written content, all readers are advised to follow information mentioned herein at their own risk. The author cannot be held responsible for any personal or commercial damage caused by information. All readers are encouraged to seek professional advice when needed.

Introduction

Thank you for buying this book. Soccer is the most popular team sport in the world. It incites passion in players, pundits and supporters and leads to enormous loyalties to followers. It is the simplest of games, but one upon which tactical skills can be layered as we might find in the closest of chess matches.

But the aspect of soccer that lifts the crowds to their feet, gets them cheering and, usually, offers the greatest thrills to players and supporters alike is when a team attacks. The superb piece of individual skill, the piercing pass that splits a defence like a bread knife breaking a closely bound loaf, the shot, or header that screams into the net. That is what is at the heart of soccer.

And the game is definitely changing to see offensive philosophies overtake more defensive formations as the principals by which top teams orchestrate their play. From the great Arsenal sides of the late 1990s and early 2000s, under the tutelage of Arsene Wenger, through the development of tikka-taka play of the noughties' Barcelona team, through the high pressing, strong attacking style of the likes of Pep Guardiola, who of course started with the Spanish giants, and Jurgen Klopp, the best club sides have built their success on offensive play, trusting themselves to outscore the opposition in any given game.

And that has all been to the benefit of the fan, who see more goals – the tactical 0-0 or hope for a goal from a set piece to barely enliven a boring, safe soccer display are largely now removed to the closet of soccer's history.

This book will look at offensive plays. It will offer insight to coaches, players and supporters, young and old, and provide drills and analysis that can both help us to better understand the game and produce higher quality in attacking moves ourselves, or with our teams.

We hope that you find it interesting, and informative. And that it makes your team, your coaching or your own offensive play more effective.

Why Offensive Plays Are the Beating Heart of Soccer

Soccer is the most played team sport in the world. When three kids lay down their shirts on the grass of the park, and start a kick around, what do they play? A keeper and two to shoot, or cross or head the ball.

They play attacking football. Yes, the artistry of midfield – and we will return to this later – and the chess like tactics of defending are interesting in their own right, but what we want to see – whether fans or players or coaches – is exciting, goal scoring action.

Let us spend a while considering the greatest players of all time. Who might emerge in our list of top ten of all time? Well, Pele has to be there, of course. Probably the greatest exponent the game has ever seen. Maradona, for all his later troubles, possessed the kind of flair that set the field alight. From the modern game, Lionel Messi and Ronaldo probably deserve their place in this top ten, especially the former, who many feel is the only real rival to the great Brazilian mentioned above. The squat, powerful Hungarian Ferenc Puskas, star player of the Mighty Magyars makes the list and so do the elusive skills of George Best, a player who never graced the biggest stage of all. That German goal machine, Gerd Muller is difficult to leave off any list. Johan Cruyff, Dutch master of the mighty total football team of the

1970s is the eighth player. Perhaps the mercurial Michel Platini makes number nine on the list and the incredible Eusebio should appear as well. Some fans will add Zinedine Zidane in place of one of the above.

But let us consider some of the greats missed off that list. How many would find a place for the great liberoes Bobby Moore and Franz Beckenbauer, perhaps the finest defenders ever to grace the field. Or Lev Yashin, probably the best goalkeeper ever who saved no fewer than 150 penalties in his career.

The thing is, that first paragraph is full of great attackers, or attacking midfielders; the second is loaded with defensive players. Now we see the likes of Beckenbauer and Yashin, perhaps some of us would add them, but they are not the first players to come to mind (unless a love of defending is what motivates us in the game). No, soccer is about attackers, offensive players who make things happen. We can admire a great save, a superbly timed interception or perfectly placed positional play, but it is the screaming shot, the mazy dribble, the outrageous pass that brings us most often to our feet.

Further proof of the dominance of attacking play in our beautiful game can be seen when we consider the most expensive players of all time. Although it saddens many, soccer these days is big business at the highest levels, and the super-rich owners of clubs will not sanction major spending unless it will bring returns – either in trophies, crowd numbers or sales of merchandise. It is the offensive players who deliver these, and that is why they cost the most money.

Consider the following list:

1. Neymar Jr - from Barcelona to PSG in 2017 for $277 million; a striker.
2. Kylian Mbappe – from Monaco to PSG in 2018 for $234 million; an attacking midfielder
3. Phillipe Coutinho – from Liverpool to Barcelona in 2018 for $204 million: a Number 10.
4. Ousmane Dembele – from Borussia Dortmond to Barcelona in 2017 for $136 million; an attacking midfielder.
5. Paul Pogba – from Juventus to Manchester Utd in 2016 for $124 million; he would see himself as an attacking midfielder, although he is played (not very successfully, it could be argued) in a deeper role in a fairly defensively minded current Manchester United team.
6. Gareth Bale – from Spurs to Real Madrid in 2013 for $120 million; a wide attacker.
7. Cristiano Ronaldo – from Manchester Utd to Real Madrid in 2009 for $117 million; a striker
8. Gonzalo Higuain – from Napoli to Juventus in 2016 for $105.5 million; a striker
9. Luis Suarez – a striker from Liverpool to Barcelona in 2014, Romelu Lukaku, a striker from Everton to Manchester Utd for $105 million in 2017 and, finally, a

defender makes this list. Virgil Van Dijk was bought from Southampton by Liverpool in 2018. Each of these players cost $105 million.

10. The only other player to cost in excess of $100 million was Neymar Jr once more, when he first moved to Barcelona, from Santos, in 2013.

So, of the 12 most expensive players of all time, all but one is attack minded. If we continued the list to encompass the top twenty costliest footballers ever, we find a couple of attacking midfielders and the remainder are strikers. If we therefore accept that offensive play is what brings the crowd to the stadia, provides the biggest excitement in the game and is the main reason for participating in soccer, then we should look at the types of attacking plays that deliver this ultimate sporting thrill.

The Transition Stage

In the following chapters we look at set plays from attacking perspectives. We will consider corners, free kicks in direct shooting positions, free kicks from wide angles, attacking throw ins and penalties. We will look at the skills of offensive play that can lead to goals – dribbling, passing and shooting. Consideration will be given to formations, and how they can support offensive soccer and we will look at how passing moves can be developed to create opportunities. Indeed, we will attempt to cover all bases as we seek to demonstrate the secrets of attacking soccer.

But we will start by considering the circumstances in a game that most often leads to shots on goal, that is the transition from defending to attacking, and the way this can lead, for the best sides, to playing on the break. In other words, capitalizing on the point at which possession is won, and how the injection of speed and good decision making in this situation can exploit lack of defensive organization in teams who were themselves on the attack a moment before.

Around the time of writing this book, it was the Champions League last 16 in Europe. One match in particular typified how the transition phase is taking control of world football. The match was Barcelona versus Chelsea. The first leg in Spain had ended one a piece, which meant that the English club would need a high scoring draw or a win to progress. Barcelona are, of course, probably the best club side in the world at the moment; since most would argue that club soccer is now played at a higher elite level than international soccer, that possibly makes the Spanish outfit the best in the world.

Well, Chelsea were superb – their fans, the neutrals and even their detractors could not have failed to be impressed by the way they peppered the Barcelona goal with shots, hitting the woodwork twice. Barcelona, meanwhile, were on the back foot, chasing shadows and pinned in their own half. The final score? Barcelona 3 Chelsea 0. Never has such a score line failed to reflect the progress of a match.

And the reason for this one-sided result was that Chelsea made four mistakes, giving the ball away on each occasion when launching an attack. Barcelona scored from three of these errors, and on the fourth they still hit the target, with Courtois, Chelsea's Belgian 'keeper making a good save.

The first saw a rapid interchange of passes before the Uruguayan striker Luis Suarez put through Lionel Messi to score from an impossibly tight angle. The second saw Messi himself win the ball just inside his own half, and break at great speed, beating two defenders before pulling the ball back for Dembele to drive into the roof of the net. The third again saw Chelsea dispossessed in the Barcelona half, as they sought to launch yet another attack. The Spaniards drove forward with four players and a quick interchange of passes once again saw the great Argentinian, Messi, scoring low past the keeper.

Beyond that, it was all Chelsea.

But with such importance now associated with the transition – for our purposes in this book the one between defence and attack rather than the other way around – it is worth spending some time looking at the tactics of transition, and how teams can set up to maximize their offensive capabilities in such situations.

Turning Defence into Offense, the Theory

When a team wins the ball, it should look to exploit gaps in the opposing defensive lines which have come about because the opposition was attacking. It needs to work at speed, before the opposition can re-organize.

Stage One – Pitch Awareness

Players should be encouraged to develop their awareness of spaces on the pitch from an early age. This involves encouraging them to scan the field periodically. This will not only help them to perform their own defensive duties when not in possession but to identify lines of offense when they win back possession.

This will then help them to make their runs into spaces if they are not in possession, and to know where to pass if they are.

Drill: This skill is best taught in the game situation, especially small sided games. The coach gives regular instruction to 'Scan' as the game is played. After a time, it will become second nature to players to do this. At the end of sessions, some time should be spent during feedback to analyze the amount of times each player did scan the pitch. It should be every few seconds.

Identifying Transition Points

Good teams hunt in packs. Players know their roles in any given situation. When not in possession players should always be engaged in one of the following four duties:

1. Pressuring the player with the ball. This will usually be the closest player when the ball is received by the opposition.
2. Supporting the player putting on the pressure. This is important when the opposition are in a position to shoot or play a pass that will create a goal scoring opportunity. It will usually be the second closest player to the opposition player with the ball.
3. Marking a player. Some teams will set up with man to man marking, although as a concept this is becoming a little old fashioned.
4. Marking a space. Here, players identify and cover areas of the pitch into which opponents may make a run or pass. Covering a space might also include being the 'out' player to whom a pass will be played if transition occurs.

Drill: Play 5 v 5 or 6 v 6 on a large grid 30m by 20m. The aim is to keep possession. The coach encourages communication on the pitch as players instruct each other whether to pressure, cover etc. The coach may need to be the person doing this calling initially, but ultimately it is important that the team does so. When possession is lost, roles simply reverse, with the aim still to keep possession.

The skill develops by teams identifying likely transition points. These are usually one of the following:

- When a player receiving a pass has a poor first touch, and the ball runs away from him or her.
- When the player in possession struggles under pressure from an opponent, and the cover player also joins in to dispossess the opponent.
- When a pass is wayward, or difficult to control for a player under pressure, such as at head height or bobbling badly. A pass made under pressure is less likely to be accurate than one made when the passer is in plenty of space.

Drill: Still with our short-sided game, we introduce the concept of spotting a likely transition stage. When one of the above errors is identified, players need to know their jobs.

- The player making the tackle or interception will usually need an 'out pass' because they will not be in total control of the ball themselves. That 'out pass' needs to be shortish and played to a player in space.
- Attacking players need to make runs into the spaces they have identified through their regular scanning. These runs should be away from the receiver of the ball,

giving that player space to dribble at speed or pass under no pressure.

- Team mates decide whether to support the attack or retain their shape. In an 11 v 11 game, four or five players should usually commit to the break, while others spot those who have made their runs, and ensure that they keep a solid defensive shape should transition change again. Once again, the London based Chelsea team featured in a good example of when this goes wrong recently. Playing in the FA Cup quarter final against Leicester City, they lost possession on the attack, and Leicester broke at speed. However, they committed too many players to their break, and when Chelsea won possession back once more, it required only two passes to leave a pacy striker one v one with the 'keeper, against whom he scored with ease.

- Playing 7 v 7 up to 11 v 11 the coach frequently stops the game to point out good and ineffective moves, focusing on each player doing their job when the transition occurs. Where necessary the transition can be artificially created as the coach stops the game and allocates possession to the other team. Play then continues from the position at which the game was stopped.

Drill: This time, a coach could start with 6 v 6 situations on the same sized pitch and once players have become adept at decision making, increase the numbers on each side to create a realistic match situation. However, the coach should also remember that the bigger the number of players on each team, the less individual opportunities their players will have to be actively involved in the drill, so more time should always be spent on the small sided drills.

The 6 v 6 drill now features a small goal at either end, but no goalkeeper. One team begins with possession and seeks to create a goal scoring opportunity against their organized opponents. If they succeed, possession simply changes. However, the purpose of the drill is to create opportunities for transition. When the play does break down, and transition occurs, it is important that every player knows their job. One player wins or intercepts the ball. Another moves into space to receive the pass. One to three more make runs. At least two retain good defensive positions (one might be the initial ball winner) should the attack break down.

A good coaching point is to sometimes stop the break before it fully develops. The coach blows their whistle, and everybody stands still. The coach is then able to help players analyze their positioning and their runs. Question to set would include:

- Have you found space?

- Are you creating space for the player in possession by drawing defenders away from their chosen positions?
- Is their either an easy pass for the player in possession, or has enough space been created for that player to dribble at speed?
- Has the team over or under committed players to the transition?
- What communication took place.

Another important coaching point it to encourage flexibility among the players. Yes, a striker is MORE LIKELY to join in the break, as are QUICKER PLAYERS and WING BACK who can create space from their naturally wide position. The best PASSER should, ideally, receive the 'out ball' since they are most likely to make the pass that will lead to a goal scoring opportunity. CENTRAL DEFENDERS are the least likely to join in the attack and are more likely to be the ones holding their positions should the transition phase reverse.

However, soccer is a fluid game, and the best teams make good decisions on the spot, seeking the best team outcomes from the position that they are in. Therefore, the coach could, in the drills, take players out of their normal positions to enable them to experience different roles.

Drill: While it is absolutely true that teams need to react to the situation when a transition occurs, there are 'normal' routes that can be practised. Normally, the out ball will look to be played to a fairly central position because from there the most options are available. Normally strikers will seek to angle a run wide to create space in the middle of the park. Often, full backs, wide midfielders or wing back will seek to break on the opposite wing to the one to which the striker moves in order to maximize passing opportunities and create the most challenge for the stretched defence.

Teams can practice this in unopposed situations. The drill begins with the ball going to the tackler, or interceptor, and players are placed in realistic positions for defence by the coach. They then practice standard moves, as outlined above, so that when such a situation lends itself on the field, players are drilled to make good runs.

Transition is a vital aspect of offensive play. Most teams are organized against normal attacks, and once they can get into a strong position of lines of 4-1-4 or 4-5 it is very hard to break them down. However, that organization is not there at the point of transition, as they themselves will have committed players out of position for their own attack.

Working on the transition is not just instinctive. While certain players are better than others at winning possession, making the decisive pass, getting forward in support and making runs, every player can improve themselves in these areas with regular drills and developed tactical awareness.

It is an aspect of the game that all coaches, and players, should familiarize themselves, and practice regularly if they are to maximize their offensive capabilities. This is true of them as individuals, but even more importantly for the contribution they can bring to the team as a whole.

Set Pieces

If the transition phase is the most common way to create a goal scoring opportunity, set plays can also be a strong offensive threat. They are of course the least fluid of soccer attacks, and that makes them the most coachable.

In this chapter we will look at a range of offensive set plays: corners, throw ins, the long throw, wide angle free kicks, attacking indirect free kicks, and free kicks that can lead to a direct shot on goal. We will also consider penalties. This chapter will include drills for all set plays, which the coach or player can used to maximize their team's potential in this important area.

Set Pieces – Some Background

Data analysis of set piece play demonstrates a number of results. None are terribly surprising. Teams identified as stronger score a lower percentage of their goals from set plays, perhaps because they look to get the ball moving quickly, rather than launching it into the box. However, those teams tend to be convert the highest percentage of their set plays into goals – perhaps because opponents are surprised when they do launch a direct attack, and also that they have players of better quality to deliver or finish effectively.

Often, teams with a higher percentage of total goals scored from set plays score less goals in total, suggesting that where it is possible to attack using alternative methods, then this is, overall, more successful.

It is also easier to defend set pieces than normal play, because teams can be drilled to protect their goal from these situations. However, at any level, set pieces are important. They create goal scoring opportunities, and if a side is weaker than its opponents, set plays can be a great leveler. It is certainly the case that time spent working on these plays is a good use of resources used in training sessions.

Corners

In fact, very few goals originate from corners. Statistics suggest that it the rate is just under one goal per seventy corners. That is about one goal every ten to twelve matches. However, corners are a regular feature of games, and that figure can be challenged by the data from the 2012/13 English Premier League, where just over a tenth of total goals scored originated from a corner.

The reason for the generally low rate is that accuracy of shots (including headers) from corners is far lower than in normal play. The reason for this is easy to work out. Because defences are drilled to defend from corners, attackers rarely have time or space to complete their goal attempt. Where shots are accurate it is much harder to place them away from the goalkeeper, and the extra number of bodies in the box compared to normal play means that there is a far greater chance that a shot will be deflected wide.

On top of that, most corners are cleared by defences, rather than reaching a striker. Nevertheless, enough goals are scored to make them worthwhile to practise. Short corners are generally more effective than long corners, as these lead to fewer players in the penalty area and offer crossing position from more advantageous starting points. Defensive formations are also less effective because the players in these have been drawn out of position.

Drill – Long Corners: Statistics demonstrate that there are three main areas from which goals are scored direct from corners. These are the near post, where the ball is flicked on; the far post, where the ball evades all defenders for an attacker arriving late, and around 6-10 yards out in the centre of the goal, often here goals are scored because of defensive errors or as the result of a second striker from a rebound or poor clearance.

Therefore, it makes sense to attack these areas. The best way to do this will depend on the defensive system used by opponents, and because often this will not be known before the game begins, it is worth working on attacks for both systems. The two defensive systems are zonal and man marking. A zonal system places defenders in the key areas of the penalty area, with players positioned to ensure that attackers do not get a shot in their area. Its strengths are that the best headers of the ball can be placed in the best positions, and there should not be space in the key 'scoring' zones. The disadvantage is that defending is static, and attackers running into the space may get an extra leap on their defender since they are coming from a moving start. The alternative, man marking system has the advantage that it should prevent any attacker from getting a shot or header on the ball. It falls down when something goes wrong, and an attacker is missed. This means that the offensive side can get free shots from dangerous positions. Statistically, the zonal system has proved to be slightly more successful.

In either case, attacking drills should seek to put players in the following positions:

- Near post
- Centre of the goal
- Far post
- One to 'mark' the keeper
- One to come for a short corner, usually from the nearest corner of the box
- Two to be out for rebounds or pulled back corners
- Two to remain in defensive positions in case the corner goes wrong.

Each player needs to time their run. Normally, the three looking to run into space for a header will start as a group, each knowing where he is heading. The players seek to time their run so that a near post flick will be achieved before the near post defender can clear. The far post runner delays their run, seeking to arrive late and therefore unmarked. The central striker should not get too close to the goal line, as they will need to react to whatever happens as the corner is taken. The goalkeeper marker should seek to remain in front of the keeper, without fouling them, and move slightly off the goal line to ensure that they do not fall offside. The 'shooters' should look to stay on the edge of the box. Against zonal marking, making the runs is easier, but against man markers, the three runners can be shielded by the two 'shooters' to make it harder to mark. The runners should vary their runs, perhaps taking a step one way before accelerating the other, to help lose their markers.

Whether or not it is a short corner, players should make their runs, repositioning if a short corner is played.

The corner taker is key to the success of the attacking set piece. This should be the best hitter of a dead ball. Generally, with a long corner, the target is the near post player so that these can flick the ball on, something very difficult to defend against. Therefore, the corner taker should spend time working, unopposed, with his three 'runners', especially the near post man, so that timing can be perfected.

In swingers And Out swingers

There are two forms of long corner. The in swinger and out swinger. Generally, the out swinger is more effective. It is more likely to take the keeper out of their clearing role, as the ball will be too far away from the goal for them to collect. A right footed player taking a corner from their right-hand corner flag will produce an out swinger, a left footed player an in swinger.

Both forms should be practiced to make it harder for defenders.

Short Corners

The aim here is to create a 'spare player' so that a cross can be delivered from a different angle.

Drill: One player is by the corner flag, he should ideally be a player who can naturally deliver an in-swinging corner from his or her side since the wider angle for the cross now makes this a more effective offensive weapon. His partner starts on the corner of the penalty box. This player sprints towards the ball. The corner taker passes low at 45 degrees to this player. The corner taker immediately sprints behind his partner. This has now created a 2 v 1 in the attacking situation, and a second defender will need to come to close down the ball. The receiver has a choice, if there is time, he drives towards the goal and crosses. More likely, he passes first time behind him to the corner taker, who now delivers an in swinger from a wider angle.

Drill: Shooters: Shooters line up on the edge of the box. The coach feeds a variety of balls to them, some along the ground, some fast, some bouncing, some high. The coach is recreating the situation of what might happen in the game. Rarely is there time for two touches, a good defence never offers time for three.

The shooters work on two skills. First or second touch shooting. Volley passing wide to the corner taker (who has moved from the touchline towards the corner of the box) for just such a scenario.

It is essential that the shooters do not lose possession. An attacking corner can leave a side vulnerable to an attack on the break, as most of the team have gone forwards. Therefore, any ball that breaks must be passed wide immediately, to keep the attack going but also limit danger. Or it must result in a shot because in that situation, even if no goal is scored, the ball is likely to go out of play and allow the attacking side to re-organize defensively.

The shooters should practise shooting low, because with so many bodies in a box from a corner, there is a good chance of a deflection towards the goal.

Direct Shot Free Kicks

Around a third of total goals scored in football result from set plays and the biggest percentage of these come from direct free kicks. However, they are still relatively rare with most professional specialists only scoring one or two a season. There are exceptions; in the first three month of the 2015/16 season the Brazilian Willian took shots from eleven free kicks. He hit the post one, had three saved and scored six of his attempts.

It is possible to analyze the best positions for taking a shot from a free kick, and also the best types of kick to perform. We can then get our players to practise this and identify the best takers from various positions to utilize the best outcomes for the side.

Drill: Our players can practise the type of direct free kick that is most successful in terms of returning goals. This is a curve shot. The skill is to strike the ball with the inside of the foot, near the toes rather than instep to ensure power.

The run up should be from wide, and the kicking foot strikes through the ball. The follow through is full and ends with the foot high. This imparts both side spin, the make the ball curve, and top spin to make the ball drop. With these elements the ball can be hit away from the keeper but will come back to end up inside the post, or with an opposite direction, will move away from keeper and find the other corner. The top spin element will allow the ball to clear the wall but still drop enough to enter the goal.

Free kicks are difficult to score, and require precision, power, technique and accuracy. However, with practice players will become more adept at delivering them on target.

Although shots with the instep are more accurate, usually insufficient power is delivered to beat a goalkeeper. The ball needs to end up in a corner, ideally the top corner, but some success is gained with shots low down in the corner. Mid height shots, or those that end up in a central part of the goal, are usually saved.

Goals are most often scored from free kicks taken in line with the D of the penalty area, and those from a distance of 27 metres are the most likely of these to end in the net. This distance is close enough for the power or the shot to still be troublesome to a goalkeeper, and far enough out for the ball to clear the wall and come down to goal height afterwards.

An in swinging shot is also worth trying from areas in line with the edge of the box but from a position between the corner and the touchline, as this is the second most successful position for goals to come about. However, in this situation a different kind of kick should be delivered. The most successful here are those that bounce in the centre of the goal and about 6 to 8 metres out. These types of freekicks often end up in the far corner. This is because attackers (and defenders) will be running on to the ball to shoot or clear. This means that goalkeepers have to leave their dive until late in case another player (under this sort of pressure, one from either side can result in a goal wards shot or deflection) makes contact. A free kick bouncing and curling into the far corner from this position can often beat a goalkeeper because their late dive means that they simply cannot reach the ball.

Drill: The drill for this is similar to that for the more central shot. Although the ball should still be struck firmly, it is the bounce rather than the power that will beat the goalkeeper here, so more instep can be used. There is usually a smaller wall to avoid. The drill can include attackers (and defenders) running in to try to get a touch.

Free Kick Assists

Here, we are talking about free kicks delivered into the box for strikers to head or shoot into the goal. This is the most common form of headed goal scoring assist from set pieces, out performing corners comfortably. Unsurprisingly, the highest ration of goals from free kicks come when the free kicks are between the edge of the penalty area and about a third of the way back to the half way line. In swinging corners account for the majority of goals scored.

This kind of free kick presents great difficulty for defences. They will line up as far up as possible to give the goalkeeper as much chance of claiming the ball as possible as this is the best defence against these kicks, but this creates the problem of a well-directed kick entering an open region of the pitch, where a well-timed run might end in a free header. Most goals are scored from the centre of the goal area from these free kicks.

Drill: Bearing in mind the above, teams should practice delivering balls with swing and pace into the penalty area, as close to goal as possible but where the keeper cannot easily come and claim. That is an area around 8 metres from the goal line, depending on from how far the kick is coming. The further out, the more time the keeper has to reach the ball, so the shorter the cross must be.

The drill will develop by adding runners to get on the end of the crosses. Finally, defence should be added, with the attackers lining up in a way that protects a run, for example, in a group of three where one will make the run, and the other two ensure that man marking is difficult.

Another tactic that can be practised is to have a striker or two standing in an offside position before the ball is struck. This player or players then moves onside – i.e. away from the goal – as the ball is struck, distracting defenders away from the targets making runs to the mid and far post regions.

Teams should drill from both sides, using a left and right footed player if at all possible.

Statistically, when the ball is more than twenty-five metres from the touch line, or closer than twelve, few goals are scored. In this situation, players should look to take a quick free kick, with the aim of utilizing space before a defense has become organized.

Throw Ins

Few goals are scored as a result of a throw in. Generally speaking, it is best to look for a quick throw before a team can get organized defensively, and play the ball in with a cross, or a pass cross-field for a midfielder to run onto. However, sometimes a team will have a specialist long thrower, and this can become a big threat for defences.

Such throws should be aimed in a similar place always, so that they can be practised. A tall striker should be the target. Defences, usually including the keeper, will attempt to win the ball. The hope, from an attacking perspective, is that the second ball will fall to an attacker for a simple finish.

Long throws are most effective if they are flat and fast. With the aim for an attacking or defensive flick on, they are best aimed for the near post. The intention is to be close enough to the keeper to tempt them to come.

Drill: Where a team possesses a player with a long throw, the team should work on throwing accurately to a region, the target getting a flick on and two or three runners gambling on the location of the flick. Initially, for accuracy, the drill can be practised unopposed, although later defence should be added to make the situation closer to a match day scenario.

Penalties

Penalties contain the fewest variables and can therefore be analyzed and best practice identified. Players can then practice them. However, there is one factor with penalty taking that is hand to work on, and that is the pressure of the situation for the taker. A penalty is the only occasion in a game where a striker is expected to score. Even a one on one with a keeper leaves the striker in a position where a goal is no more than a fifty-fifty outcome, but from a penalty, there is a strong expectation of scoring.

Replicating that kind of pressure in drills is not possible. However, for all of this, we do know that working on any skill in soccer will help it improve.

We do know that there are four areas of the goal where the keeper will not be able to stop the shot, these being the top and bottom corners on either side of the goal. However, the margin for error of these is the narrowest, and with a pressure situation it is possible to mis-direct a penalty to these areas.

Hitting the ball straight is a good method as well. Keepers will nearly always commit themselves one way or the other, so a shot down the middle, particular one lifted, gives a wide margin for error.

Strikers also sometimes try to disguise their timing with a pause in a run up to get the keeper to commit early – they will then direct their kick to the other side. It is certainly worth having two or three regular penalty takers, who work on the skill in training. However, ultimately it is down to the personality type to know which players will take penalties without fear, knowing that if they miss they will be able to bounce back. It is the skill of the coach to identify this attribute in his team.

Open Play Offensive Tactics – Creating Space As A Team

We have looked at the two situations where a team's offensive play might exploit a weakness in defence; that is on the break following the transition stage and from set piece moves.

The third element for offensive play is during the normal course of a match. Here, when a defensive line up is in place, it is the tricks and skills of the team and individuals that can create the goal scoring opportunity. And of course, it is on the training ground where coaches can work on such moves to maximise their team's offensive opportunities.

Team Plays: Creating Space for A Cross

We can see quite quickly when we look at team plays how they are largely about getting an extra player in an attacking situation to create space for a top-quality pass, cross of shot. Therefore, we can see as well that in doing this, a team is vulnerable to the break if the control of the ball transitions to the other team.

To some extent, this is unavoidable, but the best teams seek to ensure that their attacks end in a shot; even if it is off target, the fact that the ball will go out of play gives them time to re-organise as possession changes.

Of course, this is not always possible, and attacks sometimes break down before the point that a shot can be made; this is the joy of the game, and the best exponents are demonstrating that through attacking play, they will ultimately score more than they concede, and so become more successful as a team.

One of the best ways to create a shooting (or heading) opportunity is to create space for a cross into the penalty area.

There are two main positions for crossing. The first, more traditional approach is for a player to get to the by line and pull the ball back and into the penalty area. This might be in the air or, if the positions of the defence allow, pulled back along the ground.

The second crossing position is developing more in the modern game, and that is the cross from deep. We will look at this shortly but begin with the cross from the by line.

There are drills that can be practised to gain success in achieving these crosses. One method is about individual skills, which we will consider in the next chapter, but here we provide a drill for creating an overlap and thus allowing a cross to be delivered.

Drill: The coach sets up cones to represent defenders. There are eight, in two banks of four spread across the pitch, one set on the edge of the area, the other approximately 8-10 metres further up the pitch. There are three attacking players in the drill.

Player One starts in the centre of the pitch on the half way line circle, in the attacking half. Player Two starts midway between the edge of the D and the touchline, on the half way line. Player Three is the full back or wing back and begins on the touchlines five metres inside his or her own half.

Two feeds the ball into One and breaks forward. Three breaks forward from wide. One dribbles the ball and feeds into Two between the banks of defenders. Two passes the ball through the final line of defenders wide into the path of Three. One and Two continue their run into the box. Three crosses – high or low. One or Two get on the end of the cross to score.

Coaching points:

- Three needs to sprint onto the ball to inject necessary pace into the attack
- Two's pass to three needs to be first time, again to inject pace.
- Three's cross needs to be away from where the keeper would be.
- When in the box, One and Two need the change the direction of their runs so that any defender tracking them will find it hard to stay close to them. That small amount of space created is what will give the opportunity to get a shot on target.

The drill can develop into an attack v defence session, starting 6 v 6 plus a goalkeeper. Here, the defence line up in two rows of three. The spare attackers are there to make runs to draw defenders away (see the 'Making Runs' section later in the chapter) and create space for Two to get between the lines of defence to deliver the killer pass that leads to the cross and, hopefully, goal.

The second form of cross is the deeper cross, delivered from wide, but between 12 and 30 metres back from the touch line. This kind of cross is really like a free kick. There are plusses and minuses for taking this approach. On the positive side, often that is a part of the pitch where there is space for a good quality delivery to take place. Although few goals come about from the cross itself – usually the ball will be cut out, or the attacker will be under too much pressure to get a powerful header or shot in themselves, the next phase can create goal scoring opportunities. Defences are pushed back creating space between them and the next line of defensive midfielders. In that space, a skilful midfielder can pick up a poor clearance with the room to deliver a killer pass. The ball sometimes bobbles around after a cross of this kind, leading to shooting opportunities for the offensive team.

However, on the other hand possession is more likely to be given away. Logically, any cross cleared has a more than 50/50 chance of ending up with the opposition, since they will have both a goalkeeper who can collect the ball, and more players in the zone.

Nevertheless, we are seeing more and more of this kind of delivery happening in the modern game. Top coaches base their team plays on analytics, which indicates that overall this kind of deep cross must deliver results, and as such it is well worth including in any offensive play arsenal.

Drill: The secret to the deep cross lies in the delivery. Players can practise this easily. Firstly, the drill involves just three players. Player One starts with the ball and lays it off with a short pass into the crossing range (see above) to Player Two. Player Two takes one touch to shift the ball to a position where they can cross with their second touch. They deliver the cross, aiming for it to be at head height as it passes the penalty spot, or just behind. Player One makes a run towards the edge of the penalty area to pick up any loose clearances.

Player Three acts a goalkeeper to return the ball. The drill develops by adding firstly a striker, then two defenders then a second attacker and a third defender. Ultimately, it can be carried out in a full attack v defence session. The quality of the cross is all, with the second most important element being the support play to pick up rebounds.

Team Plays: The Switch In Play

The challenge for offensive plays when a team is set up defensively is to create the space to deliver the killer pass. When teams are organised, it is very difficult to find space, and under pressure even the best players are more likely to misplace a key pass than make it count. The answer is to find space for the killer assist – either one that leads directly to a goal scoring chance or creates the opportunity for a cross.

One way of achieving this is with the switch in play. This sees the ball cross the field in one or two passes (a maximum of three is possible provided the passes are sharp). The aim is to stretch the defence by moving it from side to side, eventually creating space between the two lines of defence for an attacking midfielder to exploit with a killer pass or assist.

The switch takes place in front of the further defensive line, taking care that any lingering attacker is unable to intercept. It requires the back four, and perhaps a deep lying midfielder, to be good passers and have a good touch on receipt of the ball.

The switch happens from side to side until the defence are shifted out of position. This is also a good long-term tactic, as it means that defenders and the lone attacker have to do a lot of running to keep their shape, while the team in possession do much less. Over the course of the game, this difference in running should lead to more spaces opening up for the attacking side as the defending team tire.

Drills: In terms of drills, the key skills are passing and first touch, and these are the ones that need to be practised. Simple passing in threes, switching from side to side, using one touch to control and the second to pass firmly will help to develop the confidence and technique in players to use to switch in play. The key coaching points are as follows:

- Strike the ball firmly with the instep, non-kicking foot firmly planted to the side, weight over the ball.
- Receiver moves body to get in line and receives on the full (they are not under pressure and so do not need to receive the ball on the half turn); their first touch takes the ball half a metre to the side, allowing them to pass with their next touch

Team Plays: Getting A Midfielder Beyond The Striker

Making the opportunities to score requires, against a well organised defence, the ability to provide an injection of pace, and to get extra players in goal scoring positions.

Some players are better at doing this than others, having a clearer 'picture' of what is happening around them, and thus innately knowing when to make their runs into the box. We are looking in this sub-section at the runs made by midfielders (or defenders, acting as midfielders) into goal scoring positions in anticipation of a through pass by a team mate, or a lay off from a striker.

There are two great benefits of midfielders making runs beyond their strikers, provided they get their timing right and remain onside. Firstly, such runs are far harder to track for defences. The defensive player providing the cover to track this kind of run is often not a full out defender, and therefore is likely to be less good at spotting the runs and covering them. When a member of the last line of defence is forced to follow the run, this creates space for other players.

Drills: As with many tactical drills, this skill is best worked on initially with a static defence, made of cones, to which real players are added later once the timing and skills have been ingrained into the relevant players. To make the situation more realistic, a goalkeeper can be added from the outset.

A good drill involves five players, four attackers and the goalkeeper. The coach sets up to blocks of four cones to represent the defence as in the drill earlier in this chapter.

Player One is the midfielder making the run.

Player Two is the midfielder making the assist pass

Player Three is the striker

Player Four is the space maker.

Player Five is the goalkeeper.

Player Two starts with the ball. Player Three comes short for a pass. Player Three will either lay the ball back to Player Two to make the assist or will flick the ball beyond the defence himself. Player four makes a diagonal run across the direction of play. The aim here is take a defender out of position and thus create the space for Player One to run into. Player One times his or her run to be level with the last defender at the time of the through pass, either by the midfielder of the striker. He or she should then run onto this pass and shoot past the goalkeeper.

Team Plays: The Late Run

In some ways similar to the run beyond the striker, a late run is one made by a midfielder to arrive at the far post, or edge of the box, when the ball is wide. The strength of a late run is that it is hard to cover for defences because they have been pulled out of position by the shifting of the ball wide.

The person making the late run is aiming to get on one of the following balls:

- One pulled back for them consciously by the crosser, while other strikers head to the near post, taking their defenders with them.
- To pick up balls that are missed by the attackers and defenders
- To pick up rebounds and deflections.

Drills: The same drills as for the crossing from the by line can be effective in working on this team play. However, the late running midfielder is added. This player either heads on an angled run to the far post, while the other attackers head for the near post or pulls their run to the edge of the box.

The key skills for the player making the late run are:

- Anticipation – that hard to define ability to see the picture unfolding before them
- A willingness to gamble on the ball ending up where they make their run. Usually it will not, which means the run has been wasted. Resilience towards this is therefore very important.
- The ability to score with both feet – the ball will come quickly, and often the situation is messy with lots of players diving in. There is rarely much chance for composure
- Bravery – often the player arriving late on the far post will need to throw their head towards a cross, or dive in to deflect the ball home.
- An accurate shot from the edge of the box. This will often be first time, and therefore good technique and body position are important.

Team Plays: The One/Two

As we have seen, in order to create opportunities for goals in open play situations, an injection of pace into an attack is a crucial attribute. One way of doing this is to use first touch passing, including the difficult to defend against one/two.

This move involves a player feeding a pass into a team mate and received a first touch pass in return. The player is moving forward and into space, and the speed of the lay off pass means that space is created. This kind of attack, when successful around the box, will often create a goal scoring opportunity. Another bonus is that out of position defenders will frequently commit fouls leading to set piece shooting opportunities.

Drill: As with many other drills, these skills can be build up slowly. A good starting point is a 10 x 10 metre grid and five players. One player is in the centre of the grid, and the others on the four outside lines.

The player in the centre passes to a team mate on the outside of the square, who hits a first-time return. The central player then lays off to another team mate. Speed and weight of pass all improve with practice, and players become more adept and confident with first time passing. The central player gets used to getting their body position right to receive and protect the ball, and also to lay it off to a different team mate.

The drill can develop firstly by adding one defender to pressure the central player.

Next, it can be played on a pitch with three players and the same defensive cones as in many of the drills listed above. There is a feeder, a receiver and a goalkeeper. The feeder lays the ball into the receiver, who protects the ball and lays it off first time, by receiving it on the half turn. The feeder picks up the return and shoots.

Body position is crucial here since the receiver will be under pressure. They should have their shoulder towards the ball so that they are half turned with a low centre of gravity and arms out for support.

The drill is developed further with the addition of a defender on the pitch.

The one/two can be developed into whole team first or second touch passing moves. Here, the ball moves quickly pressuring defenders and pulling them out of position. Such team plays can be worked on in training with five a side games, and one touch or two touch possession games.

Team Plays: Creating Space For The Killer Pass – Running Off The Ball

Soccer is a team game, and some of the best players, and easiest to have on a team, are the unselfish players prepared to make runs off the ball to create space for their colleagues.

These runs can draw defenders out of position, allowing a dribbler to continue their run, or make the space for a pass.

This skill is best developed through small sided games. *Drill:* A good starting point is a 4 x 4 game, where the aim is to keep possession, in a small 20 x 20 metre grid. In order to keep possession, the team will need to run off the ball to create space.

Coaching points:

- The coach should encourage communication. One of the keys of running off the ball is that a defender should know it is happening. That way the defence will track the runs, creating the space required.
- Good coaches will stop sessions often, pointing out effective runs, and those that add little to the offensive team
- Players should be encouraged to pass and move continuously. This involves a good first touch which both protects the ball and allows for a quick return pass.

In the match situation, running off the ball allows the player in possession to have time and options for passing or running with the ball.

Team Plays: The High Press

If we take ourselves back to the second chapter of this book, we looked at the importance of transition. One way to achieve the transition is also a kind of offensive play, and that is the high press.

Here, a team works together to put pressure on a defence as it seeks to play out and launch its own attack. Many successful teams work hard on the high press. It requires good teamwork, communication and excellent levels of physical and mental fitness, since a lot of running is required. It is therefore important to establish those fitness levels in training sessions.

The high press is a particularly useful team play for the offense because when it is successful, it means that players are already in a position to support an attack after the transition of possession.

This manoeuvre works by the team putting pressure on the player with the ball, right from the goalkeeper if possible, and team mates closing down opponents so that it becomes increasingly hard to find an easy pass for the side in possession.

Gradually, the opponents have less and less time on the ball, and therefore their own passing is pressured. That means that it is likely to become less accurate. That, in turn, puts pressure on the receiver to control what might be a poor pass when they, themselves, are quickly under pressure. Eventually, when the high press works well, teams lose possession either through an interception or a tackle. The transition then proceeds at pace, as in the examples in the earlier chapter, but also with increasing effect because players are already in attacking positions on the park, having been there to undertake their own pressuring.

Drills: A good way to start is to play a 3 v 2 possession game in a small, 10 x 10 metre square. For this, each side has two players, while the fifth player wears an identifying bib, and always plays on the side in possession. The team without the ball seek to close down opponents pressuring them into mistakes. When the ball leaves the grid, or an interception or tackle is made, possession changes and the bibbed player joins the other side.

This drill can then increase in every larger grid to 4 v 3, 5 v 4 etc, before turning into full scale match practice.

The key skills for the coach are:

- Ensure communication so that all players understand their job.
- Ensure the team closes down the opposition applying pressure. The tackle should only be attempted when an individual's ball control is lost. So, patience is a virtue to enhance.
- It is acceptable to force the team in possession into playing a long punt as that will usually mean a transfer of possession. What is not acceptable is for an easy out pass to become available because a player does not close down his opponent, or over commits on the pressure. That would mean the hard work of team mates is wasted.

Individual Skills

The final element to offensive play are the individual skills of a player in dribbling, passing and shooting that can create offensive opportunities. These skills can be developed in training and applied in matches.

Some players do, of course, have more skill in these areas than others, but good training will make all players comfortable on the ball, and therefore more likely to add to the offensive elements of a match.

Individual skills that can be worked on in training include:

- Running at pace, using the laces to ensure the ball is moved without breaking stride
- Dribbling skills including the change of direction, step over, turn (such as the Cruyff turn) and shuffle.
- Passing skills such as floated passes, backspin passes, passes with the inside and outside of the foot and both the short and long pass. First time passing is, as we saw above, a vital skill.
- Shooting skills such as driving with the laces, chipping, side foot 'passing the ball into the net' and headers – these should be downwards, power generated by strong neck muscles, or flick ones.

Team Formations

The formation of a team can also give a clue to its attacking intent. Playing five at the back is actually quite attacking, as it gives greater opportunity for the wing backs to get forward and support offensive plays. Playing two holding players in midfield, such as in 4, 2, 3, 1 takes some of the defensive duties away from the three attacking midfielders and gives greater securing with the ball is lost during an attack. The best teams will be fluid in their formation, shifting from, for example, 4, 5, 1 when defending, to 5, 2, 3 when moving forward.

Conclusion

I hope that you found this book on Offensive Plays in Soccer useful, and that there are ideas and drills that you can adapt to your own team or play. We have learned in this book about the importance of transition in offensive play. We have discovered the best ways to carry out set piece moves and we have analyzed many of the tricks and tactics that create goal scoring opportunities in open play.

Attacking or offensive play is at the heart of the beautiful game, and it is the element of the sport that should be encouraged most. Current trends are showing that even at the highest professional level, coaches are learning that attacking play will more often than not win out over negative tactics.

That is to the benefit of all. Most players, even defenders, love to attack; coaches like to see it and spectators love the elements of a game that lifts them to their feet – the dribble, the shot, the incisive pass, the goal.

Long may it continue.

www.ingramcontent.com/pod-product-compliance
Lightning Source LLC
Chambersburg PA
CBHW071236080526
44587CB00013BA/1647